TAO
of
JEET
KUNE
DO

Bruce Lee

截拳道之道

（全新修订版）

李小龙 著

杜子心 罗振光 译

谨将此书献给

那些自由、有创造力的武术家：
"探索自己的经验，采纳有用的，摒弃无用的，
并加入自己基本拥有的。"

「拳道」与拳術

拳道以意會，力拙而意巧，力易而意難。若要肉自然動靜中悟出萬物變化之理，自萬物變化之理中悟出別人之拳法之節奏破綻，乘虛而入，如水滲隙。

「心拳」与術拳

大巧若拙，拙中之巧，返璞歸真。內蘊天地變化之機，外藏鬼神莫測之變。

「哲藝」之境

有些武術雖然先声奪人，但却如喝滲水之酒，令人越聽越覺無味。但有些武術其味雖覺苦澀，但却如細嚼橄欖，便令人越想越是回味無窮。

「入世」与「出世」

不再以出世为修练拳道的途徑而完全「入世」了，如佛門弟子心經「入世」的修为方为正果。

此書入世之後便可自紅塵中修学以前無传学到的自然平常的路徑。

《截拳道之道》成书因由

出版《截拳道之道》是琳达女士（Linda Lee）的主意。她丈夫去世后，她就像是李小龙遗下的丰硕手稿和武术（截拳道）等重要资料的看管人。李小龙生前一直在努力撰写一本关于截拳道的专书，可是为了出版与否而多番挣扎。他担心这书会变成类似各式各样的"圣经"而被定型，成为刻在石板上的东西，甚至教条真理，最后束缚了而不是解放了读者们。

可是当李小龙去世后，琳达有点不太确定应该做些什么，作为对丈夫毕生贡献的纪念是最好的，后来她决定要与全世界分享这份礼物。她联络《黑带》杂志，一份与她丈夫有长期合作关系的杂志，并请求他们协助出版这本书。他们当然同意！

《黑带》方面委派吉尔·约翰逊（Gil Johnson）统筹该项计划，而他的确显出了无比的热忱和专注。他接手的是一项艰巨的任务。他精挑细选数以百计的手稿和笔记，试图把它们整合成一种有凝聚力和有组织的结构。琳达与他在整个编辑过程中都紧密合作，以确保它坚守她的原意，一定"不会"变成一本教学手册，而是表现出李小龙多角度的面貌：演员、有灵性的人、哲学家、精湛武术家、体格健壮的人、具有身心和情感的人。

本书选择以这种格式表达，以确保不会被误认为是本手册，虽然有些人多年来偶尔会以这种方式使用《截拳道之道》，但在一般情况下，这本书被认为不只是一本教学训练专书。它已经影响了几代武术家和非武术习者，协助他们追求更深层次的自我实现之路。

这本书彻头彻尾都是出自李小龙手笔。书内没有加插示范照片是有其用意的。书中每页的内容都是直接来自他本人。这是匠心独运的巨著，我们衷心感激吉尔的辛勤劳作，感谢琳达与全世界分享她丈夫的智慧和精湛的武艺。

1975年原版序一

我丈夫李小龙主要视自己为武术家，其次才是演员。从他13岁起，为了自卫防身，开始学习咏春拳。19年来，他把所得的知识转化成为一种科学、艺术、哲理和人生之道。他通过不断的锻炼和训练身体，通过阅读与反省培育其心智，一直不断记录自己的感悟与意念。本书每一页的内容都代表他毕生的心血。

在李小龙一生无止境的自我了解与自我表达之中，他从未尝中止过探索、分析与修正其所学之一切。他主要的资料来源是其私人的图书室，藏书超过2,000册，题材包括各式各样的身体锻炼、各类武术、搏击技术、自卫术及其他相关领域的资料。

1970年，李小龙的背部受了重伤。医生嘱咐他停止练武，并要乖乖卧床治理背伤。这段时间也许是他一生中最难熬与最沮丧的时刻了，他平躺在床上足足有6个月之久，可是他的脑子一刻也闲不下来——结果就写成了这本书。这本著作大都是那时所写的，但也有些零散的笔记，是较早或稍后时候所记录下来的。从李小龙个人的读书笔记中，可发觉他特别对Edwin L. Haislet、Julio Martinez Castello、Hugo和James Castello，及Roger Crosnier[①]的著作感兴趣，李小龙不少的理论均直接受到这些作家的影响。

李小龙决定1971年完成这本书，但他的电影工作使他无法脱稿。同时，他亦为这本书的出版可能被人误用而感到踌躇。他不想这本书成为《如何练成》或《轻松习武十堂课》之类的书。他只希望这本书能作为一个思想的方法，作为一种指引，而绝非一套牢不可破的教导。倘若你能以这种观点来读这本书的话，你将会发觉它颇有可读之处。也许你会产生一大堆问题，这些问题的答案都要由你亲自来解答。当你阅毕整本书，相信你会更加了解李小龙，同时希望你也能因此更加了解你自己。

现在，敞开你的心扉，阅读，理解，体会。一旦你到了某种理解程度，不妨把这本书抛开。你将会发觉这本书是用来清除纷扰思想之最佳读本。

琳达·李（Linda Lee）

---

① 以上所列诸位，分别著有拳击和西洋击剑专书。—译者注

1975年原版序二

在超凡的人手中,即使是简单的事他亦能化腐朽为神奇,尤其是李小龙在搏击时动作的美妙与和谐更是如此。几个月的背伤使他无法动弹,于是他提起笔杆,写下如他所言,也如他所作的——直接而真诚的文字。

正如聆听音乐作品般,能够了解乐曲的内在元素,可增加声音的独特性。为了这个原因,琳达·李与我便毫不吝啬地将李小龙的书介绍给读者,并在此提供个人见解,以解释一下这本书的诞生。

其实,《截拳道之道》早在李小龙出生之前便已经开始了。他入门所学的传统咏春拳在当时已有400年历史。他所拥有的2,000余册藏书,以及他所读过无数的书籍,更是数以千计前贤的发现成果。本书并没有什么新颖的事物,也没有任何秘技。李小龙常说:"这没有什么特别的。"是的,的确如此。

李小龙超乎常人的一点是,他深深地了解他自己,也了解他自己的能力,以正确地选择一些适合他的事物,并善加运用,融会于其言行中。他以孔子、斯宾诺莎(Spinoza)、克里希那穆提(Krishnamurti)与其他哲人的思想,构成他的概念,而且凭借这些,开始为他的武道撰写本书。

可惜,这本书在他去世时只完成了一部分,在他的原稿中有七大册,但完全写满的却只有一册。在主要的部分里,常有无数的空白稿纸上面只写了个简单的标题。有时,他也会写些自省的话,自己提出疑难来质问自己。最常见的是,他向无形的学生——读者提出问题。在他书写得快捷的时候,往往牺牲了文法上的规范,但在他从容下笔时,他却是条理分明的。

在他的原稿中,有些资料往往是极有条理,而且是井然有序地写下来的。而其他的部分,则是在他突然有灵感,或是思想还未成熟时,迅速记录下来的。这些皆可散见于他的原稿中。除了这七大册装订好的原稿外,李小龙在发展截拳道的过程中,还留下了大量笔记,并将之收藏在书堆中和抽屉里。其中许多已经不合时宜,但也有部分是较近期的,且仍有极高之价值。

得到李小龙遗孀琳达·李的帮助,我将所有的资料收集、细看和分门别类,做了极完备的索引。然后,我尝试抽出他零散的意念,有凝聚力地汇集在一起。本书大多数的原稿均未曾被改动过,而其中的插画和草图皆出自李小龙之手笔。

然而,这本书如果没有李小龙的助教伊鲁山度(Danny Inosanto)的耐心校阅,和他资深弟子的帮助,是绝对无法完成的。他们正是过去八年来为我提供训练的人,把它放在地板上,并以他们的知识,把理论转化为动作。如今,我不仅作为这本书的编辑,也是以一个武术家的身份向他们表达我的感激。

必须一提，这本《截拳道之道》尚未最终完成。李小龙的武艺是每天都在变化的。举个例子，在"攻击五法"一节中，最初李小龙曾写了"封手"一个类别，但后来他又觉得不妥，因为"封固"也能同样施用于对手的脚、臂，甚至头部。由此可见，对任何概念冠上"标签"，都会带来限制。

《截拳道之道》事实上是永无止境的。这本书也只能作为读者的一个开端。它是无形、没有层级的——虽然训练有素的武术家可能觉得很容易阅读。也许书中每一个论点都可能存在例外，因为没有一本书可以描述搏击的全貌。这本书只能概略地介绍李小龙的研究方向。在书中有些部分并未作更深入的探讨，也有一些基本或复杂的问题，要留待读者自行探索解答。同样的，一些绘图并未作出解释，或只提供一些模糊的印象，但若其引发了问题、激发了你的灵感，也算是达到了目的。

但愿这本书不仅成为所有武术家的意念源头，更盼能将其进一步发扬光大。不过，无可避免和遗憾的是，这本书也会对那些假借李小龙名声，"攀龙附凤"的所谓"截拳道武馆"主持人造成极大的不安。要当心这些武馆！如果这些教练错过了这本书的最后、最重要的方向，他们可能并未真正理解这本书。

即使是这本书的编排也绝不具任何意义。也许在速度与劲道，准确性与腿击、拳打与距离之间并无真正的界限，搏击的各项因素都是互为影响的。而这本书的编排完全是为了方便阅读——切勿过于执著。你阅读时可以拿起铅笔，在你发现各部分内容的关联时写下注释。你会发觉，截拳道并没有任何明确的界线或界限，除非你划地自限。

吉尔伯特·L·约翰逊（Gilbert L. Johnson）

目 录

《截拳道之道》成书因由 3

1975年原版序一 4

1975年原版序二 5

第一章 清空你的思绪 1

1.1 论 禅 2

1.2 灵魂之艺术 4

1.3 截拳道 5

1.4 有组织的绝望 8

1.5 截拳道的真相 14

1.6 无形之形 15

第二章 入 门 18

2.1 训练 19

2.2 热身 20

2.3 对敌预备姿势 21

    头部 22

    前臂与前手 25

    后臂与后手 25

    躯干 26

    马步 26

2.4 渐进式武器图解 28

2.5 八个基本防守姿势（左及右前锋桩）29

    某些目标范围 32

第三章 素质 34

3.1 协调 35

3.2 精确 36

3.3 力量 37

3.4 耐力 37

3.5 平衡 38

3.6 身体感觉 41

3.7 优良的表现形式 42

3.8 视觉意识 45

3.9 速度 47

3.10 时机 49

    反应时间 50

    动作时间 51

    不规则节奏 52

    韵律 53

    拍子 54

3.11 截击 55

    反击 56

3.12 态度 58

第四章 工 具 60

4.1 工具的基本原理 61

    前手攻击 62

    虚招 62

    诱敌 63

    贴身近战 63

4.2 截拳道的一些攻击武器 65

    手法 65

    肘击法 66

腿法 66
其他 67

4.3 打击 73
前手直拳 73
对身体的前手攻击 81
顺延动作 81

4.4 对前手直拳之防御 82
前手刺拳 83
前手标指 84
后手直拳突击身体 85
后手直拳 86
右前锋桩的后手直拳 88
勾拳 88
前手勾拳 89
后手勾拳 92
铲勾拳 92
旋转勾拳 94
手掌勾击 95
上击拳 95
组合拳击 98

4.5 腿击 99
前脚腿击的例子 107
对胫骨/膝部的腿击 110

4.7 擒拿 117

第五章 准备 131

5.1 虚招 132
实行 134

5.2 格挡 135

5.3 操作 141
拍击 141
捆手 142
压手 142
封缠 142
揿手 142

第六章 移动性 143

6.1 距离 144
攻击距离 145
防御距离 146

6.2 步法 146
前滑步 151
后滑步 151
快速前进 151
踏前与踏后 151
绕至右侧 152
绕至左侧 152
踏入/踏出 152
快速后退 152
侧移步 153

6.3 闪避 156
滑步 157
迅速俯身 159
仰后 159
旋身 159
滑步旋身 159
身体的摇晃（晃身与摇摆） 160

第七章 攻击 163

7.1 攻击！ 164

7.2 攻击准备 166

7.3 简单攻击 168

7.4 混合攻击 171
配合腿击的攻击组合 172

7.5 反击 174
以右前手反击先发攻击的右直拳 179
以左后手反击先发攻击的右直拳 180
以右前手反击先发攻击的左后直拳 180
以左后手反击先发攻击的左后直拳 181

7.6 还击 183

7.7 重新攻击 185

7.8 战　术　186

7.9 攻击五法　193

　　简单角度攻击　194

　　封位攻击　195

　　渐进间接攻击　195

　　组合攻击　197

　　诱敌攻击　199

第八章　截拳道　200

8.1 没有圆周的圆圈　201

8.2 这只是一个名称　205

参考资料　208

回顾《截拳道之道》　209

原版后记　224

全新增订版后记　225

译后记一　226

译后记二　228

出版后记　229

灵魂终极自由 Into a soul absolutely free
远离情感念头 From thoughts and emotion,
猛虎空隙难觅 Even the tiger finds no room
施展利爪猛击 To insert its fierce claws.
一缕轻风来临 One and the same breeze passes
越过山峰松林 Over the pines on the mountain
吹过深谷橡树 And the oak trees in the valley;
缘何音韵悬殊 And why do they give different notes?
无思复无挂虑 No thinking, no reflecting,
为完美之虚空 Perfect emptiness;
然而有物在动 Yet therein something moves,
皆随无为之道 Following its own course.
目所能及　　The eye see it,
手莫能得　　But no hands can take hold of it –
水中皎月　　The moon in the stream.
云彩与雾霾　Clouds and mists,
恒久常幻变　They are midair transformations;
乾坤永照耀　Above them eternally shine the sun and the moon.
胜利属于那位 Victory is for the one,
早在格斗之前 Even before the combat,
已经浑然忘我 Who has no thought of himself,
顺太初无心者 Abiding

A Taoist Priest

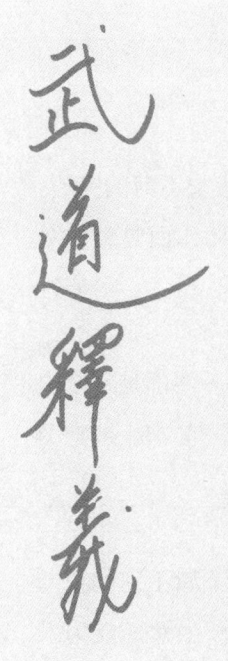

第一章

清空你的思绪

动如水，静如镜，反应如回响。

1.1 论　禅

- 从武术中获得启发,是指要破除一切令"真知灼见"与"真实人生"迷蒙不清的障碍。同时,亦含有无穷的扩展。事实上,重点不是要把片面的发展融入于整体,而是整体处理及统一片面。

- 超越因果业力之道,全在于心灵与意志的适当运用。所有生命的同一性都是一个真理,只有在那命中注定从整体分开、隔离自我的错误观念被彻底消灭时,它才能被充分理解。

- 虚空正是处于彼此之间。而虚空是无所不包,没有对立的——没有不属于它的或与之相反的。这个活生生的虚空是一切形式的源头。谁认清了虚空,便会被生命、能力及众生的爱所充满。

- 成为一具木制的玩偶:它没有自我,亦没有思想,它不贪婪也不粘连。让身体及四肢按照它们受过的训练而运作吧。

> "自我意识是对一切适当身体行动的最大阻碍。"

- 假如你无所执著,外界之事物就会自己显露。动如水,静如镜,反应如回响。

- "虚空"是无法被定义的,正如至柔之物无法被折断一样。

- 我在动,亦可谓全然未动。我恰似浪涛下的明月,永远颠簸、摇移不止。这不是"我正在做这件事",而是在一种内心深处的自觉:"有什么事通过我而发生了"或"有什么东西在为我做这件事"。自我意识是对一切适当身体行动的最大阻碍。

- 心灵的局限意味着它凝固。当需要时它不再自由流动,它已不再是心灵中的真如。

- "固定不动"是指能量集中在一个特定焦点上,而不是分散在零散的活动中,一如轮子之中轴。

- 重点在于做事之过程而非其结果。没有行动者只有行动本身,没有经验者只有经验本身。

- 不以个人偏好与欲求,不着色彩地观察事物,就是在观察事物的纯朴简约本性。

- 当自我意识虚空时,艺术便能达至其巅峰境界。当一个人不在意自己正在建构或即将建构的印象时,则必可发现自由。

- 完美的道路只对那些挑挑拣拣的人才是困难重重。无所好亦无所恶，如此心方可澄明。一发之差犹如天壤之别。假如你想让真理澄明于面前，就不要表示支持或反对，正与反的交战是心灵最大的弊病。

- 智慧并非指如何尝试将好的由坏的中夺过来，而是学习着如何"驾驭"两者，一如软木飘荡在浪涛的波峰与波谷。

- 让自己与弊病同行、同在、同伴——此乃消除弊病之法。

- 只是行为的本身，而不牵涉其任何事物的论断，方可谓之"禅"。

- 在佛教中，并无可努力之处，唯有平凡而了无特别之处。用自己的膳，做自己的法事，挑自己的水，累了，倒头便睡。无知者会取笑我，但智者却会明白我。

- 并不为自己创立什么。一闪而过犹如从未存在，犹如纯洁的寂静，得者，实失之。不要先于人前，一直跟着他们。

- 切勿逃跑，学会放手。毋庸寻寻觅觅，自会与他不期而遇。

- 不思不想犹如思前想后，观照技巧犹如视若无睹。

- 没有一成不变的教导法，我所做的只是对症下药。

> "这里没有一成不变的教法，我所做的只是对症下药。"

佛家八正道

这八项要求通过纠正错误的价值观，提出对生命意义的真知灼见，以消除痛苦，总结如下：

1. 正见（了解）：你必须明辨是非。

2. 正思维（志向）：决心纠正。

3. 正语：说话要有助纠正。

4. 正业：你必须采取行动。

5. 正命：你的谋生之道不得与你的治疗发生抵触。

6. 正精进：欲治己之恶，需要持续不断地努力，不能停止。

7. 正念（心念之控制）：你必须持续地感受与思考。

8. 正定（禅定）：学习如何注视心灵深处。

1.2 灵魂之艺术

- 艺术的目的是将内在的想象力，投射于世界之中，以描述人类最深处的心灵与经验的唯美创造。艺术是使这些经验能在理想世界的完整架构中，变得可理解及获广泛接受的途径。

- 艺术吐露了内在心灵，对事物本质的理解，并为人提供一个他们与虚空之间关系的形态，当中包含了绝对的性质。

- 艺术是生活的表达，超越时空。我们必须使自己的灵魂，通过艺术赋予自然界或世界一种新的形式和意义。

- 艺术家之表现使其灵魂更为明晰，所受的教育及其"沉着"更易表现出来。在每一个举动的背后，均可使其灵魂之旋律变为可见。否则，他的举动是空泛的，空泛的举动就像是空泛的言词般了无意义。

- 从你的根源消除"暧昧不明"的思想和功能。

- 艺术从来都不是装饰品、点缀品；相反，它是启蒙的工艺。换句话说，艺术是获得自由的技术。

- 艺术需要对技术的完全掌握，通过灵魂深处的反思来发展。

- "自然之艺术"是艺术家内在的艺术发展过程；其含义是"灵魂之艺术"。所有不同工具的活动，都是迈向绝对灵魂的美学世界。

- 艺术创作是个性的坦然开展，它本来是植根于虚空的，其作用是深入灵魂的个人层面。

- 自然的艺术是灵魂平和的艺术，像深湖上的月光倒影。艺术家之终极目的是善加运用日常的活动，以成为生活的大师，并抓紧生活的艺术。要成为各种艺术之大师，必先要成为生活的大师，因为灵魂可创造一切。

- 一名弟子在自称大师之前，必须抛却一切暧昧不明的主张。

- 艺术是人类生命趋向绝对及本质之路。艺术之目的并非一面倒地升华自己的精神、灵魂与意识，而是开启人所有的能力——思想、感觉与意志，达至自然界的生命韵律。所以无声之声将被听到，并把自我带进和谐之中。

> "自然之艺术"是艺术家内在的艺术发展过程；其含义是"灵魂之艺术"。

- 因此，艺术家的精湛技巧，并不意味着艺术上的完美。它仍然是一个持续的媒介或一些干预心灵发展的反射，这完美不能在外形和形式上被发现，但必须从人类的灵魂散发。

- 艺术活动并非完全在艺术的本身，它渗透到更深层次的世界中，所有的艺术形式（事物的内在经验）共同流动起来，其中灵魂之和谐和宇宙虚空，有其现实的结果。

- 这是艺术的过程，因此那是现实，而现实就是真理。

真理之路（并不是支离破碎的，而是要看整体——克里希那穆提）

1. 真理的追求
2. 真理的觉察（及其存在）
3. 真理的感知（其本质与方向——如对动作之感知）
4. 真理的理解
5. 真理的体验
6. 真理的掌握
7. 忘却真理
8. 忘却真理的载体
9. 回溯真理之本源
10. 无所依附

"教晓他人技艺容易，可是教导他人态度困难。"

1.3 截拳道

- 人们为了安全感，将无限的生活变得了无生气，是一种被选取模式的限制。欲了解截拳道，一个人必须舍弃所有概念、模式与派别；其实，他甚至应该扔掉那些关于什么是或者不是理想截拳道的概念。你能否在不作判断的情况下观察状况？判断而对其命名，化成文字，便会产生恐惧。

- 要单纯地去看见那状况确实很难——因为人的心灵非常复杂；教晓他人技艺容易，而教导他人态度困难。

- 截拳道偏爱无形式，所以它也可以属于任何形式。截拳道无派无别，故亦可适用于任何派别。因此，截拳道能运用各门各法，不受任何限制；同样地，一切能达至目的之技巧或手段，均可为其所用。

- 用"主宰意志"的意念迈向截拳道，忘却成败胜负，忘却骄傲与苦痛。让对手擦伤你的皮肤，而你狠狠击打他的肉体；让对手击打你的肉体，而你就令其骨折；让对手使你骨折，你要直接干掉他！不要想着安全逃逸，把你的生命豁出去！

- 最大的谬误就是预先对结果妄加臆测；不应对成败得失有所在意。让一切自然发展下去，你的身体工具自会在适当的时机反击。

- 截拳道教导我们一旦确定方向便要义无反顾，它对生死淡然处之。

- 截拳道避免一切肤浅，穿透一切复杂，它直贯问题的核心，指出重点。

- 截拳道并不虚张声势。它并不走迂回的路，而是直指目标。两点之间最短距离的直线，就是简洁。

- 截拳道之艺术就是使动作简单直接。它让人成为他自己，它是现实中的"本来面目"。因此，本来面目的意思是——有主要意义上的自由，不被依附、局限、偏见及复杂性所限制。

> "截拳道避免一切肤浅，穿透一切复杂，它直贯问题的核心，指出重点。"

- 截拳道是启蒙，是生活之道，是一种朝向意志与控制力的行动，虽然它应该用直观来启发。

- 受过训练的弟子，在各方面均能主动而有活力。然而在实战中，他需要冷静、不受干扰，他必须在危急关头处之泰然。当他前进时，他的步法应该轻盈与平稳，其视线不会明显地停留在敌人的固定部位。他的行为与表现仍应与平常一致，没有任何不应出现在生死决斗中的行为。

你与生俱来的武器，具有双重目的：

1. 摧毁你面前的敌人——毁灭一切阻碍和平、正义与人性的东西。
2. 毁灭你自卫本能的冲动，摧毁任何干扰你心灵的事物。不是伤害任何人，但要克服自己的贪婪、愤怒与愚昧。截拳道是朝向自己的武术。

- 拳击与腿击均是消除自我的工具。此等工具代表着直觉的力量或本能的直接性，而跟智力与复杂的自我不同，它并不自身分裂，阻碍其自由。此等工具一往直前，没有左右顾盼。

- 因为人与生俱来的纯洁心灵与虚空心智，他的工具参与这些素质和扮演它们的角

The Art of Jeet Kune Do is simply to simplify.

Jeet Kune Do avoids the superficial, penetrates the complex, goes to the heart of the problem and pinpoints the key factors.

Jeet Kune Do does not beat around the bush. It does not take winding detours. It follows a straight line to the objective. Simplicity is the shortest distance between two points.

Jeet Kune Do favors formlessness so that it can assume all forms, and since Jeet Kune Do has no style, it can fit in with all styles. As a result, Jeet Kune Do utilizes all ways and is bound by none, and likewise uses any techniques or means which serves its end.

色，达到最大程度的自由。此等工具作为不可见的精神符号，保持心灵、身体、四肢处于最全面的活动状态。

- 远离对事物刻板印象的技巧，作为本质，意指完整与自由。任何路线与动作皆是功能。

- 不为任何依附所限是人类的自然天性。在正常情况下，思想不停地向前。过去、现在、将来的思想一如河水川流不息。

- 无念作为学说是指，在思考的过程中不被思考左右，不被外物玷污，要在虚空的思考之中思考。

- 真实的真如是思想的主旨，而思想是真实真如的功能。思考真如，如果以概念为它下定义，是在使它蒙污。

- 使心灵清晰聚焦，并使其警觉，以便它可以立即感觉到这无处不在的真理。心灵必须从旧的习惯、偏见、限制性思维过程，甚至普通的思想本身中获得解放。

- 刮走所有积存在你个体中的污垢，揭示它存在的本来面目，或其中的真如，或其中赤条条的特性，这相当于佛教理念中的虚空。

1.4 有组织的绝望

- 在武术的悠久历史中，盲从与模仿似乎是多数武术家、教练与学员的固有天性。其中部分原因是人类的倾向，部分则与各式各样派别的历史传统有关。所以，一位创新的、大师级的教练是罕有的，对"指路明灯"式教练的迫切需求在武术界回响着。

- 每一个门派的武者，总是声称自己的门派拥有唯一的真理，借此排斥其他派别。这些派别凭其片面之词理解"道"，剖开、隔离了刚与柔的和谐，他们发展出有节奏的形式作为其技巧的特定状态。

- 大部分武术派别并不去面对实战的真如，反而累积一些"美观的糟粕"，这些东西会扭曲和束缚习武者，令他们偏离简洁且直接的实战。他们并没有直达武术的真正核心，而是教条地练习花拳绣腿（有组织的绝望）及矫揉造作的招式，以此模拟实战情况。这些武者与其说是"在"搏击，毋宁说是在"做"跟搏击"相关"的事情。

- 更糟糕的是，超心灵力量和精神上这个及精神上那个的概念，被大量融入到武术中，直到习武的人渐渐进入神秘虚幻，乃至不可理解之境地为止。企图阻止及固定不断变化中的搏击动作，像对待尸体一样作出解剖和分析，都是徒劳无功的。

- "清空你的杯子，方可再行注满；成为虚空以求整全。"

- 当你静下来研究时，会发现实战并非固定不变，而是"活生生"的。美观的糟粕（无能的招式）固化和制约了原本流畅的东西。当你认真正视时，会发现这些只不过是对系统化、多余的套路练习的盲从，或毫无用处的噱头罢了。

> 清空你的杯子，方可再行注满；成为虚空以求整全。

- 当真实的感觉，如愤怒、恐惧产生时，一个派别武者还能以传统的形式和技巧来表达自己吗？还是只能听着自己的尖叫与呼号？他是一个活生生的、有表达能力的人，还是一个被格式化的机械人？他是一个可以跟外在环境互动的整体，还是偏限于自己的派别模式中？他所选择的模式，是否在他与对手之间建立了一个屏障，阻碍了一种"整体"和"创新"的关系？

- 很多派别的武者，非但不直接正视真相，反而坚持形式（理论），导致进一步固步自封，最终泥足深陷。

- 他们并不是从真如中领会武术，因为他们被灌输的东西是被歪曲和扭曲的，训练必须符合事物真如的本质。

- 成熟并不意味着成为概念的俘虏，而是实现我们的深层自我。

- 一个头脑清晰、单纯的人并不选择，遇见什么就是什么。根据概念做出的行为明显是有选择的行为，这种行为是不自由的。相反，它会创造更大的阻力、更大的冲突。要去运用柔韧的意识。

- 关系便是理解，它是自我剖白的过程。关系即是你发现自己的明镜——存在即是与之建立关系。

- 如果在训练中设定模式，缺乏适应性与灵活性，那只是在为自己制造一个更好的牢笼罢了。真理是超脱于所有模式之外的。

- 套路是无谓的重复，它能让人美观有序地逃避面对真实对手时的自我认识。

- 积累是一种自我封闭的阻力，花拳绣腿更强化了这种阻力。

- 传统的武术家只是常规、观念与传统的结合体。当他行动时，他是在以古老的一套演绎活生生的瞬间。

- "只有脱离了机械化训练的制约，才有简洁可言。人生是与整体相关的。"

- 知识受时间的局限，但求知却能够持续不断。知识始于一个源头，由累积而来，由结论而来，而求知则是一种活动。

- 那种画蛇添足的过程，只是在培植已经变得机械化的记忆而已。学习绝不是知识之

只有脱离了机械化训练的制约，才有简洁可言。人生是与整体相关的。

积累，而是一种求知的活动，这是无始无终的。

- 在武术训练中，必须有自由之感觉。一颗受制约的心灵绝非自由的心灵。制约把人限制于某一门派的桎梏之中。

- 欲自由自在地表达自己，你必须让昨日的一切死去。从"过去"之中，你可获得安全感，但从"新事"之中，你可获得流动。

- 要实践自由，你必须让你的心灵正视人生，人生是不受时空束缚的广阔活动，因为自由是超越意识领域的。你要注视，但切勿停止和诠释。如果你自称"我是自由的"，那你只是活在过去的记忆中。欲了解和活在当下，昨日的一切都必须死去。

- 从已知中获得解脱就是死亡，然后，你将复生。"正"和"反"两面在暗地里死去。当获得自由时，所做的自无所谓对与错之分。

- 如果一个人不是在表达自我，他一定是不自由的。因此，他开始挣扎，而挣扎造成了规律化的套路。然后，他就用这些套路对事物做出反应，而忽略了这些事物的本来面目。

- 拳手①必须能经常保持一心一意，心中只存一个目标——搏击，不能左顾右盼。无论在感情上、身体上或是智力上，他都必须去除阻碍其前进的障碍。

- 一个人只有"超越"系统的约束，方能自由、完整地活动。一个态度认真、渴望追求真理的人，没有形式可言。他只是活在本来面目之中。

- 如果你想了解武术中的真理，彻底洞悉任何敌人，你必须抛却招式或门派的观念、偏见、喜好和厌恶等。然后，你的心灵方可停止冲突，达至平和。在这种寂静中，你自可看见完整、新鲜的东西。

- 假如任何派别教你一种搏击方法，你可能受限于那种搏击的方法，然而那并非实战。

- 假如你遇到一个欠缺韵律的非常规攻击，而你仍想以平日所练之传统特定节奏来阻挡，你的防御与反击通常会缺乏灵活性与活力。

- 假如你追随传统的模式，你所了解的只是常规、传统与不实在之物罢了——你并不了解自己。

- 一个人如何能以局部的、零碎不全的形式回应一个整体？

欲自由自在地表达自我，你必须让昨日的一切死去。

① 本书除特别注明外，一律将fighter译作"拳手"。——译者

- 仅仅重复练习有韵律的、预设的动作，会剥夺搏击动作中之"活力"与"本来面目"——它的真实。

- 招式的累积，是另一种变相的制约，它将变为束缚你的锚。它只朝向一个方向——那就是向下沉沦。

- 招式会增加障碍，它只是对已选择动作的演练。它不会制造障碍，而是当动作一出现时就直接进入其中。不要指责也不要宽恕对手——无选择的觉知，会导致你与对手的和解。

- 一旦受到片面的方法制约，一旦隔绝于封闭的模式，武者就会隔着一道阻力屏障面对敌人——他"使出"形式化的阻挡，聆听自己的叫喊，却对敌人实际所为视若无睹。

- 我们是那些套路，我们是那些传统的阻挡和攻击。我们深受它们的制约。

- 欲与对手相配合，需要直接觉察。当存在"这是唯一方法"态度的障碍时，就不能产生直接觉察。

- 拥有整体是指能遵循"本来面目"，因为"本来面目"是不断流动和改变的。如果一个人锚定于某一特定观点，他将不再能紧随"本来面目"的快速变化。

- 无论一个人对勾拳与摆拳有何见解，毫无异议的是，他必须学习对这两种攻击法的最佳防卫方式。事实上，几乎所有天生的拳手都使用此法。作为武术家，要在攻击手法上变化多端，他必须让手部能够从任何位置发拳。

- 但在传统门派中，派系远比个人重要！传统武者以派别的模式活动。

- 哪有一种方法或系统可以成功应付活生生的东西？对于静态、固定、死物，可以有一种方法、一条明确的路径，但对活生生的东西就不然。避免把现实简化为静止的东西，然后发明方法来达成它。

- 真理是你与对手的关系；它不断地移动、改变、永不静止。

- 真理无路可循。真理是活的，因此是不断改变的。真理并无休止之境，无形、无固定组织、无哲理可言。当你了解时，你就会明白，这活的东西也就是你自己。你不能通过静态的、人为拼凑的形式，通过形式化的活动，来表达和生活。

> 假如你追随传统的模式，你所了解的只是常规、传统与不实在之物罢了——你并不了解自己。

- 传统的招式使你的创造力变得迟钝，制约并冻结你的自由感觉，你不再"是"，而只是麻木地"做"而已。

- 正如金黄色的叶子，可如金币般哄骗哭泣的孩童一样，所谓的秘技，或矫揉造作的姿势，能抚慰无知的武者。

- 这不是说什么也不做，而只是在办事时不带思虑的心态。切勿带有选择或排斥的心态。不带思虑的心灵即没有观念。

- 接受、否认与确信只会阻碍理解。让你的心灵和他人的一起，这样你就能敏锐地理解。那才有可能实现真正的沟通。欲相互了解，必须做到无选择的觉察，而当中绝无比较与责难，且对继续展开讨论，没有任何同意或不同意的期待。最重要的是，切勿先从结论出发。

- 从派别一致性中理解自由。深入观察你平日所练习的，并解放自己。切勿责难或接受，只是观察便可。

真理无路可循。真理是活的，因此是不断改变的。

- 当你不再受到影响，当你从传统反应的制约中死去，你便会知道觉醒为何，而能看见焕然一新的事物。

- 觉察是没有选择、没有要求、没有焦虑的。在这种心境下，会产生觉知。独立的觉知将可解决我们一切的难题。

- 理解不只需要瞬间的觉知，还有连续不断的觉察和探索。

- 要理解格斗，一个人必须以十分简单和直接的方式去接触。

- 理解是经由感觉产生的，时刻由关系的明镜反映出来。对自己的了解是经由关系产生，而非孤立。

- 了解自己，就是研究自己与别人的互动。

- 欲理解真实，你需要觉察、警醒及全然自由的心灵。

- 心灵的努力反而会进一步禁锢心灵，因为努力意味着心灵朝向目标的挣扎，而一旦有了目标、目的、一个可见的终点，你便会为心灵设限。

- 今夜我看到了焕然一新的事物，而这事物的新为我的心灵所体验，但明日我若想重温这种感觉，再感受其中乐趣，这种体验就会变得枯燥乏味。描述从来不真实。唯有在当下可见的真理才是真实的，因为真理没有明天。

- 当我们深入研究难题时，必会发觉真理之所在。难题从来没有与答案分离。难题就是答案——理解难题有助于解决难题。

- 以无分别的心觉察，观照本来面目。

- 真实的真如乃无偏颇的思想，是无法通过概念和观念来领悟的。

- 思考并不自由——所有的思想都是片面的，永远也不可能变得完整。思想只是记忆的反应，而记忆通常都是片面的，因为记忆只是经验的结果。因此，思想只是受经验制约的心灵反应而已。

- 认识你心灵的空与静。让自己处于虚空之中，以无形或无式来应付敌人。

- 心灵原本是没有活动的；那方法一直是没有概念的。

- 洞见是了解一个人的天性不是被创造出来的。

- 当一个人不受身外物干扰而得到解放，将会获得平静与安宁。变得安宁，是指没有任何对真如的错觉与妄念。

- 这里没有概念，只有真如——本来面目。真如并不移动，但是其运动与功能是取之不竭的。

- 冥想指意识到人本性中的冷静。当然，冥想不可能成为集中定力的方法，因为思考之最高境界乃是否定。否定是一种状态，无所谓正负。否定是全然虚空的状态。

- 集中是一种排斥的形式，哪里有排斥，哪里就存在排他的思想者。就是那个思想者、那个排斥者、那个集中的人制造了矛盾，因为他在分心处创造了一个中心。

- 这里有一种没有行动者的行为状态，有一种没有经验者的经验状态。这是一种被传统糟粕限制、使人困乏的状态。

- 传统的集中，是聚焦于一件事，而摒弃其他事物；而觉醒是完整的行为，没有排斥

了解自己，就是研究自己与别人的互动。

任何事物。两者都是只能通过客观和不偏颇的观察来理解的心灵状态。

- 觉醒并没有极限；它是对你整个存在的付出，并没有排斥。

- 集中是心灵的狭窄化。但是我们所关切的是活着的整体过程，而只专注集中于生命的某一面向，便可能贬抑生命。

- "瞬间"没有昨日或者明日。这不是观念之产物，因而它并不拥有时间。

- 在你的生命受到威胁的千钧一发之际，你能说"先让我把拳头置于髋部，我们门派的招式是这样的"吗？当命悬一线之时，你仍拘泥于你所学门派的打法以拯救自己吗？为何要将之二分？

- 一名所谓的武术家，是三千多年教条与制约的结果。

- 为何人非得依赖这流传几千年的教条？他们可能宣扬以"柔"制"刚"的理想状态，但当"如实地"攻击时，会发生什么事呢？理想、原理、"应该"只会导致言行不一。

- 因为人不想感到不安，不想面对变化，才会建立一套有关行为、观念和人与人关系的模式，然后他会变成这套模式的奴隶，对其深信不疑。

- 同意在特定的规则之内，以某种动作的模式以保障参与者，可能在拳击或篮球等运动中可行，但是截拳道的成功，在于自由无束缚，既可使用技术也可省掉技术。

- 那些二手武术家常盲目地接受其老师或师傅所传授的套路。然后他的动作，更重要的是他的思想就会变得机械化。他的反应变得自动化，依循既定的模式，这让他变得更狭隘、更受束缚。

- 自我的表达是完整的，是当下的，没有时间概念。你只有在自由、身心完整的情况下，方能表达自我。

> 觉醒并没有极限；它是对你整个存在的付出，并没有排斥。

1.5 截拳道的真相

1. 在攻击和防守时严谨的结构（攻击：灵活的前手；防守：黐手）。
2. 变化多端、"巧妙的"、"全面的"腿击与打击武器。

3. 不规则节奏，半拍和一拍或三拍半（截拳道在攻击和反击时的节奏）。

4. 重量训练与科学化的辅助训练，再加上全面的体能训练。

5. 在攻击与反击时的"截拳道直接动作"——由任何位置皆可发招，不必重新摆桩。

6. 敏捷的身体与轻盈的步法。

7. 深藏不露、变幻莫测的攻击战术。

8. 强势的近身战

（a）疾风式移动

（b）摔投

（c）擒拿

（d）封固

9. 针对移动的目标，进行实打实的、全面的对打训练。

10. 经过反复磨炼的强力武器。

11. 个体的表达，而非群体的产物；活生生而非传统主义（真正的关系）。

12. 完整而非局部的结构。

13. 在身体运动的背后，是对"持续自我表达"的训练。

14. 放松与有劲发拳的结合体。此处的放松指的是有弹性的放松而不是身体松懈。还要保持柔韧心灵的警觉。

15. 持续的流动（组合直线和弧线的动作——上路及下路、左弧线及右弧线、侧移步、上下摆动及晃动、以手绕圈）。

16. 经常在持续运动过程中保持良好平衡姿势。持续地处于全力出击与完全放松之间。

自我的表达是完整的，是当下的，没有时间概念；你只有在自由、身心完整的情况下，方能表达自我。

1.6 无形之形

• 我希望武术家能更加注重武术的根本，而非各式各样华而不实的花叶、枝节。争论到底你喜欢哪片叶、哪根枝、哪朵诱人的花是徒劳无功的。当你了解根本，其他花叶也就能一目了然。

• 请勿执著地用阴柔对抗阳刚、腿击对抗拳击、擒拿对抗立技、远距离对抗埋身搏击。世上并无所谓"彼"优于"此"。唯一需要防范的是，切勿让部分琐碎的，剥夺质朴的完整性，不要让它使我们在二元性中失去统一性。

• 高境界的锻炼趋向简洁，半吊子才会流于花拳绣腿。在格斗技巧中，这是个关于成熟的难题。这个成熟过程，是把个体与他存在的本质结合起来的过程，这唯有通过自由表达中的自我探索，而非模仿重复动作的模式，方可达成。

- 有些门派偏爱直线的动作，也有些门派偏好弧线或圆形的动作，但其实这种偏于搏击某一面向的招式都是备受束缚的。截拳道是获取自由的一种技巧，是一种启发自我的武术。艺术绝不是外在粉饰或装饰品。一种被选取的方法，无论多精确，亦会把武者局限于一个模式之内。搏击从来不是一成不变的，而是瞬息万变的。在模式内运作，基本上就是实施阻力，这种练习会将人导向阻碍自己之途，它不可能被理解，而它的追随者永远不会得到自由。

- 搏击之道绝不是取决于个人的选择和喜好。唯有当知觉不受责难、不受批判、不被贴上任何标签的情况下，你才能时刻感受到搏击之道的真理。

- 截拳道赞成无形无式，故可适合于任何形式；因为它不分门派，截拳道也适用于任何门派。因此，截拳道能采用任何方法，不受拘束。同理，它能善用各种技巧和手段，以达到目的。在武术中，效率就是一切。

我希望武术家能更加注重武术的根本，而非各式各样华而不实的花叶、枝节。

- 高境界的锻炼是趋向简洁，半吊子才会流于花拳绣腿。

- 对外在不必要的实际结构去芜存菁不难，然而，减省内在的，却是另一回事。

- 由西洋拳手、功夫汉、摔跤手、柔道家等的角度观看一场街头实战，你不可能看见整体，当门派没有干预你时，才能了然一切。届时你没有"喜欢"或"不喜欢"的念头，你只是看到你所见，而且看到的是整体而非局部。

- 只有在没有比较时，才有"本来面目"的概念，而且只有与"本来面目"共存，方可达至平常心。

- 搏击不会因你的派别而有所不同，诸如功夫、空手道、柔道或其他什么派别。但寻找门派的对立面时，你又进入了另一种制约。

① 佛教语。实相之异名。谓法无自性，无自性，故无所住着，随缘而起，故云无住。

- 一名截拳道研习者面对的是现实，而非具体的招式，其工具是无形之形的工具。

- "无住①"是指万物的终极起源都是人类无法理解的，超越了时空的范畴。因为这样而超越了所有模式的相对性，它被称为"无所住"，而这特质是可以应用的。

- 那名"无住"的拳手已不再是他自己。他的动作犹如机械人。他已在不知不觉中受到了外界影响而放弃自我，这与他埋藏在内心深处的无意识密切相关，而他迄今为止还未察觉这意识的存在。

- 表达无法以练习招式来达成，招式其实是表达的一部分。我们无法在小（表达）之中找到大的（表达），但可以在大的中发现小的。拥有"无形"并非意味着没有"形式"，"无形"是由形式发展而来，"无形"是更高层次的个人表达。

- 无教化并不真正意味着某种教化的缺失。它指的是一种无教而教的教化。要通过教化来实践教化，就是要以显意识来进行。也就是说，要让自己变得果断、有主见。

- 切勿以否定传统的方法作为简单回应，也许你会因自创其他模式而使自己身陷其中。

- 身体上的限制会让自己气喘如牛、紧绷和丧失柔软性；智力上的限制导致理想主义、怪异、低效和真相的缺失。

- 许多武术家喜欢"更多"，喜欢"标奇立异"，却不知真理就蕴藏在日常的简单活动中。因为就在眼前，他们反而看不到。要问其中的原因的话，那就是在对真理的探寻中迷失了方向。

一名截拳道研习者面对的是现实，而非具体的招式，其工具是无形之形的工具。

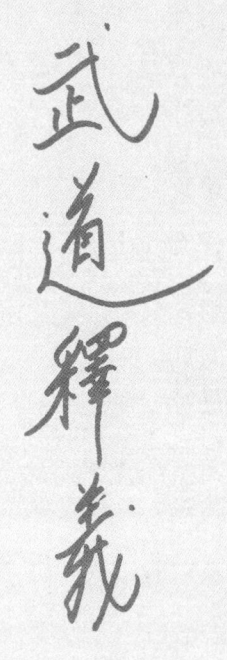

第二章

入门

欲突破自己,

必须对自己有深入之觉察。

2.1 训　练

- 训练是体育运动中最容易为人忽略的阶段之一。一般人均将时间过分耗费于动作技巧的演练上，却鲜有人将时间用于发展个人所参与的项目。训练并不只与最终目标有关，也关系着人的精神和情绪。因此，在训练中我们需要智力与判断能力来好好控制这些细节。

- 训练是预备从事激烈的神经及肌肉反应时，一个人的心理与生理上的状况适应练习。这包含心智、力量乃至耐力的锻炼。它意味着技巧，它是以上各项的有机结合体。

- 训练不仅要具备使身体强健的知识，也需具备关于什么东西会伤害身体的知识。不当的训练会对身体造成伤害。由此看来，训练不但与预防身体伤害有关，也与身体受伤的急救知识有关。

体适能计划

（1）交替分腿	（5）高踢腿	（9）转腰
（2）伏地挺身	（6）深蹲	（10）抬腿
（3）原地跑步	（7）侧抬腿	（11）前俯弯腰
（4）肩回环	（8）仰卧起坐扭身	

日常锻炼的机会

- 一有机会便步行——譬如把座驾停泊在距目的地数条街远的地方。

- 不要乘电梯、升降机，选择爬楼梯。

- 当你静坐、站立或躺卧时，假想敌人向你攻击，以培养冷静的警觉性。设想自己该如何防卫及如何反击。反击动作越简单越好。

- 练习在穿衣、穿鞋时用单脚站立，以锻炼平衡力——当然亦可随时做此练习。

> 训练并不与外在有关，而是与人的精神和情绪有关。

补充训练

（1）序列训练：	序列1（周一、周三、周五）	
	1. 跳绳	4. 跳跃运动
	2. 前俯弯腰	5. 蹲坐
	3. 猫式伸展	6. 高踢腿
	序列2（周二、周四、周六）	
	1. 下腹伸展	4. 肩回环
	2. 侧抬腿	5. 交替分腿
	3. 蹲跳	6. 压腿

（2）前臂/腰：	序列1（周一、周三、周五）	
	1. 转腰	4. 牵拉膝部
	2. 掌心向上卷曲	5. 侧弯腰
	3. 罗马椅	6. 掌心向下卷曲
	序列2（周二、周四、周六）	
	1. 抬腿	4. 杠杆旋棒
	2. 后弯	5. 左右交替抬腿
	3. 仰卧起坐扭身	6. 腕轮卷重
（3）力量训练	1. 上举等长运动	6. 耸肩
	2. 起举等长运动	7. 硬举
	3. 脚尖升体	8. 四分之一蹲
	4. 拉力	9. 蛙踢
	5. 下蹲	

> 赛前预先演练动作技巧，可调动神经肌肉的协调系统，适应并熟习动作之确切要领。

2.2 热　身

- 热身是在身体各组织进行激烈运动前，使身体适应状况，而产生敏锐生理改变的过程。

- **注意**：为使热身运动获得最大的效果，热身准备练习之动作应尽可能与实际需要做的动作相似。

- 热身可减少肌肉的黏性，以及减少它对动作的阻力。热身可以提升动作表现，并通过两种方式避免剧烈运动中的伤害：
  1. 赛前预先演练动作技巧，可调动神经肌肉的协调系统，适应并熟习动作之确切要领。此外，还可提高肌肉之运动知觉程度。
  2. 热身运动造成体温升高，促进体内生物化学反应，提供肌肉纤维收缩时所需的能量。体温升高可缩短肌肉松弛所需的时间，并减少肌肉僵硬的情况。

- 通过上述方法，可加强动作之准确度、力度及速度，并增加细胞组织的弹性，减少受伤机会。

- 没有拳手会在没有做热身运动的情况下作做猛烈腿击，同一道理也适用于身体上任何即将进行激烈运动的肌肉。

- 不同的运动有不同的热身时间。芭蕾舞演出前，舞蹈员通常花两个小时在热身准备上，开始先做些非常容易、轻柔且幅度小的动作，随后逐渐增加运动的强度与动作的幅度，直至真正演出前才停止。他们认为，这样才可减少因拉伤肌肉而使演出大失水准的可能。

- 资深的运动员，常会慢慢地做热身准备，并有延长热身时间的倾向。此种情形可能由于实际需要，也可能是运动员越年长就越"精明"。

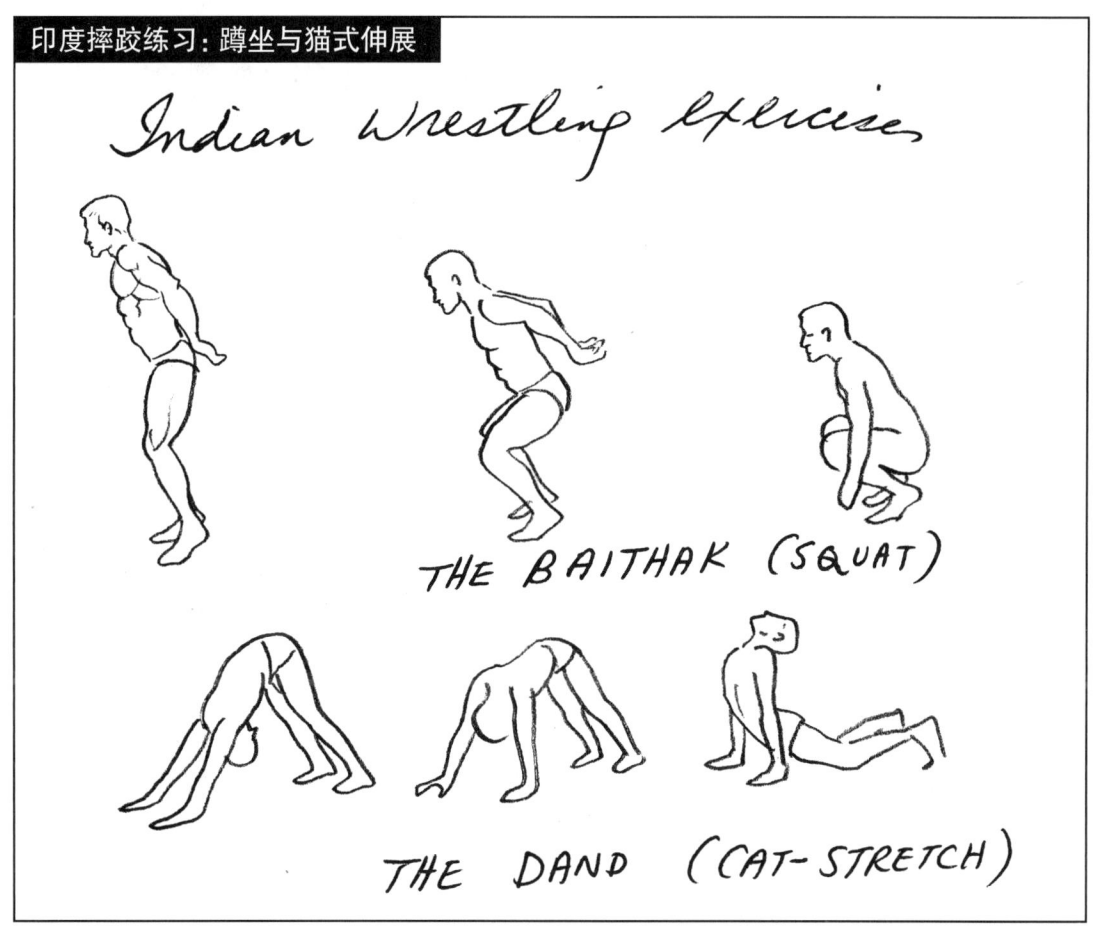

印度摔跤练习：蹲坐与猫式伸展

适当姿势的本质在于身体内在组织的有效协调。

2.3 对敌预备姿势

- 适当姿势的本质在于身体内在组织的有效协调。这必须经由长期的严格训练方可达成。

- 对敌的预备姿势必须是最能使自己的技术与技巧发挥至极限的姿势。它必须能使自己完全放松，并能让肌肉做出最快的反应。

正确姿势有三个功能：

1. 它能确保身体的各个部位，处于进行下一动作最有利的位置。

The On-guard Position

(#) naturalness means (a) easily, and (b) comfortably — all it. muscle can act with the greatest speed and ease

(#) ensures complete muscular freedom

[distinguish between drilling comfort and personal comfort]

[small phasic bent-knee stance]
S P B K S

inclined forward a little

rear heel is cocked — with more weight on it

(a) great sensitivity with awareness
(b) mechanically not hamper

你绝不预设或紧张，但已妥善准备并能够灵活变化。

2. 它使人能够保持一个"扑克身体"，不会暴露自己动作之意图，正如板起"扑克脸"，不会透露玩家的底牌。
3. 它能维持身体适当的紧张度，这对快速的反应与高度的协调能力最有利。

• 你所采取的对敌姿势，必须能使自己处于极为自然而放松的状态，且在任何时间均可做出流畅的动作。

• 对敌的准备姿势最重要的是必须使自己处于"最适当的精神状态"。

头 部

• 在西洋拳击中，头部被视为身躯的一部分，通常并不单独做动作。在近战时，头部必须垂直，下颌尖必须贴靠在肩窝锁骨处，面颊贴近前肩内侧。但并非让面颊向下靠近肩膀，或肩膀向上贴近面颊。它们是在半途交会。肩应该微向上抬3~5厘米，而面颊则稍向下倾3~5厘米。

• 除非是在消极的防卫状态下，否则把下颌尖伸出贴紧在前肩上并不合适。因为此

The JKD Right Ready Position

springiness and alertness of footwork is the central theme. The left heel is raised and cocked ever ready to pull the trigger and explode into action —— YOUR ARE NEVER SET OR TENSED, BUT READY AND FLEXIBLE

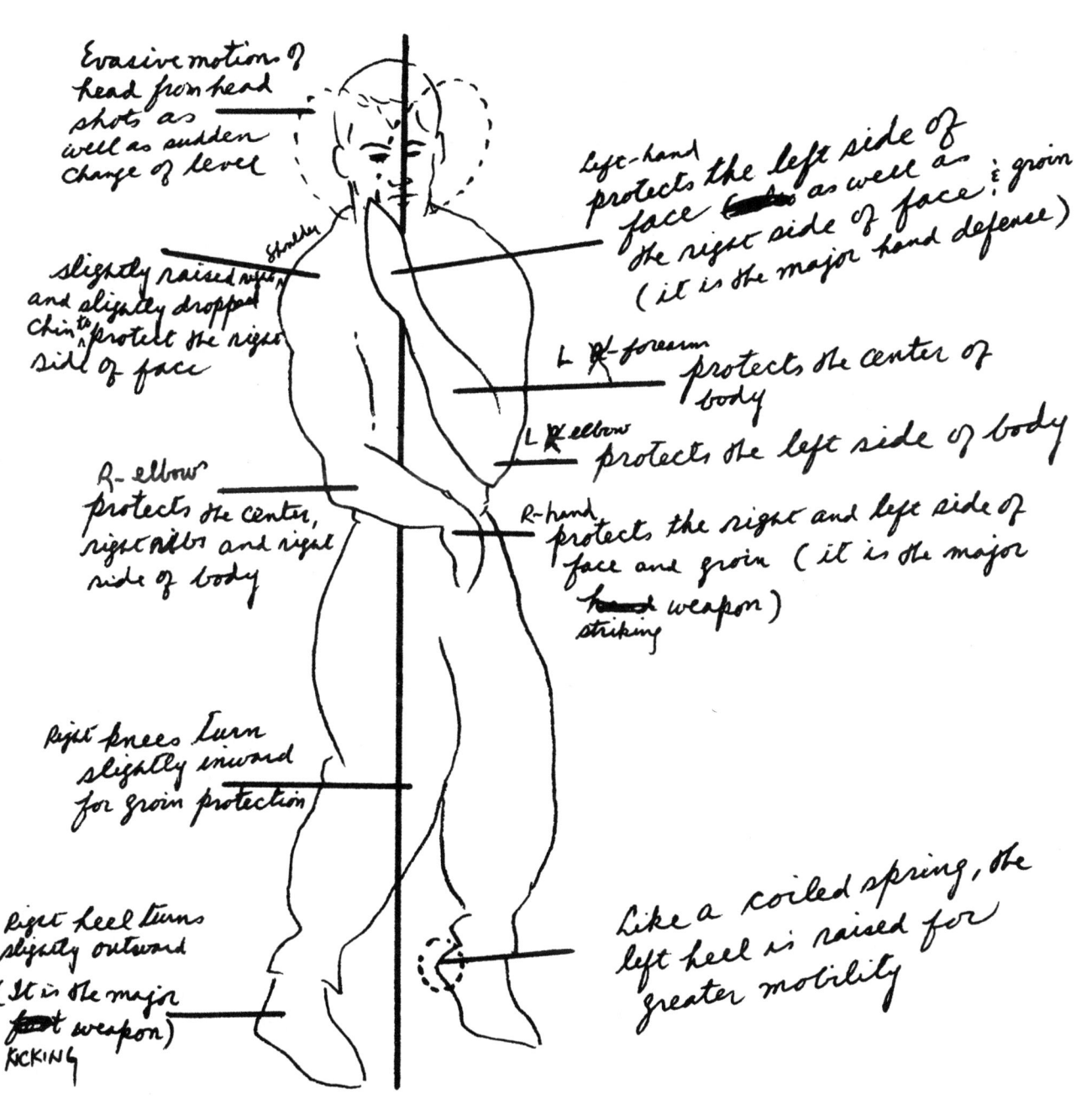

- Evasive motion of head from head shots as well as sudden change of level
- slightly raised shoulder and slightly dropped chin to protect the right side of face
- Left-hand protects the left side of face as well as the right side of face & groin (it is the major hand defense)
- L. forearm protects the center of body
- L. elbow protects the left side of body
- R-elbow protects the center, right ribs and right side of body
- R-hand protects the right and left side of face and groin (it is the major striking weapon)
- Right knees turn slightly inward for groin protection
- Right heel turns slightly outward (It is the major weapon) KICKING
- Like a coiled spring, the left heel is raised for greater mobility

The JKD Left Ready Position

(Springiness and alertness of footwork is the key theme. The right heel is raised and cocked ever ready to pull the trigger into action — YOU ARE NEVER SET OR TENSED, BUT READY AND FLEXIBLE

反方向预备位置

- R-hand protects the right and left side of face and groin (It is the major hand defense)
- R-forearm protects the center of body
- R-elbow protect the right side of body
- Left hand protects the left and right side of face and groin (It is the major striking weapon)
- Like a coiled spring, the right heel is raised for greater mobility
- Evasive motions of head from head shot — as well as sudden change of level
- Slightly raised left shoulder and slightly dropped chin to protect the left side of face
- Left elbow protects the center, left ribs and left side of body
- Left knee turn slightly inward for groin protection
- Left heel turns slightly outward (It is the major kicking weapon)

动作会使颈部处于极不自然的姿势之下，并减低颈部肌肉对头部的支持作用，全身的姿势亦会因此受到破坏。此外，还可能让前肩与手臂过于紧张，降低动作的灵活性并造成疲劳。

- 当下颌下低贴紧锁骨时，肌肉与骨骼处于最佳排列姿态，而且只有头部呈现在对手之前，这令自己的下颌几无被对手击中之机会。

前臂与前手

- 肩部放松，手轻微放低一些，放松并随时准备攻击。整个手臂与肩膀必须放松，让自己可以更快地进攻或抽击，一如刺出短剑一样。手的位置需频频改变，由较低的挂捶位置一直至肩膀的高度，并可越过前手肩部的外门，肘部需下沉。前手需保持连续的微小晃动，使出拳更容易。

- 前手不伸出，并采取较低位置的原因是大多数人对下盘的防御能力较弱。但是因为不伸出前手，很多准备动作都会失去效用。（头部因为敏感距离的增加而成为了移动的靶子。）所以，如果对手的防卫是建基于这些预备动作，他的活动会受到严重限制，他也在某种程度上被你控制。

- 伸手过长的防御，无论在攻击或防守上都会造成致命的弱点。

攻击时：
1. 把手臂拉后容易向对手透露你的意图（跟螺旋弹簧不同）。
2. 发勾拳需要做准备动作。

防守时：
1. 会暴露身体前方。
2. 易为对手识破你手部的位置，并可控制大局。
3. 手伸过远，导致动作不灵活。

因此，你应该采用我们前边推荐的对敌预备姿势，它能保持你前手的潜在攻击范围不被敌人知悉。

后臂与后手

- 后手肘下沉，置于肋之前方。后手的前臂护住太阳神经丛。后手掌心打开，朝向敌人，置于对手与自己的后肩之间，并与前肩成一直线。后手亦可稍微贴近身体。手臂必须放松、自然，随时准备攻击或防守。可以用单手或双手进行圆弧形的"摇晃"动作。重要的是，

前手需保持连续的微小晃动，使出拳更容易。

保持双手活动自如，又能保护好自己。

躯　干

- 躯干的姿势主要由前脚与前腿的姿势来决定。如果前脚与前腿的姿势正确，躯干会自然而然地处于适当的位置。重要的一点是，躯干与前腿应该成一直线。当前脚与前腿转向内围时，身体亦转至相同方向，使自己暴露给对手的面积减至最小。但当前脚与前腿转向外围，身体会朝向对手，暴露给对手的面积便会增大。就防守的目的来说，暴露的面积越小越好，反之则较易遭到对手的攻击。

马　步

- 半屈蹲的姿势可谓是最佳的搏击姿势，因为在这种姿势之下身体支撑情况良好，保持着舒适的平衡，你无须准备动作即可发动攻击、反击或防守。此种马步可称之为"微屈膝马步"。

微细：指的是姿势适当，步伐既不过宽也不过窄。换步时用小而快的移步以争取速度，并保持良好的平衡姿势以缩短与对手的距离，而又不会被对手掌握时间。

阶段：此姿势是攻击或防守循环中的一个阶段，它并非静止或固定的，而是经常改变的。

屈膝：确保预备可以随时启动。

- 弯曲着膝、俯弯着身躯、重心稍微向前，而手臂也微微地弯曲着，这也是许多体育运动的"准备姿势"。

- 无论何时，前脚均需微微贴着地面，触地越轻越好。若重心过分置于前脚，则在发动攻击前，必须先把重心移至后脚。此动作引致迟缓，又警示对手。

- 基本的姿势变换是一切的基础。

基本建议：

1. 动作精简，但能有效结合心灵与身体。
2. 姿势舒服，并能使身体保持良好的"精神面貌"。
3. 简洁，动作没有瑕疵。中性，没有固守方向和着力。

姿势变换意味着：

1. 一种与静止的姿势、"已建立的"形式或态度相反的运动状态。

> 重要的一点是，躯干与前腿应该成一直线。

2. 变换姿势，尤其是采用微屈膝马步，能够进一步瓦解对手的警觉性。

3. 适应对手的警觉性。

- 步法移动的弹性与警觉性是关键所在。后脚跟提起及翘起，以便随时做动作。你绝不预设或紧张，但已妥善准备且能够灵活变化。

- 截拳道的主要目的是腿击、拳击与身体力量的运用。因此，采用对敌预备姿势是最能善用上述各项的。

- 欲使出拳或踢脚更有效，需要不断地将重心由一只脚转换至另一只脚上。这意味着对身体平衡的完美掌握。平衡是对敌预备姿势最重要的因素。

- 自然意味着轻松与舒适，使全身肌肉可以最快捷、轻易地做出动作。轻松站着，避免紧张及肌肉收缩。试着区别演练时的舒适与平时的舒适有何不同。这样你的攻防都能更快、更准和更劲。

- 你的背部、手肘、前臂、拳头及前额，对敌时的姿势要看起来像猫，弓着背，随时准备发动进攻，但你要处于放松状态。你的对手没有多少可以让你攻击的地方。你的下颌贴近两肩之间。你的手肘要护在身体两侧。你稍微收紧自己的中路。对敌预备姿势是最安全的姿势。

平衡是对敌预备姿势最重要的考虑因素。

因此：

1. 运用武器需注意尽量避免偏离对敌预备姿势。
2. 练习由中性的对敌姿势突然发招，并立刻回复原来姿势，动作需连贯流畅。
3. 经常练习运用所有的武器，由对敌姿势直接发招，并以最快速度回复原来姿势。逐步缩减出招与收招的时间。轻松、快捷、重新发动。

- 最重要的是，切勿划地自限。

2.4 渐进式武器图解

• 由于前手与前脚的有利位置,它们通常组成了八成的拳脚攻势。(在未发招前,两者已达攻击距离的一半)。前手与前脚必须能快速而有力地单独或在组合中攻击对手是重要的。此外,他们亦需要准确的后手与后腿来支援。

The Right lead stance

Like the Cobra, you remain coiled in a loose but compact position, and your strike should be felt before it is seen

右前锋桩

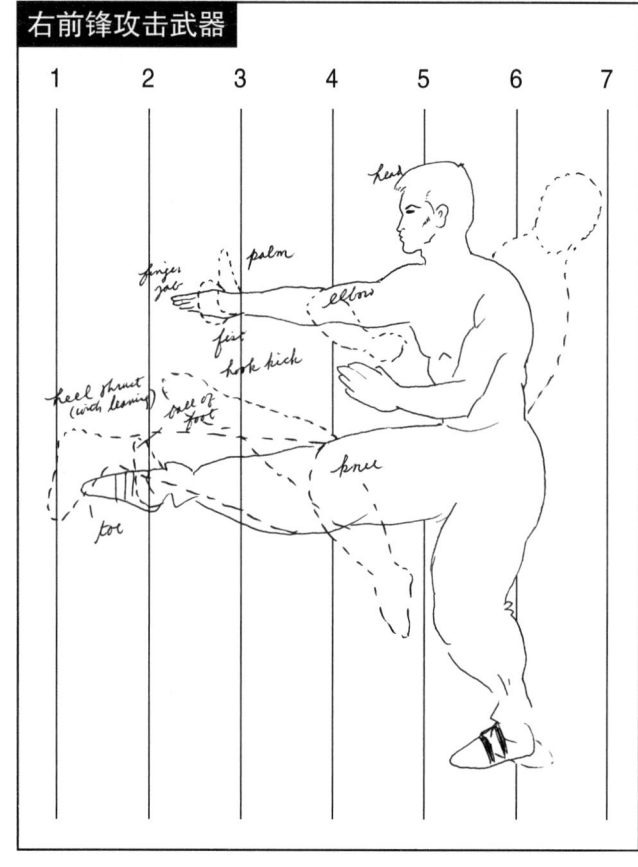

右前锋攻击武器

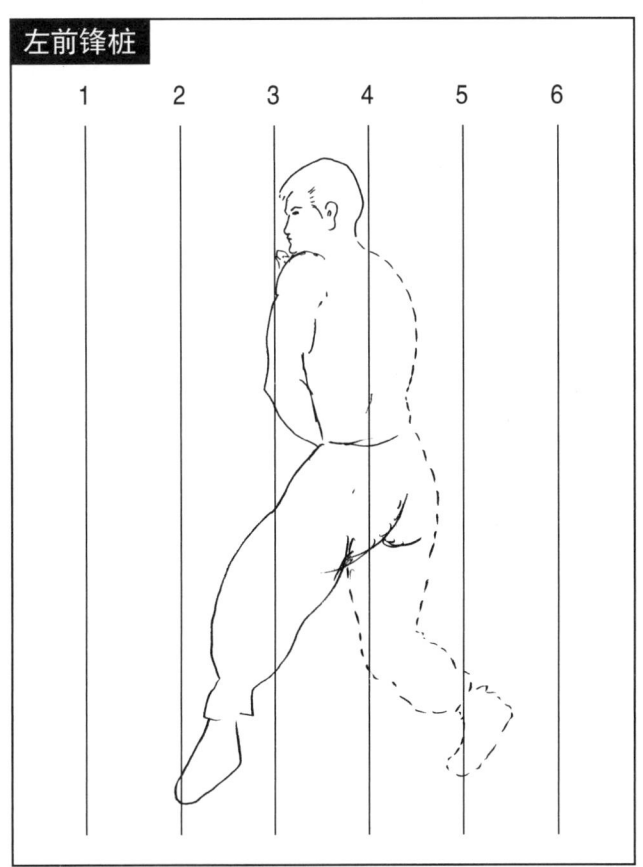

左前锋桩

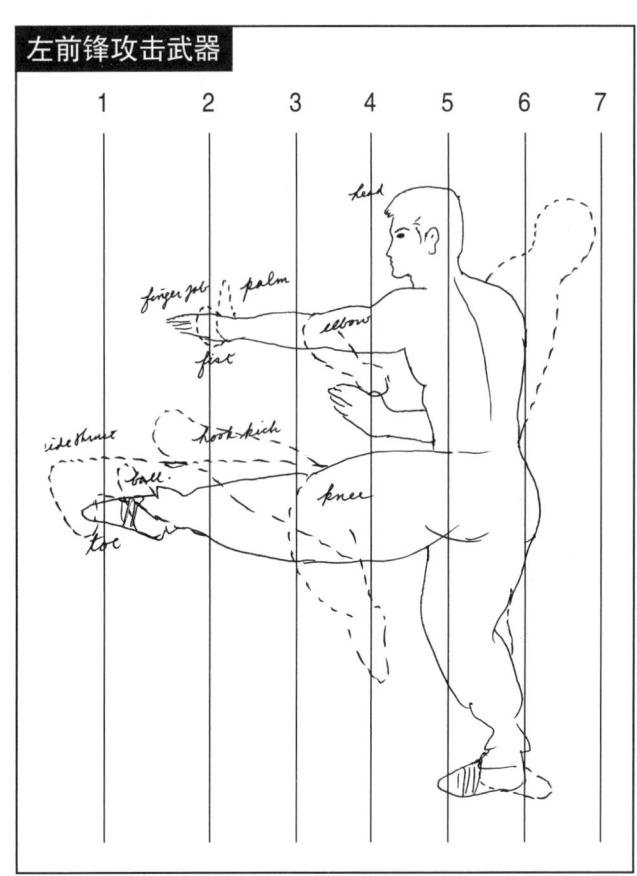

左前锋攻击武器

2.5 八个基本防守姿势（左及右前锋桩）

• 像眼镜蛇，你得保持放松地蜷缩，恰到好处的姿势，而你的攻击必须在被看到前已击中对手。

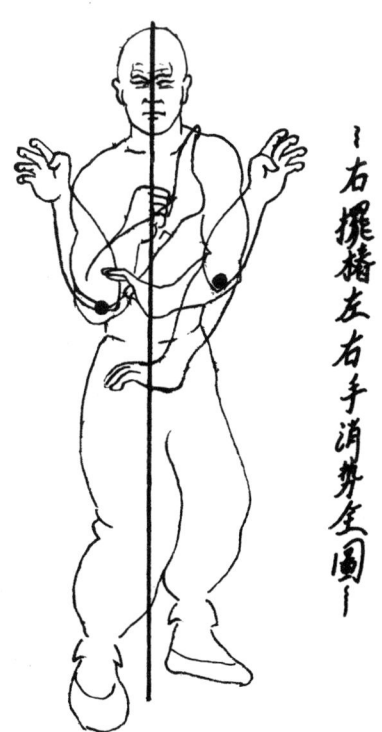

30 截拳道之道

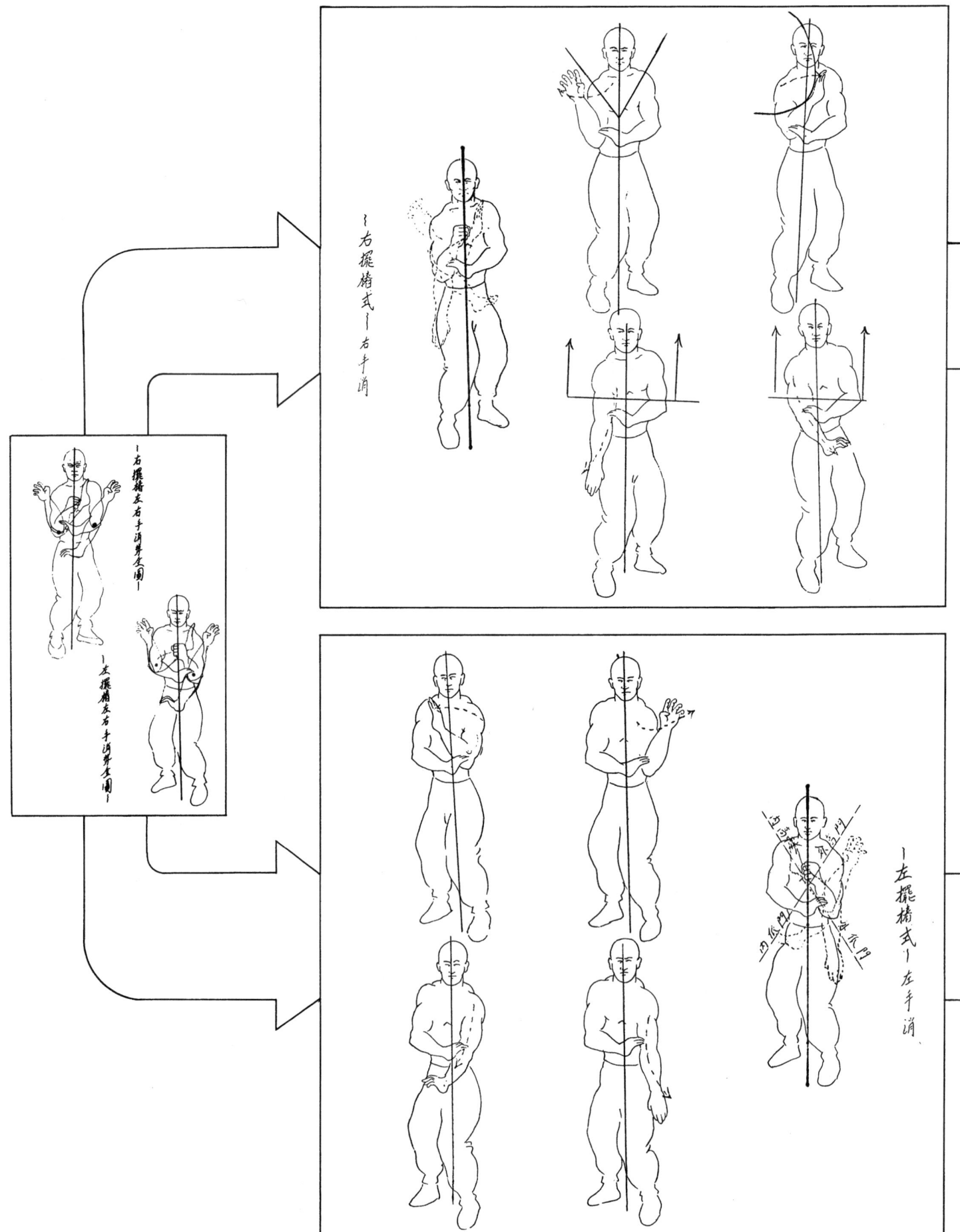

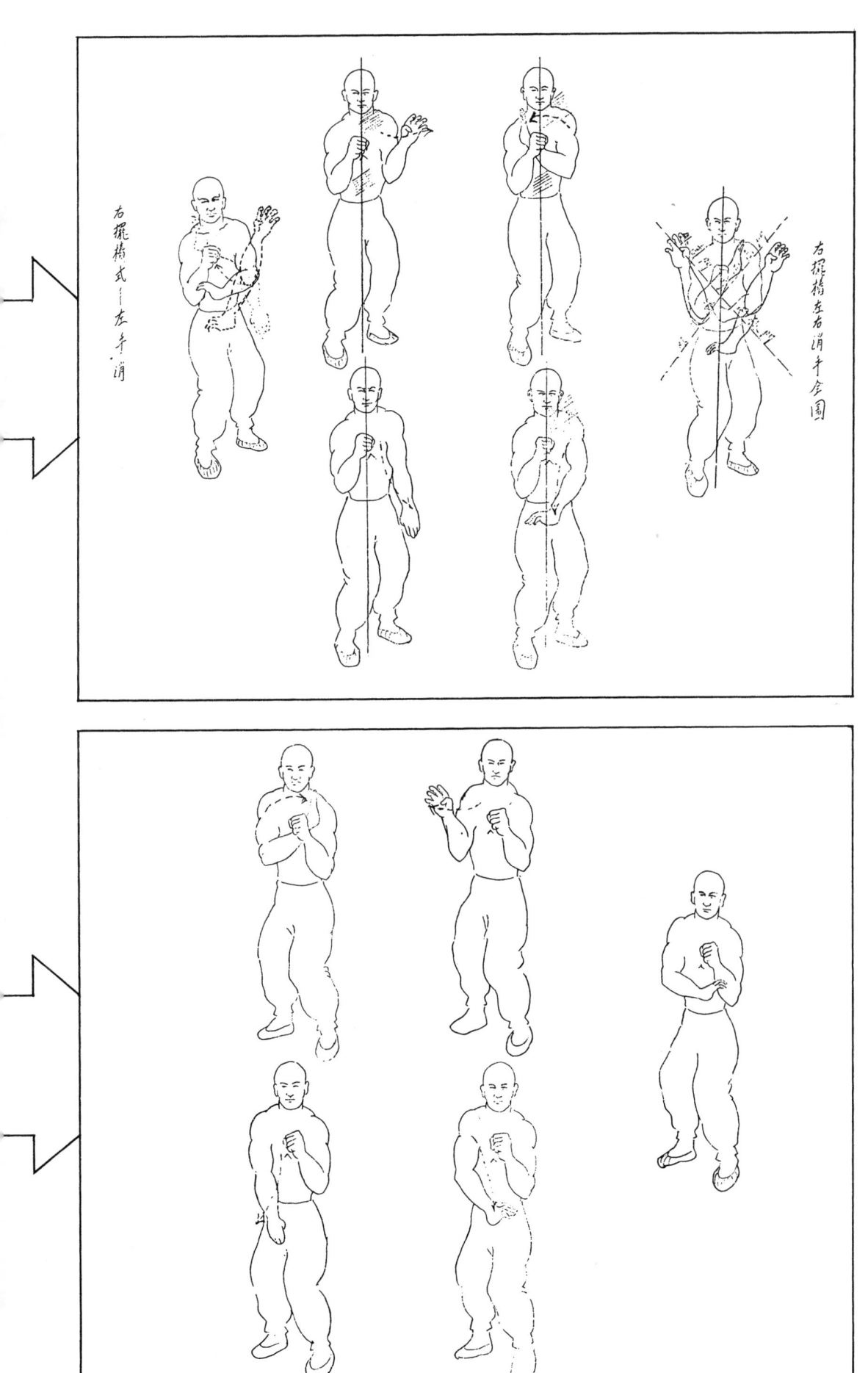

某些目标范围

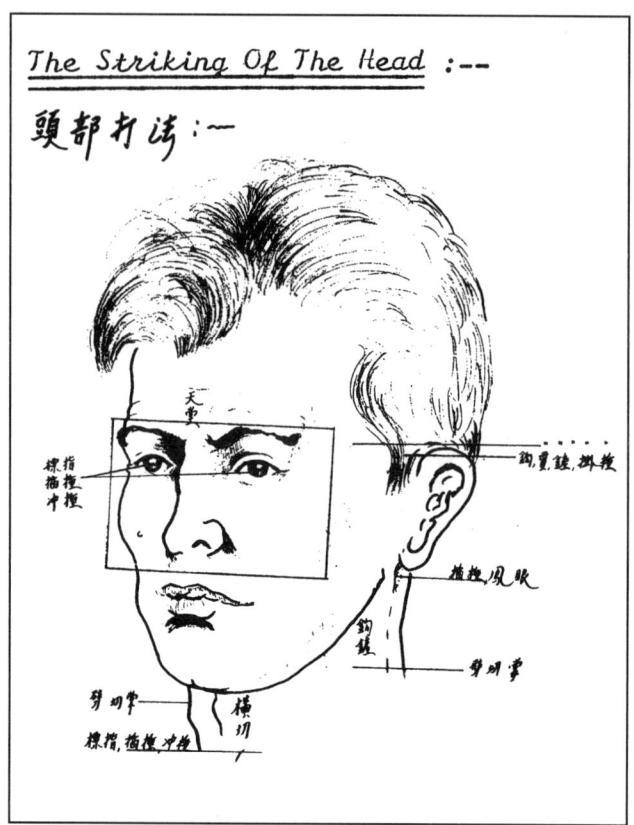

詠春派先師秘傳總訣

師曰生死重害訣須知春夏秋冬四季分十二時辰方可以斷生死 若不太傷心之事不可行之 倘出外牲別方或因路途陰阻偶遇惡人 此手自不可忍 若非惡人何必傷人之命也 此手出在三尖 何為三尖 虎尖掌尖眉尖定要子午分明 百發百中 覚徒單習此手法須傳師口訣分明勢力工夫 百中難晚 但使手須善而用之若弱者不能成功矣 出手法雖要虎尖掌尖眉尖掌尖切不可亂傷人命 若亂傷人命是忘先師付託之言沒有良心也 此書不可亂傳亏義亏作之人紫記 師有詩四句云 江湖一點訣莫時親明說 若寸寸義說七吼皆流血 人有十八穴五十四小穴天地八和四大穴乃傷人之命也 何為小穴手足四肢是乃内外骨節共成七十二穴葉有七十二方單習練成葉可以治之 若出外往別處 非知心者不可亂言戲語怕人暗算為人四海見事更諜 為師者紫記紫記

太極門之八死穴：——

(1) 曰夫頂　　(5) 曰兩肋乳
(2) 曰兩耳　　(6) 曰前陰
(3) 曰咽喉　　(7) 曰兩腎
(4) 曰中脘　　(8) 曰尾閭

螳螂派 八打与八不打

八不打 (死穴)：——

(1) 太陽為首　　(5) 海底撩陰
(2) 正中鎖喉　　(6) 兩腎对心
(3) 中心兩壁　　(7) 尾閭風府
(4) 兩肋太極　　(8) 兩耳扇風

八打：——

(1) 眉頭双睛　　(5) 脅內肺腑
(2) 唇上人中　　(6) 撩陰高骨
(3) 穿腮耳門　　(7) 鶴膝虎頭
(4) 背後骨縫　　(8) 破骨千斤

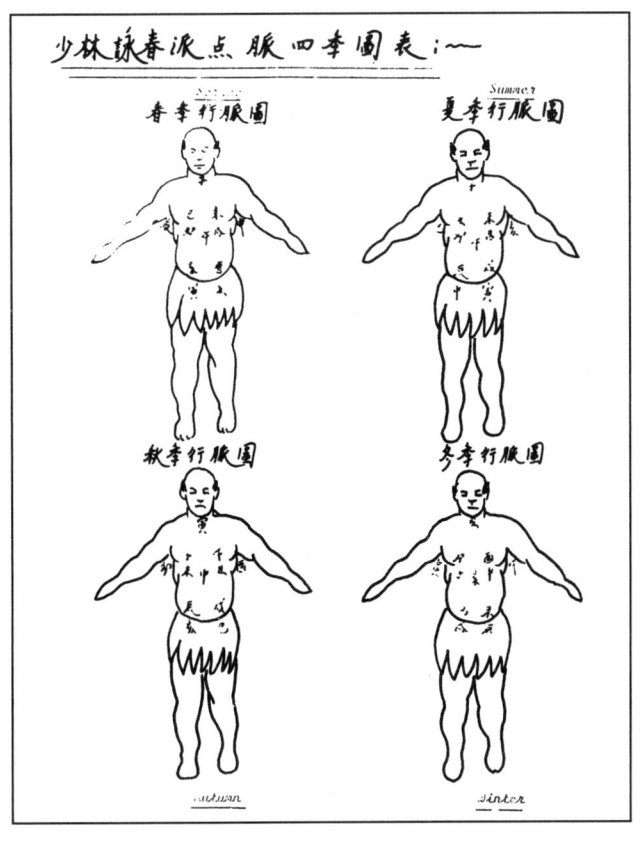

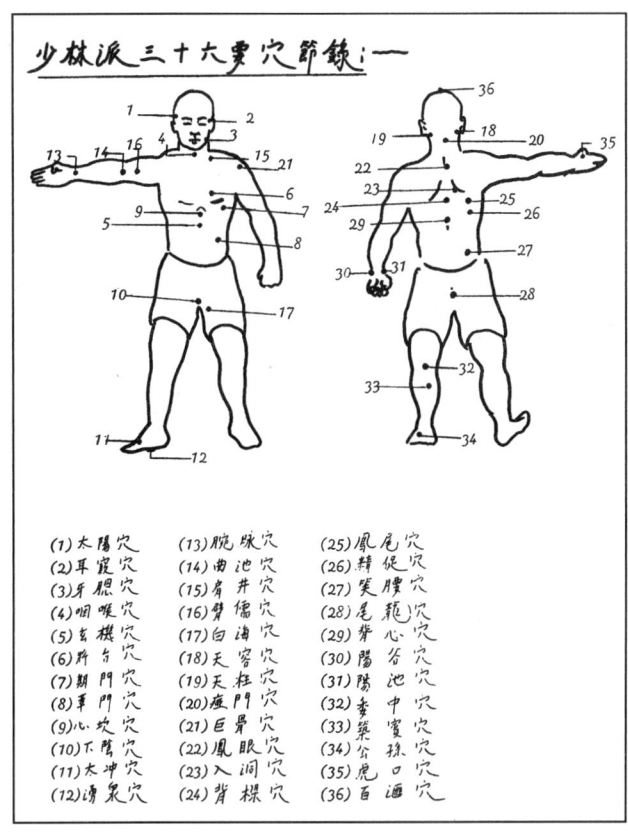

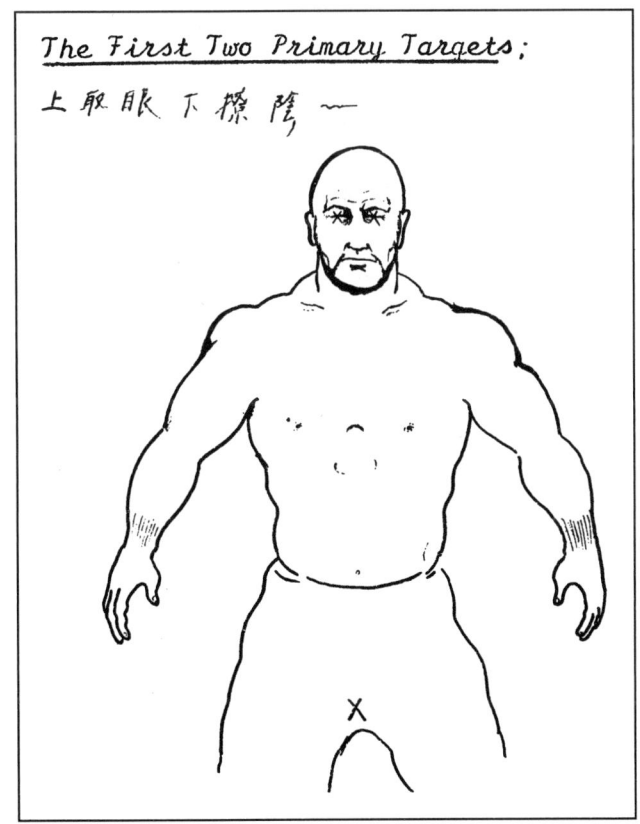

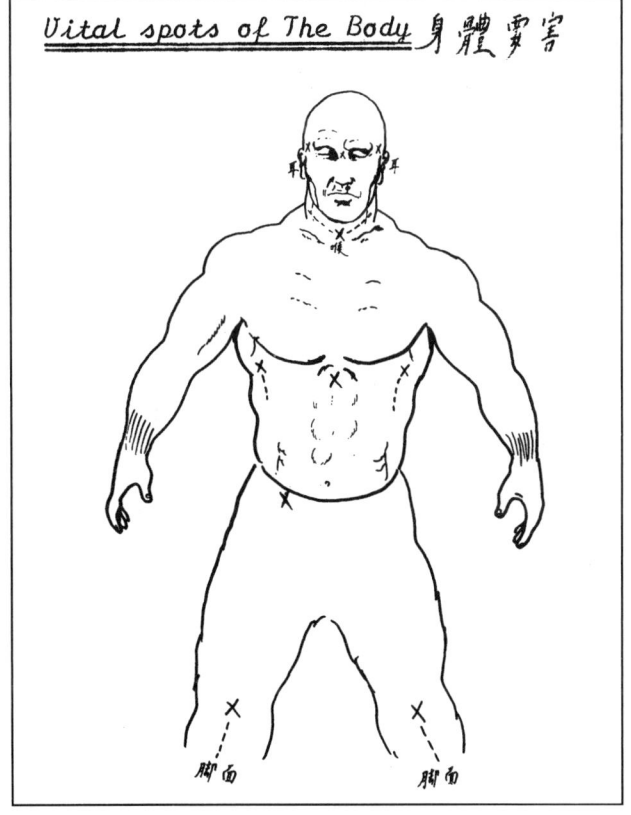

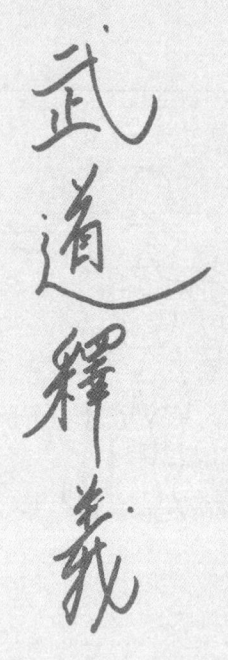

第三章

素 质

这不是与日俱增,而是与日递减
——砍掉那不必要的元素!

3.1 协 调

- 协调是学习任何运动或体育项目的技巧的重要因素；协调是使一个人能统合所有机能与能力，有效地做出动作的质素。

- 在动作产生之前，关节两端的肌肉张力必会发生变化以使其移动。肌肉的协调程度是决定体育竞技中速度、耐力、力量、灵活性和准确度极限的重要因素。

- 在静态或缓慢的抵抗性活动中，例如倒立或举重，关节两端的肌肉强力地把人的身体固定在理想位置上。当快速运动发生时，如在跑步或投掷时，靠近关节的肌肉会缩短而对侧的肌肉会拉长以完成动作。两旁的肌肉仍是紧张的，只是在拉长的一边，其张力相对较小。

- 拉长肌肉的过度紧张就像刹车一样，减慢了运动的速度，削弱了运动的力量。这种互相抵消的紧张会加剧肌肉活动的体力消耗，让肌肉过早出现疲劳。当新任务对负荷强度、速度、重复或持续时间有不同的要求时，就必须完成一种全新模式的"神经生理调节"。因此，在新动作中出现的疲劳不仅仅是因为动用了不同的肌肉，也跟不适当协调所产生的制动有关。

- 优秀运动家在做最费劲的动作时，也是极为轻松自然的。新手的特点是过度紧张、多余动作过多和过度用力。那些罕见的"天生运动家"，似乎与生俱来就有掌握任何运动的天赋，无论其经验多寡，都能做得轻松自然。轻松反映了他们在反作用最小的紧张状态中活动的能力。有些运动员没有这么好的天赋，但也可以通过各种训练而有所改善。

> **优秀运动家的特点，是在做最费劲的动作时，也是极为轻松自然的。**

- 一个动作笨拙、找不到有利距离的拳手，常常被对手抢占先机。他们不能看透对手，却经常在攻击前把自己的意图泄露给对手。这主要是因为他们无法有效协调身体。一个动作协调性极好的拳手，做任何动作都是流畅而优美的。他们总是轻松地滑进滑出，花最小的力气获得最大的扰敌效果。他们的动作充满节奏感，而且对时机的把握良好。凭着对肌肉完美的控制能力，他们能够在对手身上建立与自己互补的节奏，这种节奏可以让他们发挥自己的优势。他们似乎能洞悉对手的意图，因为他们通常采取主动，并总是能够迫使对手做出他们想要的反应。最重要的是，他们让自己的动作有目的，而不是带着某种模糊的愿望，因为他们对自己充满信心。

- 肌肉一般并无自我引导的能力，肌肉的行动方式及由其引发的我们的行为的有效程度，全靠神经系统对肌肉的支配。因此，倘若神经系统发出的信号不当，以致信号被传递至错误的肌肉，或信号传递得过早或太迟，甚至信号的顺序不当或强度不够，动作都无法做到完美。

- 完美的动作，意味着神经被训练到能将信号传到某组肌肉，以使肌肉瞬间准确无误地收缩。与此同时，传到拮抗肌的信号会被截断，让这些肌肉可得到放松。正确的信号协调会提供恰如其分的精确强度，并可在不再需要肌肉收缩时适时停止。

- 因此，协调性是训练神经系统的问题，而不是训练肌肉的问题。由全无协调的肌肉运动，进展至协调性完美的肌肉运动，是改进神经系统联系的过程。心理学家与生物学家指出，神经系统内数以十亿计的神经细胞，彼此之间并不直接相连，但是每一神经细胞的纤维与另一神经细胞的纤维，是以非常接近的距离相互紧密缠绕着的，这使信号可以通过传导从一个感应至其他细胞。而信号从一个神经细胞经过另一个神经细胞之间的相接点，称为"突触"。突触原理说明了为什么一个在看到来球时动作表现得完全不协调的婴儿，长大后可成为大联盟球手。

> 协调性是训练神经系统的问题，而不是训练肌肉的问题。

- 技巧的训练（协调）纯粹是通过反复练习（精确训练）使神经系统建立正确的联结罢了。每一次练习，都能强化其中的联结，使下一次的表现更轻松、更稳定。同样地，疏于练习，则会减弱之前已建立的联结，使动作表现变得更困难、更不稳定。因此，唯有脚踏实地去练习想要的技巧，我们才会学会该技巧。我们唯有靠实干或反应来学习。当学习形成路径时，确保动作是最经济和最有效地利用体力和动力的手段。

- 要成为冠军必须有从容的心理状态，在最乏味的训练环节也能感受到乐趣。一个人对刺激越有准备，他从中获得的满足感就越大；而越是没有准备，他越会因为被迫行动而烦恼。

> **注意**
>
> 当你疲惫不堪时，切忌练习细致的动作技巧，以免你开始用总体动作代替细致动作，及以概括努力代替具体努力。记住，错误的动作会横生枝节，阻碍运动员的进度。因此，运动员只可在精力充沛时练习细致的技巧。而在疲倦时，只适宜做那些以耐力为主的身体锻炼。

3.2 精 确

- 动作的精确即意味着准确无误，通常是指力量的精确投放。

- 精确性要通过控制身体动作来获得。这些动作需要用最少的强度和力度来达到预期效果。无论是初学者还是资深拳手，都必须通过一定的训练才能获得精确性。

- 最好先利用速度来学习精确性和准确度，再用更多的力量和速度来尝试技术动作。

- 镜子无疑对精确性的训练有所帮助，你可以借此经常检查姿势、手的位置与动作技巧。

3.3 力　量

- 只有在击打与摔投时，身体基础有足够的力量保持平衡，才能获得准确性。

- 为了使冲力和机械作用恰当地结合，神经信号会传至运动肌肉，在适当的时间带动足够数量的神经纤维，而传送到拮抗肌的神经信号会减少，以减低阻力——此等动作均会用来增加动作的效率，并使力量发挥最大的效用。

- 当开始练习新的动作时，运动员常有肌肉过度用力的趋向。这是反射神经肌肉协调系统"无知"的表现。

- 一个充满力量的运动员，未必十分强壮，但却可能是个发劲极快的人。由于劲力等于力量乘以速度，假如一个运动员懂得加快动作，即使由肌肉收缩所引致的拉力保持不变，他的劲力也会增加。因此，即使你是一个瘦小的人，如果发招的速度够快，仍能跟身材高大但动作迟缓的人有差不多的力度及效果。

- 运动员通过重量训练增强肌肉的同时，要确保有充足的速度和柔软度。结合足够的速度、柔软度及耐力和高水平的强度，在大多数运动中都可迈向卓越。在搏击时，缺乏上述的必备素质，即使是强壮的人，亦会犹如大笨牛费力而无用地追逐斗牛勇士，或一辆低档大型货车追赶一只兔子一样。

> 练习耐力的最佳形式，是对该项目的预演。

3.4 耐　力

- 耐力的养成必须经由艰苦而持久的练习，达到超乎一般"稳定"生理状态的水平，而且需达至接近虚脱才行。此外，也应产生呼吸及肌肉上的压力。

> **最佳的耐力形式**
>
> 练习是事件的预演。当然，跑步及击影练习都是必需的耐力辅助练习，但你应以不规则的节奏，不规则的神经生理调整来做。

- 大多数的运动初学者总不愿意刻苦练习。他们应该艰苦地锻炼，然后充分休息，休息是为了要付出更大的努力。由许多短促、快捷运动组成的长时间训练，穿插着柔和的活动，似乎是最好的耐力训练程序。

为超耐力运动而设的四个假设：

1. 可以通过一系列连续不断的轮流冲刺跑，配以慢跑训练来培养耐力。
2. 其中一项耐力训练是明确地以特定速度练习。
3. 极限的耐力训练，应该包括比一般的更大量和更长时间之练习。（这种"斯巴达式"的训练是为冠军而设的。）
4. 做出不同动作时偶尔改变配速，某种程度上可用到不同的肌肉纤维。

- 建立耐力的训练应该循序渐进，并谨慎地增量。六周的锻炼时间，对要求相当耐力的运动来说，可说是微不足道，而且仅仅是入门要求罢了。要达至巅峰状态，将需要经年的训练。

- 假如停止练习，耐力会消失得非常之快。

3.5 平 衡

- 平衡对于拳手的姿势与马步来说，是最重要的因素。无法时刻保持平衡，他永不能奏效。

- 平衡须由身体的正确排列来达成。两脚、两腿、躯干与头部在建立及维持良好平衡姿势上皆是十分重要的。它们也是身体力量的传导工具。保持双脚间正确的对应关系，以及双脚与身体的对应关系，以助全身达至正确的排列。

- 倘若马步步幅过宽，当会影响到身体正确的排列，破坏平衡之目的，虽然可取得一致性，使力量增加，却牺牲了速度与动作的效率。相反，若步幅过窄，会因基础不稳而令人失去平衡。速度虽可加快，却牺牲了力量与平衡。

- 欲用适当的马步维持正确的平衡，秘诀在于经常保持双脚直接位于身体之下，双脚的距离要适中。双脚的重量要不是平均地落在双脚上，就是（如西洋拳击）稍微偏于前腿。前腿稍直，膝部自然放松，不要锁紧。身体前面、前脚跟至肩膀的前端需形成一条直线。此种姿势可使身体做出放松、快捷、平衡且自然的动作，更有物理上的优势，让身体能发出巨大的力量。

- 在一般的体育竞技中,准备的动作常包括身体"蜷曲"或是半蹲的姿势,重心降低及稍向前。由于前膝盖弯曲,身体重心亦稍微前倾。为了反应更敏捷,即使在膝部弯曲后,前脚跟通常亦只微微触地。此种微微触地的动作可增加平衡力并减低身体紧张程度。

- 双脚必须经常保持一步的自然距离。如此步子当可站得稳,而不致只站于一点之上。

- 双脚切勿交叉,以防被对手推倒而失去平衡,或因不良步法而被撞跌。

姿势习惯:

1. 降低身体的重心。
2. 保持底部侧阔。
3. 身体重心落在脚前掌上。
4. 膝部罕有伸直的情况,即使在跑步时。
5. 快速而细腻的重心转移,是一些需要进行快速或经常转变方向的运动员在比赛中常有的独特习惯。

- 这些姿势习惯是准备动作或静止姿势时的特质。运动员在做动作前,或在完成动作之后均会回复这些静止或阶段性机动习惯,以为下一个动作做预备。当需要做突然的动作时,一个优秀的运动员罕有膝部或其他关节僵直的情况发生。有一句众所周知的名言,可以用来形容这种屈膝的跑动预备:"一个优秀的运动员跑动时仿佛他的裤子需要熨平一下。"

- 平衡包含了对身体重心的控制,加上身体倾斜而失去平衡时,对身体乃至引力的控制与运用的能力,以使动作更轻松容易。是故,平衡可谓将一个人的重心抛离支持的基础,然后再寻索重心,并让它不能逃出你控制范围之内的一种能力。

在一般的体育竞技中,准备的动作常包括身体'蜷曲'或是半蹲的姿势,重心降低及稍向前。

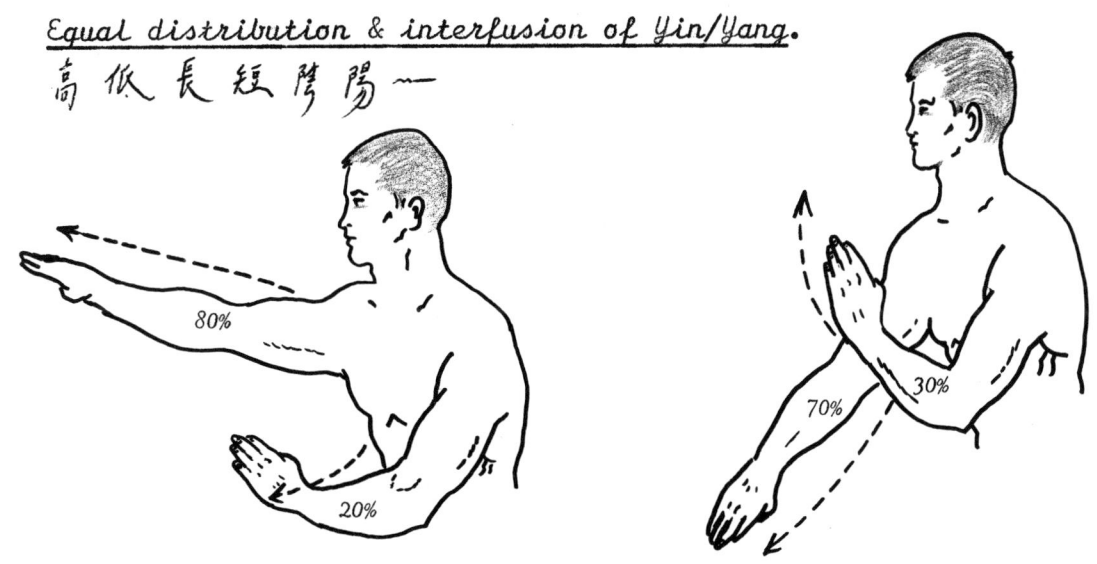

- 与跃步或交叉步相反,碎步或滑步是维持身体重心的良好手段。当需要迅速移动时,一个好手通常能采用尽量小的步伐以维持身体的重心。

- 在预备姿势时,身体倾斜可以用伸延的手臂、脚或两者来纠正。

- 一个拳手的重心,经常需因应自己及对手的动作而不停改变。

- 一记拳击或腿击落空意味着你短暂失去平衡。这就是为何以逸待劳的反击者经常有优势,但攻击者若采取微屈膝马步之对敌预备姿势迎敌会较安全。练习向失去平衡的对手反击,尤其是对手属于立技的类型。

- 必须时刻保持身体平衡,故此拳手不会失去对中线的控制。

1. 在攻击时,重心应该不动声色地前移,让后腿和脚自由地做出最短、最快、最爆发性的冲前。
2. 在闪躲时,身体重心必须稍移向后脚,使双方距离增加,并容许自己有较多时间来准备格挡与还击的动作。

应该在动作中寻求良好平衡,而非在静止之时。

- 经常保持平衡,以备再次发出腿击或拳击。注意切勿委身过多。

> **辅助训练**
>
> 　　在连续攻击、后退或反击时，体会一下双脚之间及双脚与身体之间的适当关系。注意在各种拳脚攻击下的姿势变换。
>
> ———————————
>
> 　　体会自己在平衡马步时的感觉。若有需要的话，你应能在走路的速度下做出所有动作。体会自己在平衡与不平衡姿态时的分别。向前、向后移并向两侧移步。协调拳与脚的攻击；确保出招够快、够劲，而最重要的是，保持身体平衡或快速回复平衡马步。
>
> ———————————
>
> 　　跳绳可说是锻炼身体平衡感觉的最佳方法之一，但这绝非任意地乱跳一通。首先，以单脚跳，把另一脚置身前；然后换脚跳。然后，再轮流左右交替跳（并非如想象中容易）并把速度逐步增加至你的极限。每次跳绳维持三分钟（一回合的时间），然后休息一分钟，再继续跳三分钟。以不同的跳绳方式练习三个回合，当是一个极佳锻炼的开始。

3.6　身体感觉

- 身体感觉提醒身心的和谐互动，两者是分不开的。

攻击时的身体感觉

身体上：

1. 细想在攻击前、攻击进行时与攻击后的平衡情况。
2. 细想在攻击前、攻击进行时与攻击后的严密防守。
3. 学习切入对手活动中的工具，并限制他的活动范围。
4. 细想活力。

精神上：

1. 培养击中目标的"欲望"。
2. 重回自己的机警和觉察，在刹那间作出的防守或反击。
3. 时刻保持中性警惕，随时留意对手的举动，作出适当回应。
4. 学习对移动目标作连贯性的破坏（放松、快速、坚实、轻松）。

防守时的身体感觉

1. 研究对手的发招方式——是否有迹可寻。
2. 学习掌握对手第二、第三个动作的时间性——了解他的风格和简单攻击落空后的修正方法。
3. 了解对手无助的一刻。
4. 利用一个共同的倾向，以强弩之末的工具"触及"对方，获取优势。
5. 诱使对手失去平衡，进入易受伤害的范围，而自己犹能维持平衡。
6. 当向后移动和尝试所有可能性（侧踏步、绕步等），同时能够表现有效性。完成拳腿攻击后要保持平衡。
7. 在适当的时机，瞬发攻击依靠：

瞬发攻击三合一：
（a）正确的自我同步性；
（b）正确的距离；
（c）正确的时机。

> 优良的表现形式是最有效的方式，是以最少的动作和体力消耗来完成任务。

3.7 优良的表现形式

- 优良的表现形式是最有效的方式，是以最少的动作和体力消耗来完成任务。

- 用最少的能量消耗来获得最大效果，为了保留体力，消除不必要的动作和肌肉收缩，避免无谓的疲劳。

神经肌肉技能的培养：

1. 第一步是获得放松的感觉。
2. 第二步是练习，直到这种感觉可以随个人意志而产生。
3. 第三步是能在神经紧张的情况下，犹能自发地产生放松的感觉。

- 感觉肌肉收缩和放松的能力，知道肌肉正在做什么的能力，称为"动觉感知"。动觉感知是通过有意识地将身体及其他部位置于特定姿势，并体会个中的感觉。这种平衡或不平衡、优雅和笨拙的感觉，均可作为身体动作时的恒常指标。

- 动觉感知应该发展至身体感到不适的程度，除非每个动作都费力最少而能产生最大的效果。（同样适用于姿势）

Stage I — THE TEACHING OF RIGHT FORM

STAGE II — BUILDING UP PRECISION, RHYTHM, SYNCHRONIZATION WHILE AUGMENTING SPEED PROGRESSIVELY.
本人的 - application of technique with full co-ordination and increasing speed — at various distances — Precision in all.

STAGE III — TIMING AND THE ABILITY TO SEIZE AN OPPORTUNITY WHEN OFFERED
和对方 under fighting condition — regulate cadence and distance, to attack when opening is offered (教师不搭)

STAGE IV — APPLICATION under FIGHTING CONDITION —
从距离 — instructor attempting to provoke error by watching and TIMING & DISTANCE.

右直冲，左直冲，镗捶，钩捶，挂捶，
(角捶)

右直冲 — ① 出范围，当攻击无度手 (以低) ③ 连击手
④ 低式直冲体 ⑤ 过空 (收手变手)

左直冲 — ① slip 右打 ② 过收手打 ③ 合步
左冲 (Rib) ④ 散右挡 ⑤ 过散
左去上左夯左拳

镗捶 — ① 散冲前左右冲 ② 散左猪先手或取
我手 ③ feint low 镗

挂捶 — 教与鹰下式相配合使 (出短林)

- 放松是一种身体状态，却是由心智状态所控制。它通过有意识地努力控制思想及行动模式来获得。这需要感知、练习与意愿来"锻炼心智"以形成新的思考习惯，以及使身体形成"新的行动习惯"。

- 放松牵涉到肌肉组织的紧张程度。就运动的法则来看，运动肌肉的紧张程度必须不超过所想做动作之所需紧张程度，而拮抗肌产生的紧张程度也越低越好，并犹能维持必要的约束控制。肌肉必须经常维持某种轻微程度的紧张，而这是它们的特性。但是一旦肌肉开始过度"收紧"，便会有碍速度与技巧。主要的困难点在于拮抗肌的过度紧张。运动肌肉的紧张程度越小代表所耗费的能量越少。紧张的拮抗肌会消耗体力且导致肌肉僵硬，及妨碍动作顺利完成。一个协调良好、优美且有效的动作，其对应的拮抗肌必须能自然、容易地放松或伸长。

- 运动时的放松要靠培养心智上的平衡与情绪的控制来达成。放松的好手能建设性地花费身心力量，并在它未能有助解决问题时将其转化，反之，则会自由运用。这并不意味着他散漫、动作迟缓，或思想迟钝。亦不等于轻忽大意或漠不关心。理想的放松是肌肉放松，而不是心态或注意力。

> 健全技巧的表现形式所节省的体力，可有利于持久战，或更有力量表达技巧。

- 健全技巧的表现形式所节省的体力，可有利于持久战，或更有力量表达技巧。

- 资深的运动员大都认为良好的表现形式可以保存体力，而伟大的运动员，往往通过额外的技巧令每个动作更有效，从而节省体力——他减少了无谓且不必要的动作，在每个动作上，他经过锻炼的身体所用的体力也较少。

- 经常以良好的表现形式来训练，学会轻松且顺畅地做动作。你可以先练习击影来使肌肉放松。最初专注于正确的表现形式。之后，再加一把劲。

- 掌握良好的基本动作并逐步地应用它，是成为伟大拳手的秘诀。

- 在大多数情况下，每项招式演练的相同策略是，必须能同时在身体的另一边演练，以维持良好平衡的效率，但建立表现形式的最重要一点是，确保不会违反任何基本的、力学的原理。

动作的经济性

做每一件事都有其最佳的方法。以下是一些已证实可改善表现的原则：

1. 应该使用动量来克服阻力。

2. 假如动量必须被肌肉力量克服，它应被减少到最低程度。

3. 连续的弧线动作，比突然而急速转变方向的直线动作更为省力。

4. 假如发动的肌肉并未受到对抗，身体的动作便能比在受限制或受控制的情况下更敏捷、更轻松和更准确。

5. 锻炼时跟从轻松且自然的节奏，能令表现更流畅和自然。

6. 做动作时，应戒除迟疑，或暂时及经常的微细动作停顿。

• 可以改变自己的风格来适应不同的状况，但切记并非改变你的基本表现形式。所谓改变风格，是指转变你的攻击计划。

• 良好的表现形式，是一种特定的技术，它能够使个人在行动中获得最大效果。

• 平衡，亦对良好的表现形式至关重要。无论你是打出一记拳击或是腿击，你都不会有后继之力，除非你的平衡和完美时机给予你足够的利益。

• 最重要记住以下一点：若你过于紧张，便会失去适应性和对时机的掌握，此两者对成功的拳手尤其重要。因此，有意识地每天练习节省神经肌肉的感知运动，并时刻保持放松。

> **良好的表现形式，是一种特定的技术，它能够使个人在行动中获得最大效果。**

3.8 视觉意识

• 学习以快速视觉识别是一个入门基础。你的训练应该包括每日短暂的、集中的速视（觉察力训练）。

• 高水平的感知速度是学习的产物，非与生俱来的。

• 一个反应较慢或动作较迟缓的人，只要视觉敏锐亦可弥补不足。

• 视觉的敏锐程度受观察者注意力的分布情况影响——注视的目标越少，动作越敏捷。当自己所欲注视辨认的线索有很多个，而每一个线索又需要不同的知觉反应，所需的时间便会增加。选择性反应比简单反应需要更长的时间。这是工具的基本训练，以从事神经生理调整来达至本能的经济性。最精简的本能动作，可谓最快速、最准确的动作。

• 由意志到反射性控制的程序是，运动员从微小细节的感知转移到较大部分（无意识的表现），最后到整个行动，没有任何想法给予任何的部分。

- 覆盖范围较广阔的扩散性注意力习惯，帮助进攻者更快留意到对手的破绽所在。

- 欲达到快速的感知，注意力必须以最高的焦点放在被感知的目标上（即是：以"准备"对应缺乏"准备"，借以得到制敌机先的优势。）

- 由实验得知，运动员回应在近距离发出的听觉提示，比回应视觉提示来得快些。尽可能一并利用听觉与视觉提示。但是要谨记，把注意力集中在总体动作，比集中于听取及看到提示更能增强动作的敏捷性。

- 训练自己减省不必要的选择性反应（自然地减少自己的），同时却让你的对手做出各种可能的回应。

- 一名好手，经常尝试使其对手进入迟缓、选择性反应的情况中。

- 分散对手注意力的策略（假动作、虚招），是运动员引导对手注意力的手段，使他决定根据提示而行动时犹疑。当然，如果对手能够被诱导在合适的方向做出初步行动，你会得到额外的优势。

- 一个只能于身体的单侧拳击或腿击的攻击者，让防守者可减少注意的范围，从而增加反应速度。

- 一个人对突然朝其眼睛而来的动作必然会本能地眨眼。这些本能眨眼动作在练习或对敌时必须受到控制，假如你被发现受恐吓就会闭上眼，会引发对手利用你的瞬间视盲，做出拳脚攻击。

- 中央视线意味着眼神及注意力均只能专注在一点上。周边视线则指眼神虽注视在一点，注意力仍能专注于较大场域。中央视线可以想象为较敏锐且清晰，而周边视线则较为分散，所见范围较广。

- 在搏击时，学员必须学习扩展其注意力，充分利用他的周边视线覆盖整个范围。

高水平的感知速度是学习的产物，非与生俱来的。

> **练习**
>
> 　　导师可伸出其食指，并指导学生把注意力集中于该指尖上。然后导师再移动他另一只手的食指，进入学生的视线范围内，然后于空中画字母与数字。而学生应该能拓宽他的注意力，在不改变其眼睛焦点的情况下，辨识出那些字母与数字。这本书的"练习"部分有"辅助训练"的设计功能。

- 视线场域会因距离远而扩大，越近越狭窄。还有，一般而言，注视敌方步法较手法容易，因为脚部的动作相比快捷的手部动作来得缓慢。

一名好手，经常尝试使其对手进入迟缓、选择性反应的情况中。

3.9 速　度

速度的种类：

1. **知觉速度**：目光锐利，快速找到对手破绽并挫其锐气，扰乱他并使他慢下来。

2. **心智速度**：敏捷思考决定正确行动，阻截和反击对手。

3. **启动速度**：由正确的姿态与正确的态度，简洁地开始。

4. **动作速度**：快速的动作使既定的招式产生效果，这包括实际肌肉收缩的速度。

5. **换招速度**：在中途改变方向的能力，这包括平衡和惯性的控制。（采用细小及局部的屈膝马步。）

提升速度的理想特性：

1. 流畅性

2. 弹力、柔韧性、弹性

3. 能抵抗疲劳（即耐力与体适能）

4. 身体和精神的警觉性

5. 想象力与预测力

- 练习增加双手与步法的技巧和灵活性，是拳手不可或缺的基础。许多拳手根本不知道真正的速度，取决于动作的经济性（即良好的表现形式和良好的协调）。因此，经常做机械化的演练（训练该活动）是有必要的。此外，一定数量的情感刺激是有所帮助的。

- 击影是一种良好的敏捷训练，同时也是建立速度的方法。把心神贯注于所做的训练上！如果你有的话，想象你最顽强的敌人，正在你面前，并且全力以赴。尽量运用你的想象力；尝试预想你的假想敌可能如何发招攻击，并将自己的心情处于实际的搏击状态中。击影有助看清形势、速度、提供概念和有助配合拳击动作，使你在最需要使用这些动作时预先做好准备。

- 有效率的表现形式和肌肉放松有助提升速度。在竞赛中，新秀运动员在比赛中最需要改变的是，克服刻意太用力、急进、紧张、抓握拳头和想一次就摆平整场比赛的倾向。由于运动员强迫自己倾尽全力，他的心理要求超过了他的实际能力。结果便可被描述为一般而非明确的努力。整体的紧张与不必要的肌肉收缩，有如制动，减低速度且浪费体力。当运动员能够顺其自然来行动，而非试图驱使身体去做动作，身体的表现会更佳。当一个运动员用他所能最快的速度跑步时，他不应要求自己跑得更快一些。

整体的紧张与不必要的肌肉收缩，有如制动，减低速度且浪费体力。

使速度更快之要素：

1. 做热身运动以减少肌肉的阻力，增加其弹性与柔软度，并调整系统以适应更高的生理运动节奏（心率、血液流动与血压、调整呼吸）。
2. 初步的肌肉张力与局部收缩。
3. 合适的拳桩。
4. 适当地集中注意力。
5. 减少接受刺激并养成快速敏锐的感知习性；减少总体动作，并养成快速反应的习惯模式。

- 以一较大半径或较长弧度做完投掷或椭圆形攻击动作时，速度可因突然缩小动作的圆弧半径而急郡增加，而无需施加额外的力量。此种情形可见于投掷链球时"移入"弧线的最后动作，也可见于棒球运动中打击手对前腿施加的后向动力等。用毛巾或鞭抽击也是这种"缩短杠杆"原理的应用例子。

- 人体在打击（投掷）时所作出如抽鞭子与盘旋弹出的动作模式，是一种极为引人注目的现象。身体的动作可以由推动脚尖开始，随着把膝部与身躯伸直，加上肩的旋转，上臂的摆动，至前臂、腕与手指的弹动达到高潮。时机的运用使上述每个环节均可使下个环节的速度增加。缩短杠杆的原理是为了加强伸展或抽击等特定动作的速度。身体每一部分在其关节支点的旋转是为了对特定部分进行加速，但每一环节如果能围绕着一个已增加了速度的支点来旋转，其速率自会大幅度提高。

- 在投球时，身体各部分的速度都累积起来，当前臂从快速移动的手肘支点弹出时，由手肘处发出。大多数的远距离投掷或弧线击打行为，均可视为此种速度原理的运用。一个人并不是"用脚来击球"，但其动量却是由脚部开始。

- 关于以上一连串加速动作的一个重点是，越迟引发每个环节的动作越好，目的是尽量利用支点杠杆所产生的最大速度。投掷时，手臂向后拉的动作使拉扯手臂的胸肌紧张并伸展。在投掷的最后一刻才突然将手腕弹出，或在攻击时，在接触的最后一刻才发力。一如在美式足球中，踢悬空球的球员在接触橄榄球的一瞬间，或一个遮掩之后，才在膝部与脚上发出最后一刻的加速。这就如在美式足球中"冲破对手拦截"，或在拳击中"穿透对手"时最后一刻的加速一样。原理就在于保存最大的加速力在最后接触的一瞬间才发出。撇开距离不谈，此最后阶段的动作应是最快速的。只要出现良好的接触机会，都要持续维持这种增加的速度。不过，这个概念有时会与一种完整、自由，以及在接触后那无约束的身体惯性运动混淆起来。只有当这种放松的后续动作不会干扰接续行为的速度时，以上的原则才是可靠的。

- 速度是一种复杂的观念。它包含了辨识的时间与反应的时间。一个人所面对的情势越复杂，他的动作将会越慢。而发虚招的效用便在于此。

- 通过锻炼适当的觉察力（集中注意力）及适当的预备姿势，运动员当可增加速度。他的肌肉收缩速度，是影响其相对速度一个重要的因素。

- 决定速度的物理原则：半径越短，速度越快；弧度越长，则力量越大。做旋转的动作时，把重心定在中间可使速度加快，而通过连续但同时重叠的动作，也可使速度增加。每一个运动员都必须回答的问题是：哪一种速度对他的特定运动方式最为有效。

- 通常来说，关键不在于动作有多快，而在于能多快到达目标，这才是最重要的。

3.10 时　机

- 速度与时机的把握是相辅相成的，而在出招时倘若时机把握不准，发出攻击的速度定会大失效果。

人体在打击（投掷）时所作出如抽鞭子与盘缠弹出的动作模式，是一种极为瞩目的现象。

反应时间

- 反应时间是外界刺激与反应动作之间的一个时间差距。

反应时间可更全面地区分为下述两种：

1. 由外界刺激发生，或对手动作的征兆，到自己肌肉开始移动的时间。
2. 由外界刺激发生，到肌肉完成简单收缩动作的时间。

- 上述两个解释均包含了感知辨识的时间。假如视觉感知辨识恰如听见枪声或看到旗帜落下那般简单的话，那么可能提升的感知速度便会较小。可以通过提高准备动作的技巧，以缩短反应时间。一个人对机械动作的注意力方向（意识），也可减少反应时间。与上述反应时间第二个解释有关的余下一个因素，便是肌肉收缩的速度。

总体反应时间包含以下三个要素：

1. 外在刺激传达到接收体所需的时间（即听觉、视觉与触觉等）。
2. 加上由脑部通过正确的神经纤维把信号传达至正确的肌肉所需的时间。
3. 再加上肌肉从接收到刺激到做动作所需的时间。

反应时间在下列情况下会延长：

1. 未经受任何对系统的训练。
2. 疲倦。
3. 心不在焉。
4. 受情绪之困扰（即愤怒、恐惧等）。

对手的反应时间会在以下情况加长：

1. 招式完成的刹那。
2. 他的外在刺激较复杂时。
3. 在他吸气时。
4. 当他移开活力时（包括态度）。
5. 当其注意力与视线被误导时。
6. 一般来说，当他的心理或身体失去平衡时。

- 热身运动、生理的状态与适度的动机，都会影响全面的反应时间。

> 速度与时机的把握是相辅相成的，而在出招时倘若时机把握不准，发出攻击的速度定会大失效果。

动作时间

• 动作时间可与击剑的时间作比较。一段击剑的时间（temps d'escrime fencing time）是击剑手做出一个简单击剑动作所需的时间。这个简单动作可以是一只手臂的动作或只是前踏一步。

• 做一个简单动作所需的时间按每位拳手的速度而有所不同。

• 做一个令对手出其不意的攻击，或在对手正想对自己攻击作出防守时快速地收手，均是及时作出行动的例子。

• 要执行一个及时的动作并不一定需要快速或猛烈的运动。一个由静止而发、没有明显准备、且能畅顺而果断地执行的动作，当可使对手不料，且在对手警觉之前即成功得手。

导致对手丧失动作的时间：
1. 阻碍对手，破坏其节奏。
2. 制止并控制对手（固技）。
3. 在攻击的前半部分，先诱使对手作出初步的反应。
4. 使对手动作偏斜然后攻击他。

• 一个动作即使在技巧上完美无瑕，亦可能因对手的预防攻击而失效。因此，务必要把握心理或生理上的最佳时机以作出攻击，使对手避无可避。

• 因此，把握时机即是说要辨识正确的时刻并获取行动机会。把握时机可经由身体、生理及心理面貌来分析。
1. 可于对手准备或计划动作之时发出攻击。
2. 攻击正在动作中的对手可能奏效。
3. 攻击处于紧张周期性波动结果的对手可能奏效。
4. 可于对手失去注意力、集中力下降时发出攻击。

• 这完美的时机可以由本能地捕捉，或有意识地引发出来。一名优秀的拳手必须靠感觉，而不是辨别出攻击时机。

> 一个人对机械动作的注意力方向（意识），也可减少反应时间。

> **把握时机的练习**
>
> 1. 练习保持适当的距离。
> 2. 练习当对手改变姿势或收手时作出攻击。
> 3. 练习闪避的突击，及时以一记简单攻击回敬意图攻击的对手。必须练习好那种闪避突击，以对付直接、半弧线或弧线攻击的对手。

- 把目标定于快速出拳上，不要为了力量而牺牲速度。一记致命的腿击与一记有破坏力的拳击取决于两个条件：(a) 杠杆效果；(b) 时机。时机是杠杆作用的组成部分，反之却不然。一个人并不需要强壮或很重的体重才能使出重拳。出拳的时间性恰当就是重击的秘密。

- 把握出拳的时机在西洋拳击中意味着在对手趋前，或是被诱使趋前时对他作出攻击的一种艺术。一名优秀的拳手似能经常看穿对手的动作，一有机会，更会采取主动，并影响他对手的反应。因此，他的反应是有目的，而且是果断的。这需要拥有自信心，以及没有人——重复，没有人——能够把握完美时机做出重击，除非他对自己的能力完全有信心。

一名优秀的拳手是靠感觉，而非靠看出他的攻击时机。

不规则节奏

- 一般来说，两个能力相当的拳手，会跟随对手的动作，除非他们之间的速度相差甚大，否则常会陷入僵持的状态。两人的攻防动作之间几乎可说是存在一种节奏。它们具有时间顺序的关系，使每个动作的准确时机都依赖于前一个动作。虽说先进攻者略占有优势，但亦需要有极快的速度以使攻击得手。但是，一旦节奏被破坏了，速度将不再是节奏已乱的人在攻击或反击时的主要因素。若建立起节奏，则常有持续动作的顺序倾向。换句话说，每个人都好像"机械设定"一样继续动作的次序。那个能以微微的迟疑或出人意表的动作破坏这个节奏的人，现在可以仅靠中等的速度使攻击或反击奏效；他的对手如机械设定般，继续以先前的节奏运动，而在能适应对手变化之前，他已经被击中了。这就是为何时机准确往往都是漂亮的一击的原因，因为看来是在对手措手不及之下得手的。

- 对时间性的感觉，与其说是一种心理的难题，不如说是一种搏击的难题，因为要破坏节奏依赖于一个事实：即对手仍会继续做刚被突然打断的动作。

- 有时，时机的把握包含用许多具威胁性的动作（虚招）来攻击。假如防守者接纳此种节奏，并意图对此威胁作出格挡，他的瞬间迟疑即可破坏其节奏，而提供打出最后一击的有利时机。换个情况，当你的对手进攻或作出威胁动作时要破坏其节奏，可先明显地假意按对手的预期做防守反应的动作，然后在对手误以为你会跟随其虚招时再突然反击对手。你应该得手，因为他一如机械设定般继续他的威胁动作，而在你打中他之前，他根本不能调整自己以作出格挡。一般来说，对时机的把握意味着，你的对手已准备作出攻击的刹那，你发动攻击或做出动作。因此，把握时机就成了利用对手能及时调整自己以作出闪躲之前那极短暂一瞬的问题。

- 一拍半：任何在对手做出动作的半途发出的一击，都可说是在半拍之中发生。当拳手促使或做出整个动作以扰乱对手的节奏时，他可以在半拍上作出攻击以"打破恍惚"，此种不规则节奏的方法常可使对手在精神上或肉体上失去平衡，并影响他的防守。

> The broken rhythm way :— not to move against but to lead within one's aura
>
> proper posture is a matter of effective inner organization
>
> 1). First of all you must have a "sensitively cool" aura
> 2). Your footwork must be light and smooth ——— extremely fast
> 3). to have opponent fully commit and out of form
> 4). to have the "½ beat" to fit in harmoniously either to :—
>   a). attack on unguarded mass without momentum
>   b). to merge and gap into a single functioning unit
>   1). to flow 2). to un-crisp
> 5). to co-ordinate all power to attack his weakness [the body is soft while the tools are powerful]
> momentum ; muscular force
> a stiff and inflexible body is not dynamic and fail to communicate impetus to opponent's body

出拳的时间性恰当就是重击的秘密。

韵　律

- 通过调节以与对手同步的速度，称之谓"韵律"。此乃一种特别的节奏，一连串的动作会按其执行。

- 对韵律的正确判断可使每次攻击皆有冷静的控制。这种控制可使拳手更从容地选择攻防的动作，及由此而来的一击。

- 谨记在攻击时，防守者必然避免被击中，快速的出招可使对手猝不及防。攻击者亦可以说是"以攻为守"。

- 理想的情形下，拳手应能把自己的韵律强加于对手身上。这可由刻意改变自己动作的韵律来达成。举例，他可以在其组合攻击的虚招中，蓄意建立某一种韵律，直至防守者被诱骗跟从这个韵律为止。

- 假如拳手在速度上比对手占有较大优势，常可引导对手行动。换言之，对手只能不断地尝试跟从其后。如果一个人在速度上的优势仍游刃有余，他可以一直维持其优势。要达到这个目的，便要向对手施加一种道德效应，驱使他觉得自己在速度这个重要因素上受制于敌人，以令其信心大受打击。

- 利用一系列在正常节奏下执行的虚假攻击或虚招等准备动作，能有效诱使对手产生错误的防备意识。它使对手习惯一种反应的韵律，而非发动攻击的韵律。然后，组成最后攻击的动作会瞬间加速，而你有很大机会发现对手根本跟不上你。

- 一个十分有效的改变韵律方法，是减慢组合攻击或还击中最后一个动作的速度，而非增加其速度。这个韵律的减速，可以被视为一个刚发招的攻击在半途中突然停止，然后当对手改变防守方向，以期寻找你的手时，再突然继续攻击动作。

- 运用于适当时机的速度，配以在执行动作时正确判断的韵律，常可保证攻击万无一失。

拍　子

- 一个成功的防守或攻击的动作，关键在于正确的发招时机。我们必须能令对手吃惊，并利用他觉得无助的一刹那作出行动。

- 此一最适合用来完成有效动作的短小时间段（韵律中的一拍），称之谓"拍子"。

- 从心理的观点来看，使对手吃惊的一刹那，以及从身体的观点来看，对手感到无助的瞬间，均是适当的攻击时机。这是拍子正确的概念——选择对手在心理或身体上暴露弱点的某一瞬间。

对韵律的正确判断可使每次攻击皆有冷静的控制。

- 当对手刻意做动作时，也是产生拍子的时机，即是，在对手向前踏步时，诱使其出招，或约束其身体等。在以上或类似的情况下，攻击的时机即是当对手执行动作之时，因为当对手完成了动作，他便难以改变至相反的方向。

- 搏击艺术的最高境界中，每个动作都是一个拍子，但要小心切勿被对手的虚假拍子时机所误导。

- 当你的对手全神贯注，当他准备进攻、踏步趋前时，在他未触碰时，在他交手时和变化相同时，你都可以攻击对手。以上均需要持续的集中力与警觉性。

- 把你的对手的集中力想象成一个图表。在对手沮丧或优柔寡断时予以攻击。

- 在一次成功的攻击中，时机的选择是最重要的因素。尽量训练速度。倘若"时机不当"，招式即使再完美、再快速也是枉然的。

- "怎么办"固然重要，但要成功，"为什么"与"何时"也是必需的。

3.11 截 击

- 当双方距离较远时，发动攻击的对手必先做些准备动作。因此，要先发制人，在对手准备时即予以攻击。

- 截击是在对手发出攻击之同时，把握时机予以打击之方法。它可预期并截断对手的攻击路线，而且截击者能在对方攻击路线的覆盖下，要么在该动作后攻击，或在额外的覆盖下使出截击。要确保截击成功，需要洞悉力、正确把握时机与精确的布局。

- 简言之，截击是在对手攻击之同时予以阻止。方式可以直接也可以间接。截击可以在对手踏前腿击与拳击时、当他全神贯注于虚招时，或者是在两个复杂组合之间采用。

截 击

1. 在对手准备踏步向前之际。
2. 在对方手臂仍然弯曲时，阻止其攻击。
3. 当对手虚招动作过大，身躯大开中门时。
4. 当对手攻击动作过大，手部动作方向不当之时。
5. 在应用封手固技之前（采用直接或间接的截击）。

> 我们必须能令对手吃惊，并利用他觉得无助的一刹那作出行动。

6. 在真正冲前攻击之前，由应敌姿势的第一虚招做截击。

- 截击是一种对攻击动作过大而忽略防守的对手，或是走得太近的对手的极佳防守方法（尤其用来攻击对手与自己靠近的部位或空当）。

- 准确地判断时机与距离是有效截击的秘诀。截击通常是配合直拳或前踢脚时采用，也可作为挣脱对手或反挣脱的一部分，也可配合俯身或滑步时运用。

- 截击有时需配合身体角度的转变，以支配对方的出手。

- 截击经常需要随着步子移前以在对手注意力前移近他。建议至少使身子前倾以攻进对手的防守线内。

- 截击用来对付由开始踏前的攻击最为有用，而成功率也最大，因为对付这种攻击所容许的时间差比对付没踏出一脚的攻击来得大。因此可以说，截击是用来对付对手移步趋前准备的动作。

此一最适合用来完成有效动作的短小时间段（韵律中的一拍长度），称之谓'拍子'。

- 一个人需训练自己可以持续地准备在任何时间、任何动作做出截击的本领。成功引用截击不但可以使有效的攻击得手，更可使有力量而且信心强的对手承受重大的心灵打击。训练自己由不同角度使出快速而准确的截击。

反 击

- 若不先控制对手的动作时间，或双手的位置，贸然作出攻击是不智的。因此，一个精明的拳手会活用各种方法，耐心且有条不紊地运用截击来抵御对手。他会使对方的手部或腿部处在自己可到达的范围以争取控制机会。

- 二度意图攻击，或可谓之"反击时机"，是一种早有预谋的动作，通常用来对付习惯做连续截击，或是习惯搏拳的拳手；也就是说，那种在对手做出攻击动作，自己亦同时攻击的人。

- 反击时机是在对手被诱导或被挑起以一种节奏来进攻，而他想反击或控制对方的手或移离对方的手，而同一时间使出攻击或还击的一种策略。它较着重格挡攻击的时间掌握而非诱使对方做出截击动作。你必须能确定对手的反应时间以及判断其动作的韵律。

- 需能正确地判断好距离，以减少遭击中的危险，而且也可在适当范围内做出反击程序中的最后一个动作以攻击对手（即还击）。

- 成功的反击很大程度上取决于一个人能否隐匿自己的真正意图，并诱使对手作出坚决的截击，如果这记格挡在还击之前奏效，他罕有机会修正。

可用以下方法诱使对手作出截击：

1. 利用邀诱（故意向对方露出破绽）。
2. 利用故意被悉破的虚招。
3. 只冲出半步做佯攻或仅是踏步趋前对手。

- 以封固对手的截击或备用武器，或闪打作对抗性还击，是明智的做法（即改变身体的姿势或运用直接攻击之外的其他方式）。

- 必须小心对手以截击作为虚招的手段，或他会以格挡还击和反还击得手。（他或会表现对截击的明显偏好，而诱使你作出反击。）

- 攻击与还击的动作，无论设计及执行得多么巧妙，倘不能在正确的一刻（时机）及以正确的速度（韵律）发招，通常也免不了失败。对于时机选择的一个好例子，是甩手后的一记攻击。从一般的对敌戒备姿势，对于对手的出拳可以用横向的格挡手法来化解，自己的手移动不过数英寸而已，但对方的手却要移动数尺才可触到目标。在此种情况下，再快速的攻击亦可被平均而较慢的防守动作所化解。如果对手的攻击目标是向着防守者的手已趋近的位置，则这个时间的差距会变得更大。

因此可以说，截击是用来对付对手移步趋前准备的动作。

- 很明显，应把握时机攻击，以向对方的手移离身体的位置为目标，即是，在对手身体无所保护的地方。善用上述情况，可弥补要达到一定距离在时间上的不足。

- 同样地，当对手正在做攻击准备时，正是绝佳的攻击机会。此时他的手部动作意识瞬间专注在攻击上而非防守上。

- 一个有准备的攻击通常可有效对付一个适当地维持距离并且不易接近的对手，因为每当向他发动攻势，他就会立即移离攻击距离。你可先把对手引入攻击距离，然后踏后一步，诱使对手准备攻击，再快速攻击他。

- 切勿把一个有准备的攻击与搏拳相混淆。前者是在对手展开其攻击之前就已准备，而搏拳事实上是一个反攻击的动作。如果要使一个有准备的攻击能比对手的攻击先发，必须厘定精确的距离并掌握适当的时机。

3.12 态　度

- 一个运动员在面对赛事时的精神状况，会影响他对赛事的额外紧张程度。一个能从过度紧张中解放，静待表现的，是典型信心十足的运动员。他拥有一种众所周知的"胜利者态度"。他视自己为该方面运动的高手。对许多运动员来说，成为冠军是"心理上的需要"。经历了以往的成功，又完全理解以往的失败以后，他觉得自己可以傲视同侪。

- 当比赛临近，运动员常会有一种身体中部的虚弱感（胃部因紧张而不适），恶心甚至会呕吐；他的心跳加快，可能亦会觉得下背部酸痛。资深的运动员并不认为这些情绪是一种内在的缺点，反而是内在的优势。这些征兆表明身体已为做激烈动作做好准备。事实上，倘若一个运动员在比赛前犹有安乐的感觉而全无紧张之状态，可能是未有充分准备之表现。许多运动员称之为"肾上腺汉堡"，是一种受肾上腺髓质活动影响的状态，并受到竞争环境的刺激作用所增强。

- 如果无法学会有效地控制情绪，当在搏击的关键时刻心情过于紧张，拳手的技巧将大失水准。他的肌肉会突然需要应付过度紧张的拮抗肌，而动作会变得僵硬和笨拙。需经常把自己处于不同的状况，并练习以求适应。

> 若不先控制对手的动作时间，或看清对手双手的位置，贸然作出攻击是不智的。

- 经验显示，一个运动员若能迫使自己推向极限，只要有需要就能够继续坚持。意思是指，一些平常的努力，并不会耗费或释放潜藏在身体内那大量的后备体力。唯有在做一些非常吃力的动作、处于情绪极高涨，或在决心以一切代价赢取胜利的情况下，才会释放这些额外的体力。因此，一个运动员会如他所感觉般地疲劳，假如他为了赢取胜利，他会无止境地继续下去，直至达到目的为止。那种"如果你要赢的想法够强，你就必定能胜利"的态度，表示要赢的意志是不变的。如果要赢，再多的痛苦、再多的努力、再"艰难"的环境也可以撑得过去。只有当胜利的信念与运动员的梦想紧紧联系，方可培养出此种心理态度。

- 一个武者需锻炼到能时常以最快速度行动，而并不只是想自己可以在时机来到时"开动"。一个真正优秀的选手，当能在每一刻尽其所能，发挥其潜力至极限。结果是他经常可以尽其极限能力来行动，形成竭尽所能的态度。为了培养这种状态，武者需进行比平常人更长时间、更艰辛和更快速的练习。

运用态度来练就：

1. 以极轻巧动作来躲避攻击。（但绝不等于被动！）

2. 具毁灭性的攻击。

3. 速度。

4. 自然的动力。

5. 欺敌与难以捉摸。

6. 难缠与直接。

7. 全然的从容不迫。

当对手正在做攻击准备时，正是绝佳的攻击机会。

第四章

工 具

在我学武之前,

一拳只是一拳, 一脚也只是一脚。

在我学武之后,

一拳不再是一拳, 一脚也不再是一脚。

至今深悟武术后,

一拳不过仍是一拳, 一脚也不过是一脚罢了。

4.1 工具的基本原理

- 与全身皆可是攻击目标、百无禁忌和过度保护的东方武术相比，西洋拳击实际上是非常大胆的，因为它有对违法和"不公平"战术的限制。此外，东方武术那种点到即止，攻击只到目标前数英寸便留手的对打练习方法，会对实际的攻击距离产生习惯性的错误判断。此种不接触的练习方式，对移动的目标，无法产生预期的攻击效果。而且作出有效且具穿透力的攻击的想法，更令他忽略了练习躲闪战术。躲闪战术在以攻为主的拳击运动中占有颇重的分量。如侧闪、迅速俯身、晃身等均是让身体仍保持在适当距离内的攻击性防守法。

- 在实际的全面性搏击中，我们必须把实用的元素融入上述两种战术中。我们必须保持适当的距离，以保护自己的安全，并在短兵相接中运用躲闪战术。单凭其一，绝不能确保在全面性搏击中获得胜利。

- 躲闪战术配合痛击，可以在百无禁忌的搏击中，当对手最终委身过甚，并在向你打两记连续攻击之间的空隙应用。此种战术常可在防守后争取到主动，或引发擒拿。

- 在拳击中有句至理名言：良好的攻击是最佳的防守。良好的攻击包含前手刺拳、假动作与反击等，而此等动作均需要移动性、压迫性与整体性。

- 一名优秀的拳手能以快如闪电的前手刺拳来攻击对手，并以假动作诱使对手的还击落空。对手的攻击一旦落空，会令他失去身位，并容易成为拳手做前手反击的目标。

- 拳击运动中的技巧与科学，就是拥有比对手更高明、更有计谋的能力。要获得此种能力，必须深入了解出拳（和腿击）的原理与各种不同的攻击（和腿击）方法，并熟知在何种时机、何种环境下能使出最佳的攻击。你必须锻炼组合的拳击（或腿击）方式。经过长时间的锻炼后，你必须能将全身的重量与力量灌注于拳击（及腿击）中。你必须在适当的时机，自然地作出攻击。

- 当你锻炼到能自然地拳击（腿击），各种动作必已能瞬间即发，而你的思维也可得以解放，对格斗的情况及新的形势作出攻击的规划。欲达到此种境界，唯有愿意进行必需的训练。训练时所受的各种磨炼相信是拳击运动中最有价值的一环。

- 攻击的要素是用来贯彻攻击时的策略，当中包含速度、欺敌、时间性与判断力。这些都是极优秀的拳手用来组成完美攻击的工具。

- 以欺骗的方式攻击对手，是精英拳手惯用的技巧。他们常可混淆及迷惑对手，使对手露出大量破绽。他们虚晃的假动作能够诱使对手陷入"困境"。他们施展假动作时，是虚是实全无一点征兆。他们引诱对手进前，对手简直可说是任由他们摆布。他们通过

> 西洋拳击实际上是非常大胆的，因为它有对违法和"不公平"战术的限制。

防守性攻击与明智的动作，使对手失去平衡。精英拳手有能力贴近对手，并对贴身近战的好处了如指掌。他们的闪躲变化功夫极之完美，在攻击或防守中皆可运用自如。最后，他们也是反击的大师，知道何时应攻击，何时让对手攻击。科学化的攻击，绝非一蹴可及，而是通过经年的研习与苦练达成的。

- 在攻击的过程中，有四种基本的方法，你会经常用到：前手直拳、假动作、诱敌与埋身近战。

前手攻击

- 一名攻击大师，一定知道前手攻击的好处。他必须知道打出任何一拳后可能发生的情况。他知道每次打出前手时，身体总会暴露空当，而每个空当都会引来反击，而每个反击又该如何格挡与还击。他只有明白了以上这些，才会更了解以何种方法、在哪个时机用前手会相对安全些。

- 以前手攻击，后手做护手，向侧方移动时，要令对手难以在一般以前手攻击的动作中找到空当。

以欺骗的方式攻击对手，是精英拳手惯用的技巧。

虚 招

- 虚招是那些专业拳手的特征。这要求同时间善用双眼、双手、身体及腿来蒙骗对手。这些动作实际上是诱饵，而对手一旦尝试调整他的防守动作，常会为之门户大开，让专业拳手找到可乘之机。虚招也可用来弄清楚对方对每个动作所产生的反应为何。

- 虚招只能瞬间暴露对手的空当。要善用时机攻击这些空当，即代表拥有瞬间的反射动作能力，或预知对手会因某些虚招而暴露哪些空当位置的能力。这种熟识感必须通过练习来获得，因为只有运用各种假动作在不同对手身上试验，才能归纳出对手总体上可能的反应倾向。如果某种虚招可产生一处空当，那么如果不确定自己能打出既快又利落的一拳，就切勿利用此空当。一名优秀拳手，在做出虚招前会知道虚招将造成何处的空当，更能在对手露出破绽前准备好随后的攻击动作。倘若两个拳手的速度一样快，劲力与技巧又势均力敌，那么善于运用虚招的一方总会占到上风。

- 虚招的要素是：快捷、多变、欺敌和精确，再加上清脆利落的重击。相同的虚招若用得过于频繁，常会被对手识破，并伺机反击，从而使虚招的效用全无。

- 虚招较常用来对付技术比较出色的对手。你需要经常练习各种不同虚招的组合，直到动作纯熟，自然连贯为止。

诱 敌

• 诱敌与虚招的关系十分密切。虚招的目的在于暴露对手的空当，而诱敌则旨在故意暴露自己身体某些破绽，引诱对手作出某种攻击，并制造机会作出明确的反击。

• 虚招只可说是诱敌的一部分。诱敌常包括策略方法的运用、迫敌或紧迫方法的行使。鲜有人能够做到在明显暴露攻击空当的情况下向对手进攻，而且能随时反击对手。许多拳手抗拒先出招，此时，能诱敌或迫使对方先出手就显得十分重要了。

贴身近战

• 贴身近战是近距离搏击的艺术。不仅贴近对手需要技巧，要保持近身距离的话更是没技巧不行。为俟近对手，常得运用侧闪、上下快速摆动和晃身、诱敌与虚招。

贴身近战——矮小者对付高大者

• 双手保持上抬的姿势，两手肘贴近身体。利用上下快速摆动与晃身，左右移动。仔细判断对方前手之攻击情形——使对手的出击落空，配合迅速俯身、滑步、虚招，或"紧黐"控制手部等，俟进对手身体内围。用一记短的左手直拳即可得手，而无需运用泄露自己意图的重击。时机总是稍纵即逝的，因此，应打出一记短而快的左手直拳，而不是循环的左手重击。

• 要善用对手勾拳发拳过低，或勾拳弧度过大时的机会攻击。当对手右肩下坠或挥拳弧度过大时，迅速以一记强而有劲的左直拳痛击对手。

仔细判断对方前手之攻击情形——使对手的出击落空，配合迅速俯身、滑步、虚招，或"紧黐"控制手部等，俟进对手身体内围。

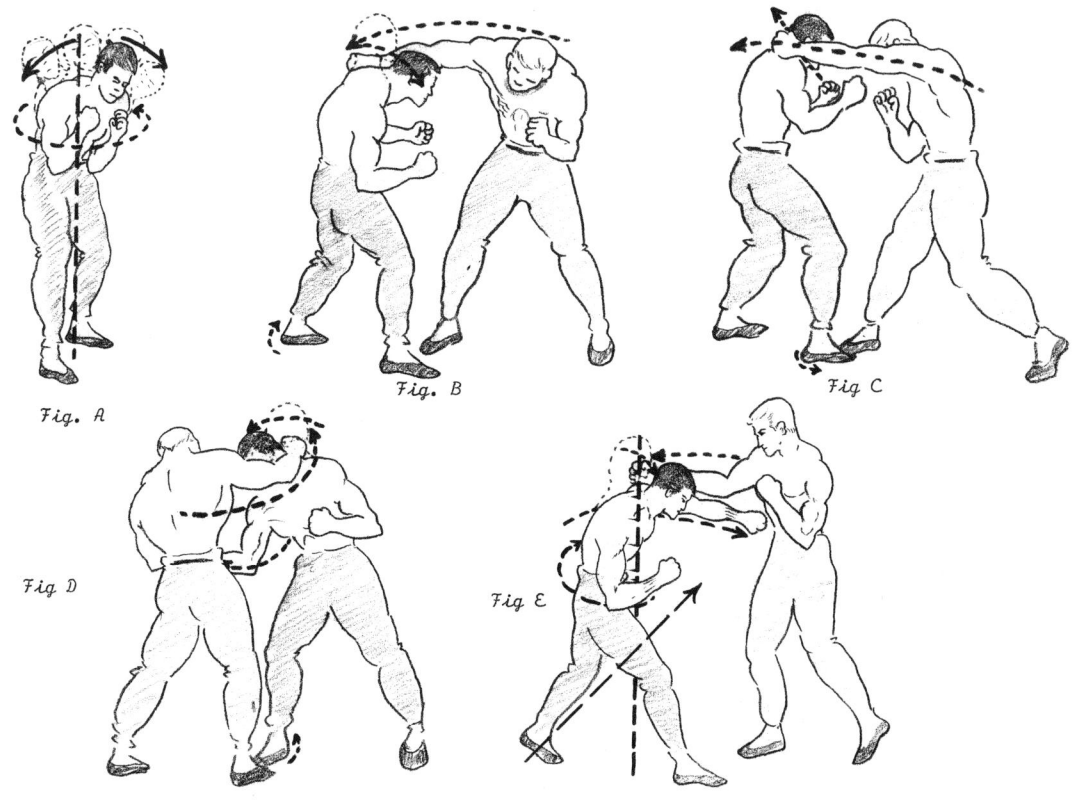

Fig. A　Fig. B　Fig. C

Fig D　Fig E

- 左手举拳的过肩攻击是身躯短小者对付身躯高大者之法。此攻击以一圆弧形的"超越"动作攻击对手头部附近的位置。动作必须由肩发出。运用手掌内缘打击之方法以作出变换。

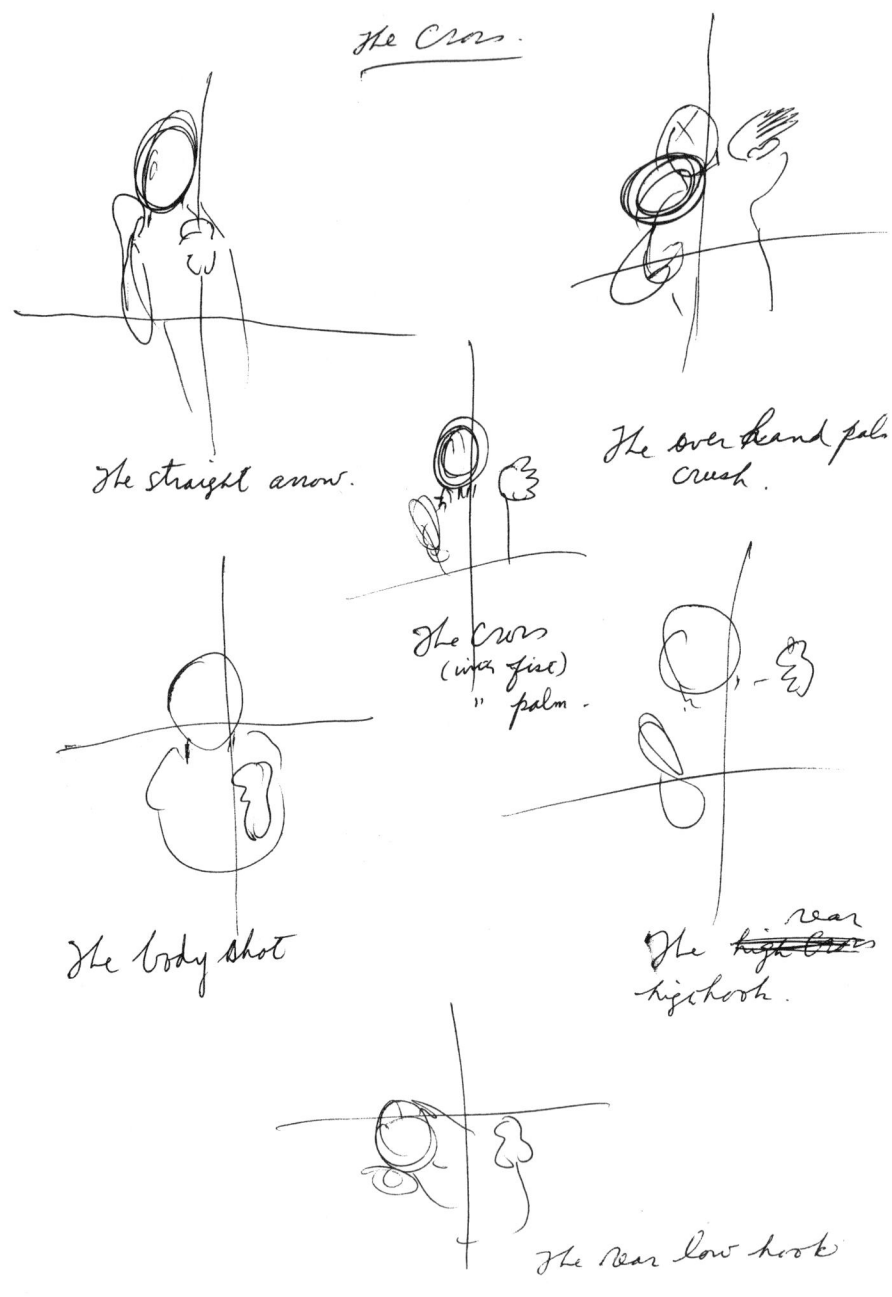

搏击时，多尝试利用踏步直拳攻击，来打击中距离之目标（身体或头部）。

- 搏击时，多尝试利用踏步直拳攻击，来打击中距离之目标（身体或头部）。但假如对手阻挡防御、闪躲或试图反击这些直拳时，你可尝试以中距离的勾拳打击对手。

- 由于存在众多的变数，搏击可以说是要非常小心的比赛。因此，每一击都需要花费很大的苦心和耐性去准备。然而，比赛开始就想好一整套计划，通常是行不通的。在保持活跃的警觉性的同时，也要具备弹性。

4.2 截拳道的一些攻击武器

手 法

A. 前手标指

1. 远距离标指（上路、中路、下路）　　2. 近距离标指（戳击）
3. 旋转扇指

B. 前手直拳与刺拳

1. 前手上路直拳　　2. 前手中路直拳（攻击身体）　　3. 前手下路直拳
4. 右斜直拳　　5. 左斜直拳　　6. 连环前手直拳

C. 前手勾拳

1. 前手上路勾拳　　2. 前手中路勾拳　　3. 前手下路勾拳
4. 紧勾拳　　5. 松勾拳　　6. 向上勾拳（铲形）
7. 水平勾拳　　8. 向前与向下勾拳（旋转）　　9. 勾掌

D. 后直拳

1. 上路后直拳　　2. 中路后直拳
3. 下路后直拳　　4. 上手向下之攻击（旋转勾拳或掌击）
5. 向上的鼠蹊攻击

E. 挂捶

1. 上路挂捶　　2. 中路挂捶
3. 下路挂捶　　4. 垂直挂捶（向上、向下）
5. 直臂挂捶（大挂捶）

F. 九十度挥击（小弧度）

1. 以手掌　　2. 以拳背
3. 转身九十度挥击（后手）　　4. 以扇指

G. 上击拳

1. 上路上击拳　　2. 中路上击拳
3. 下路上击拳（对鼠蹊的上击拳）　　4. 对鼠蹊的掌内缘上击

由于存在众多的变数，搏击可以说是要非常小心的比赛。

H. 转身旋击

1. 以拳底	2. 以前臂
3. 以手肘	4. 连环转身旋击

I. 劈击

1. 左劈击	2. 右劈击	3. 下劈击

肘击法

1. 向上肘击	2. 向下肘击
3. 转扭向下肘击	4. 向后肘击
5. 右砸肘	6. 左砸肘

腿 法

这是说，拳手的思考及动作必须快如闪电。

A. 侧撑（主要用前脚）

1. 下路侧撑（胫骨/膝部与大腿）
2. 中路侧撑（肋部、腹部、腰部等）
3. 上路侧撑
4. 内角度上路侧撑（右前锋脚对左前锋者，反之亦然）
5. 内角度下路侧撑
6. 滑步侧撑（上路或中路）
7. 踏后脚胫骨/膝部侧撑（反击）
8. 跳跃侧撑
9. 后脚胫骨/膝部截击撑（以后足弓脚踢击）

B. 前脚直踢

1. 脚尖踢（直击或反击踢向鼠蹊）	2. 上路直踢
3. 中路直踢	4. 下路直踢
5. 内角度直踢	6. 由下向上的直踢（目标为膝部或腰部）
7. 踏后直踢	8. 跳跃直踢
9. 前方向下横踩	

C. 后脚直踢

1. 后脚上路直踢	2. 后脚中路直踢
3. 后脚下路直踢	4. 后脚内角度逆直踢（上、中、下路）
5. 踏后后脚直踢	6. 后脚横踩

D. 勾踢

1. 前脚勾踢（上、中、下路）	2. 后脚勾踢（上、中、下路）
3. 前脚 1~2 连环两勾踢	4. 后脚 1~2 连环两勾踢
5. 双跃起勾踢	6. 踏后勾踢
7. 垂直勾踢	8. 倒勾踢

E. 转身后旋踢

1. 转身上路后旋踢	2. 转身中路后旋踢
3. 转身下路后旋踢	4. 踏后转身后旋踢（反击）
5. 跃起转身后旋踢	6. 垂直转身后旋踢
7. 转身大回环后旋踢（360度）	8. 脚跟勾踢（直膝或屈膝）

F. 脚跟勾踢（直膝或屈膝）

1. 上路脚跟勾踢	2. 中路脚跟勾踢
3. 下路脚跟勾踢	4. 前脚 1~2 连环脚跟勾踢
5. 转身 1~2 连环脚跟勾踢（用后腿）	

G. 膝撞

1. 前脚向上膝撞	2. 前脚向内膝撞
3. 后脚向上膝撞（后膝）	4. 后脚向内膝撞（后膝）

攻击的要素是用来贯彻攻击时的策略的，当中包含速度、欺敌、时机掌握与判断力。

其 他

A. 头撞法

1. 弓步前撞	2. 弓步后撞
3. 弓步右撞	4. 弓步左撞

B. 擒拿

1. 摔跤	2. 柔道
绞技	关节技
抱腿	裸绞
牢固	杠杆时机

C. 精神培养

| 1. 克里希那穆提 | 2. 禅宗 | 3. 道家思想 |

D. 状态

| 1. 一般训练：跑步、柔软操 | 2. 专项训练：拳击、腿击、摔跤 |
| 3. 力量训练：重量、专项器械 | |

E. 营养

| 1. 分类/增强 | 2. 肌肉的餐单 |

在保持活跃的警觉性的同时，也要具备弹性。

What is my counter for
(a) left stance's right forward straight kick

(1) before & during initeal — (a) those that over covering ground
(b) those that are right

step — transition — snapped R
L

LEFT STANCE

slanting side kick

Hook kick

straight left thrust

side kick

left hook

side kick

R-hook path

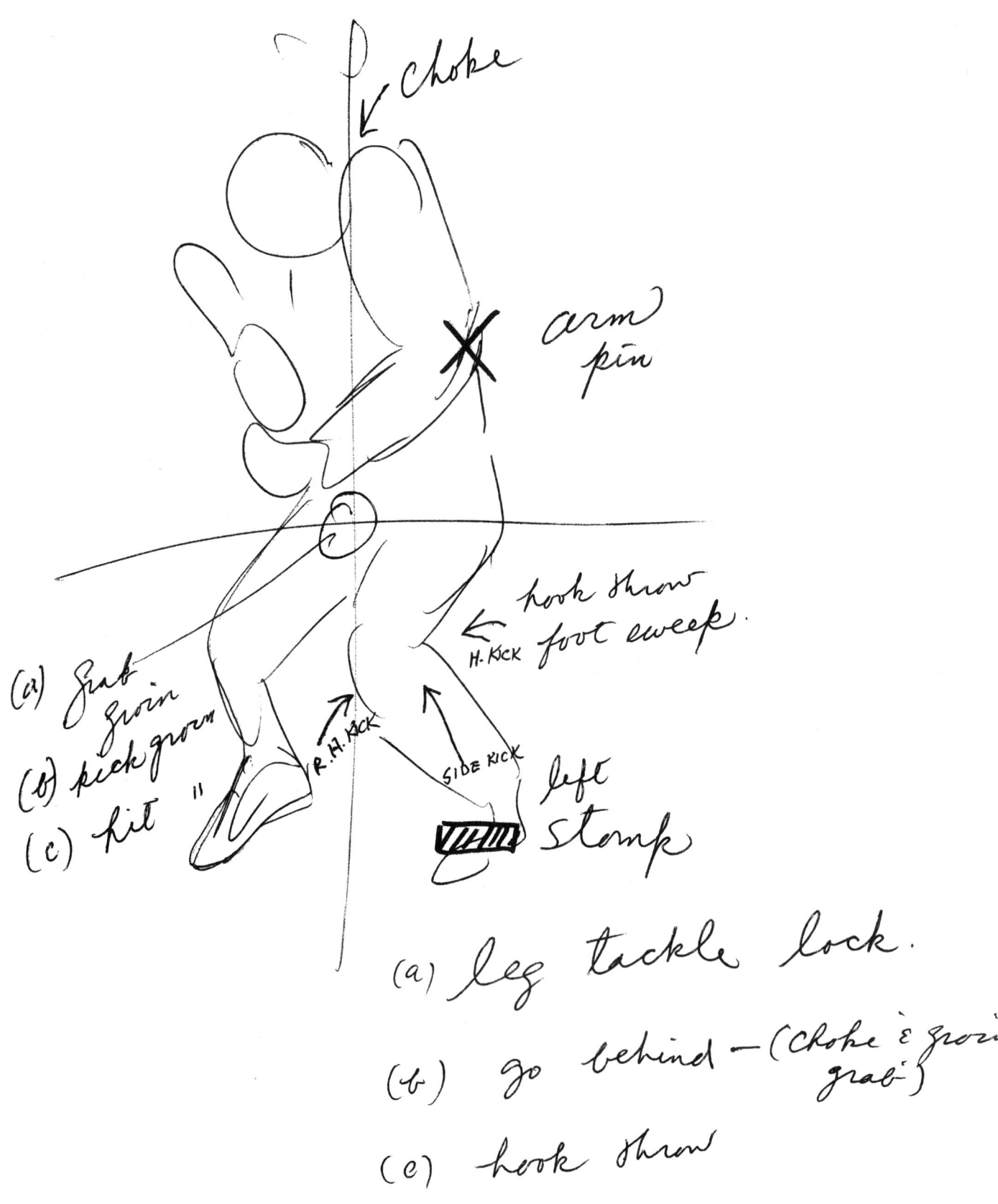

第四章 工具 71

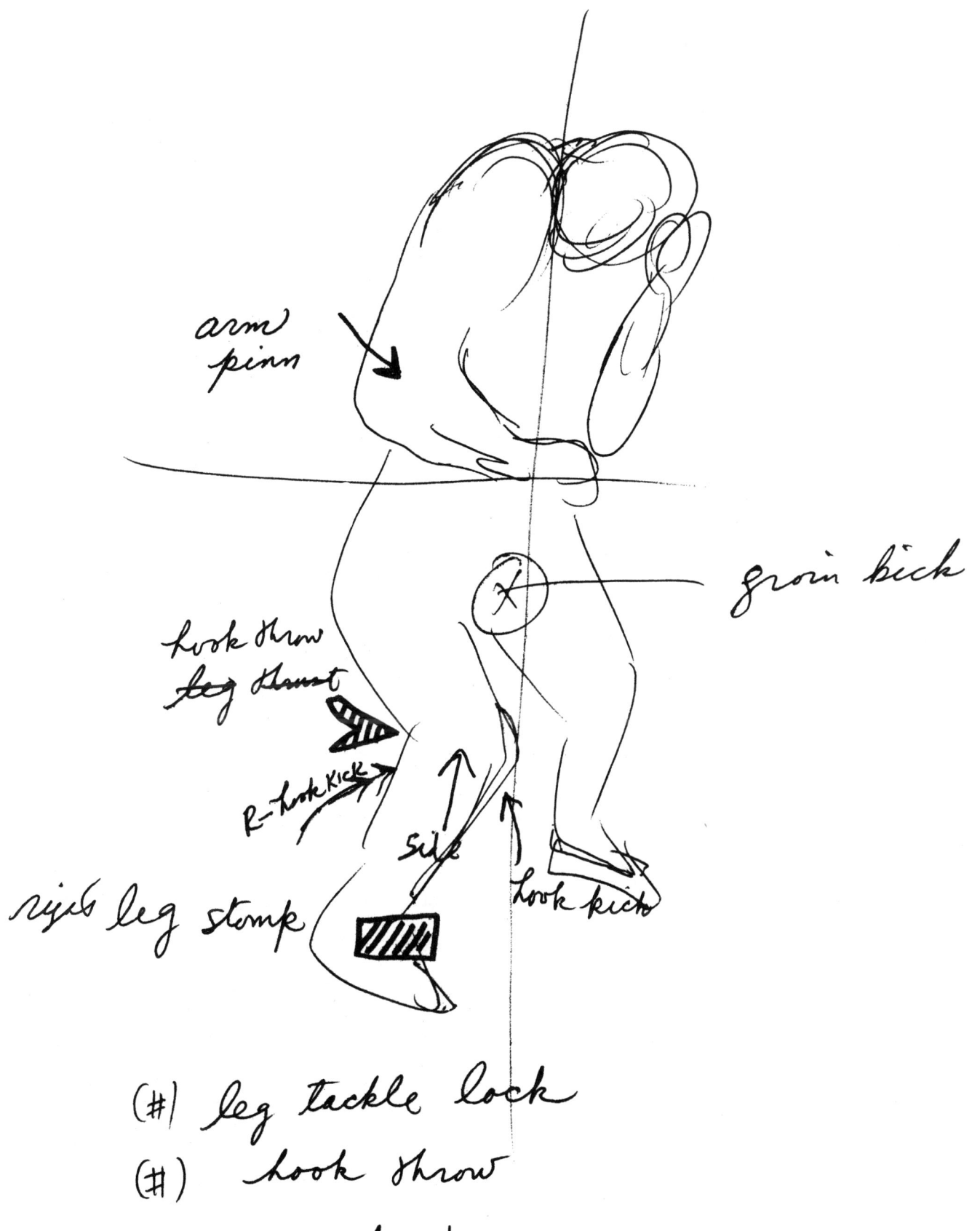

DIRECT ATTACKS

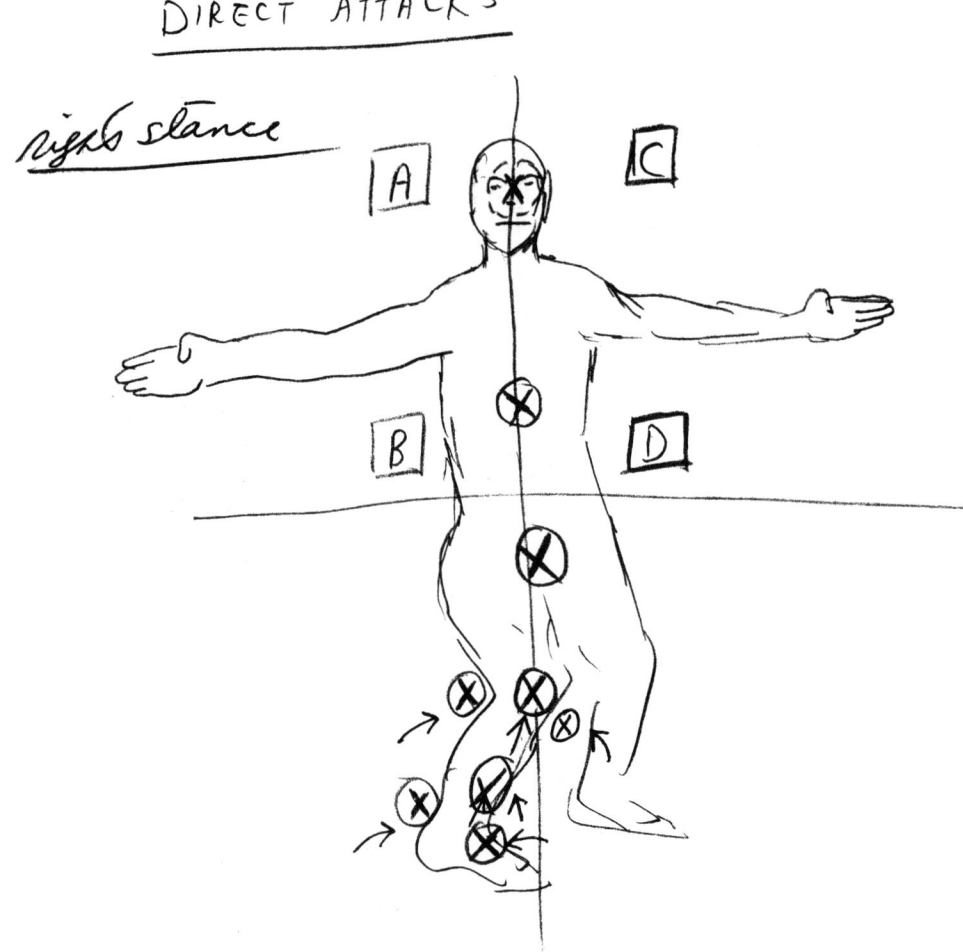

right stance

The direct attack

KICK :—
- [A] ℝ sweep kick
- [B] ℝ SIDE KICK
- ⊗ (knee) — side kick
- ⊗ (shin) — side kick
- ⊗ (instep) — side kick or stomp kick
- ⊗ ⊗ (back of knee) — left foot sweep
    (heel)
- [C] Right hook kick
- [D] Right hook kick
- ⊗ (face) — side kick or hook kick or spin kick
- ⊗ (groin) — hook kick

4.3 打　击

- 在截拳道中，你并非只靠拳头，而是以整个身体的力量来击打对手。换言之，你不应仅仅运用手臂的力量；手臂只是作为一个传导媒介，适时高速配合由脚、腰、肩、腕等带动的动能，传送出巨大的力量。

前手直拳

- 前手直拳是截拳道所有拳法中的骨干。它是攻防的武器，能在最短的时间内"阻止"及"截击"对手复杂的攻势。当你以右前锋脚站立时，右拳与右脚因处于较有利的位置，就成了你主要的攻击武器。当右脚在前，你的右手比左手离对手近。反之左脚在前的姿势也是这样。在搏击时，将最强而有力的一方置于前方。

- 前手直拳是所有拳法中速度最快者。以最小的动作打出，平衡不易被干扰，而且直接朝向目标，击中对手的机会更高。（对手来不及格挡。）此外，前手直拳比其他拳法也更准确。

在打出直拳或任何拳之前，重点是不要有传统"准备"的姿势或预备的动作。

- 没有任何一种拳法能够终结一场格斗，即使是最有效的一记直拳也不行。尽管有的门派手法仅限于直线的出拳，直拳也只是达到目标的一种手段，肯定需要其他不同角度的拳击（及腿击）来配合并增强它的效用，以令你的攻击武器更加有弹性，而非只局限于某个特定攻击角度。毕竟，一名好手需能运用任何一只手（或脚），从各个有利的角度把握最佳时机来攻击对手。

- 直拳的出拳方式与一般传统功夫的出拳方式大不相同。首先，拳头绝不置于腰间，也绝非从腰间出拳。这样的发拳方式不切实际，而且暴露的空当太多。当然，这样又增加了许多不必要的攻击距离。

- 出拳时，并非由肩而发，而是由身体的中心以日字拳的形式击出，拇指要朝上，以一直线攻向自己鼻前的目标，这时鼻子就是身体的中线。出拳前，手腕微转向下，并在冲击前的一刹那瞬间伸直，以旋转动作增加对敌的效果。

- 在打出直拳或任何拳之前，重点是不要有传统"准备"的姿势或预备的动作。譬如，用前手直拳，需能以现有的姿势出拳，而不会加入其他动作，如先将手拉回腰间或肩膀，或把肩膀拉后再出拳等。练习由现有姿势打出前手直拳，然后快速回复原来姿势（并非返回腰间）。然后，你的手应该能够瞬间从任何位置及方向出拳。谨记，以这种方式出拳可增加攻击的速度（没有多余的动作）和欺敌效果（出拳前没有附加动作）。（借用禅宗说明：进食，但他在沉思；出拳，但他被吓倒或正逃跑。因此，一拳并不是一拳。）

- 绝大多数的防守，主要是用后手来完成——即所谓之"护手"。当你以前手出拳时，切勿犯传统的常见错误，即将后手置于腰间。后手应该辅助前手，使攻击时能同时有妥善的防守。举例来说，当自己以前手攻击对手身体时，护手（后手）需稍提高，以化解对手向你上路的反击。简言之，当一只手出拳时，另一只手则用来封固对方的手臂，再不然则收回（不是回到腰间）来保护自己免受反击，也准备随时继续出拳。

直击（与直踢）是一切科学化搏击技巧之基础。

- 放松是更快和更有力出拳的要素。前手出拳时，尽量放松与自然；在击中对手的瞬间才握紧拳头，收紧肌肉。所有的拳击必须能深深贯入对手身体内数英寸。这样，你的拳便有如击穿了对手，而非点到即止。

- 在打出前手直拳后，收拳并回复原来姿势时，绝不可将拳放下。虽然你见到高手或会这样做，但这是由于他速度够快，而且对时机及距离有良好的掌握而已。你应该养成由原来出击路线收拳之习惯，并常常将手摆放于适当高度，以防对手任何可能的反击。

- 当前手攻击时，最好能经常改变头部的位置，以增加防守的效果。当拳刚打出几英寸时，头部应保持在原来姿势，之后，头部就要随时因势而变了。此外，为了减少对手的反击，在出手前尽量先用假动作声东击西。无论如何，假动作与头部的移动要防止过犹不及。切记简单，适可而止。

- 有时前手连续的直拳极易得手，因为一来对手意料不到，二来对手之节奏也会受第二拳干扰，如此，也可为后续的追击动作铺路。

- 当踏步向前攻击时，前脚在前手未触及目标前切不可落地，否则，身体的重量在击中对手前就仅会落到地面而不是在拳头之后。记住，利用后脚踏地蹬向前，使出拳更有威力。

- 前手必须如风驰电掣般快速，而绝不可僵直或毫无动作。让手部保持具有威胁性的晃动（不要太夸张），不但可使对手坐立不安，更能有更快速的出拳动作。要像眼镜蛇般，动作只靠感觉，却不及见之。这对前手标指来说特别正确。

show various angles of lead

(#) START WITH ECONOMY!!!!!
(1) The long lead (straight finger jab!!) (2) The straight lead
(#) Keep "watching" opponent!
(#) The head position
(#) The various path of delivery
(#) The backward lead, The circling lead
(#) The palm shove.

前手直拳之必要素质：

1. 保持身体完全平衡。

2. 目标准确。

3. 精确的时间性和协调。

4. 拳劲十足。

- 直拳无论是用来攻击或防御，做动作的时间均较其他手法短。

- 多数高手以直拳作为主要攻击方式。

- 有些拳手会经常变换攻击动作，然后又突然撤手而回（手部垂下或移离）。我们可以利用对手的这种习惯。一旦对手将其攻击的手收回，就是自己以直拳反击对手之最佳时机。

- 遇到一个不够果敢的对手，欲伸出前手又把手收回预备姿势时，自己便可乘势利用直拳攻击对手。上述之防守错误，加上对手又踏步向前时，直拳便更易奏效了。

直击建基于对人体构造的理解与杠杆作用的价值上。

- 直击（与直踢）是一切科学化搏击技巧之基础。它在历史上发展得较晚，是谨慎思考的产物。直击需要配合速度与智慧的运用，一来其动作距离较弧形攻击（或勾拳与旋踢）的距离短，再者其攻击至目标之时间也较短。直拳（及踢）之准确性又比勾拳及摆拳高，而且能充分利用手臂（及腿）之长度。

- 直击建基于对人体构造的理解与杠杆作用的价值上。在每一击中，均需运用全身之重量，以身体来打击对手，而手臂则纯粹是传导此力量之工具罢了。单凭手臂的力量来攻击是不足够的。真正有威力、快速、准确的出拳，必须是通过将体重以髋部与肩部为枢纽，先于手臂转移至身体中线来达成。

只有两种方法可以完全把重心转移（与腿击比较）：

1. 以腰部为轴快速地转腰，使髋部与肩部先于手臂而出。
2. 全身的旋转，将重心由一条腿转移至另一条腿。

- 腰部枢轴转动更快、更容易学习，它是传授打击艺术之基础。

直击建基于对人体构造的理解与杠杆作用的价值上。

- 打击的动作与推力不同。真正的打击像鞭子般地抽击——先缓缓地聚集能量，再一下子大量释放出来。推力恰恰相反，在出击前就已铆足全力，而在出击过程中已缓缓丧失能量。在真正的打击中，两脚放在身体的正下方。在推力中，由于力量只由后脚蹬向前之动作而发，而非由转腰之动作而发，故身体经常会失去平衡。

- 打击的威力是由迅速扭腰的动作而产生，而非摇摆、晃动。但是它以前脚做轴心来转动。只有保持直线、髋部放松、自由摆动、肩膀放松，并在手臂伸出前转向身体的中线，方可产生威力，打击将会是一种艺术。

- 一旦身体置前的一方所形成的直线被破坏，发劲之力道也会尽失，因为身体置前的一方所形成的直线恰似锚、枢轴点，而威力就由此重点发挥至极限。此方法所引发之威力，可以让一个真正的高手，甚至不需踏前一步，或作出任何明显的发招先兆，即可轻易击倒对手。

- 特别注意要建立放松的紧张。假如你过度紧张，你会丧失灵活性和时间性，这些对有效一击是重要的。随时放松自己，并切记对时机之判断是有效攻击的最主要支援。

- 不应该用紧握拳头的状态出拳。良好的出拳状态是由经过良好引导的前臂和适度宽松的肩部肌肉所构成的，在攻击触及目标前的一刻才紧握拳头。此动作有助于让手臂回复到正确姿势上。

- 肩膀之最高点，应恰好与自己所欲攻击之目标处于同一水平位置。但是，倘若遇到个头较高的对手，亦不妨抬起脚跟，以脚前掌着地，以出拳攻击其头部，此时肩膀则刚好与对手的下颌持平。当攻击对手的腹部时，出拳前要让两膝微屈，让肩膀刚好位于对手腹部的高度。

- 谨记出招通过你的双腿、腰部及背部从地面吸收力量。将全身肌肉的摆动力量贯于拳上（与此同时尽量减少无谓的动作），以打击对手。切记脚要蹬地。

- 出拳时，以双脚前掌为轴，使身体旋转。拳头直接由身体中心全力打出，而单腿或双腿蓄劲于下。有时让双腿快速地弹跳三四英寸，会更易得逞。

- 在出拳之前，你可以根据自己的位置与发出前手右直拳所用的时间，将左脚稍微向左踏一小步，几英寸就好（注意对手腿击）。此动作可使出拳更具威力，尤其是在距离颇远之时。当对手冲过来时，就是你攻击的最好时机。

- 切记，当踏步前进时，双脚不可在拳头未击中目标前先着地，否则体重会落在地面而非在拳头之后——攻击时，脚跟微抬，并指向外。

- 保持两腿微微弯曲，这样大腿的肌肉就可以发挥作用（像弹簧般），特别是行动之前。

- 你踏步的步幅要足以接近对手，而发出的拳应微微地贯穿目标。使用你的整个活动范围！

- 为确保成功，直击与弓步（踏步）的动作必须一气呵成。

- 步子向前移时，你的头部应稍微向右侧摆。

- 对敌时永不畏缩或闭上眼睛，严密地注视着对手的一举一动。下颌贴好肩窝，紧密地收好。

- 谨记"防线"（外围与内围）与辅助的防御，随时用来防守未被防护的部位。

- 经常保持提起后护手！后护手常妥善准备跟进。

打击的威力是由迅速扭腰的动作而产生，而非摇摆、晃动，但是以前脚做轴心来转动。

难以捉摸的前手

- 前手出拳时，头部的位置须经常改变，时而朝上，时而朝下，偶然"既非上又非下"。有些时候，前手出拳时后护手可置于脸部之前。（这可能会涉及丧失距离及速度的优势）不断地令对手猜测——变化——变化！

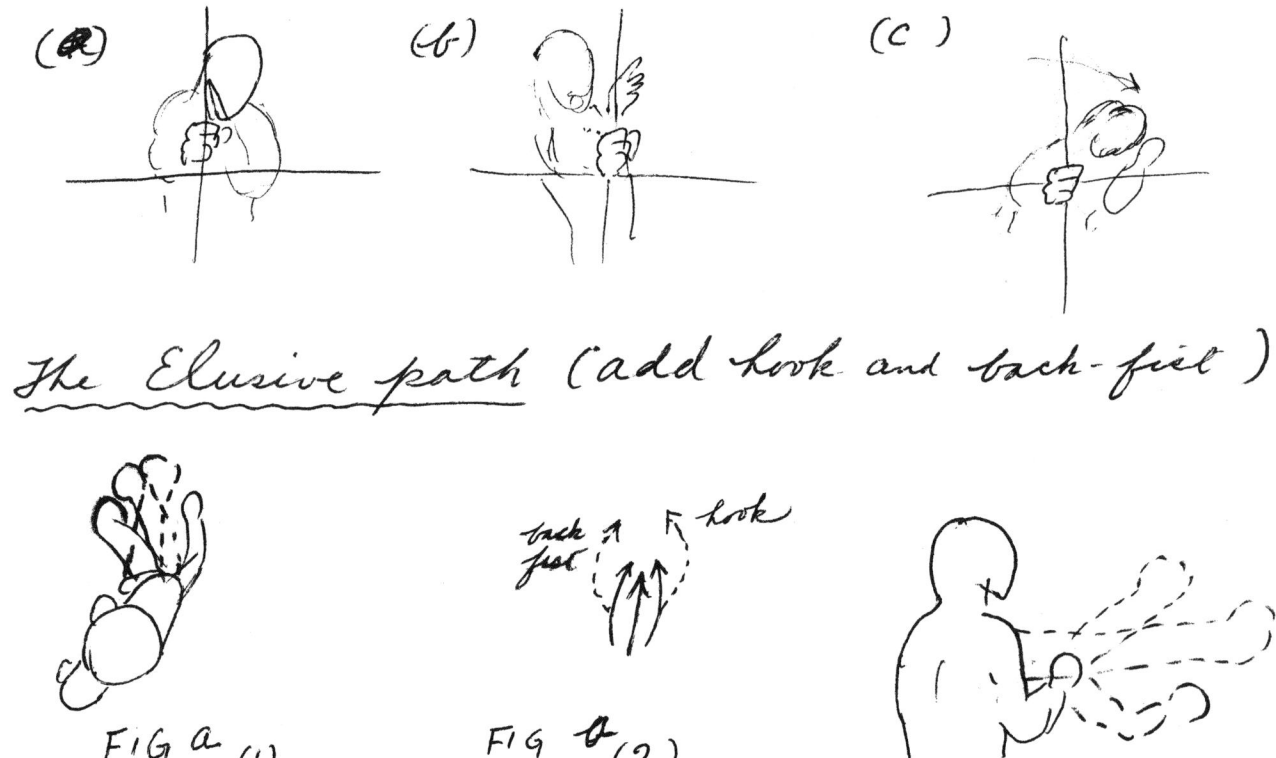

突如其来的高度变化

注：头微向前移两英寸，然后骤然改变位置——头部假动作。

可用于防御：

1. 摆击（或摆踢）

2. 勾拳（或勾踢）

3. 逆反脚跟

4. 旋踢或打击

可用于擒拿与抱缠的前置准备。

The "Elusive Lead"

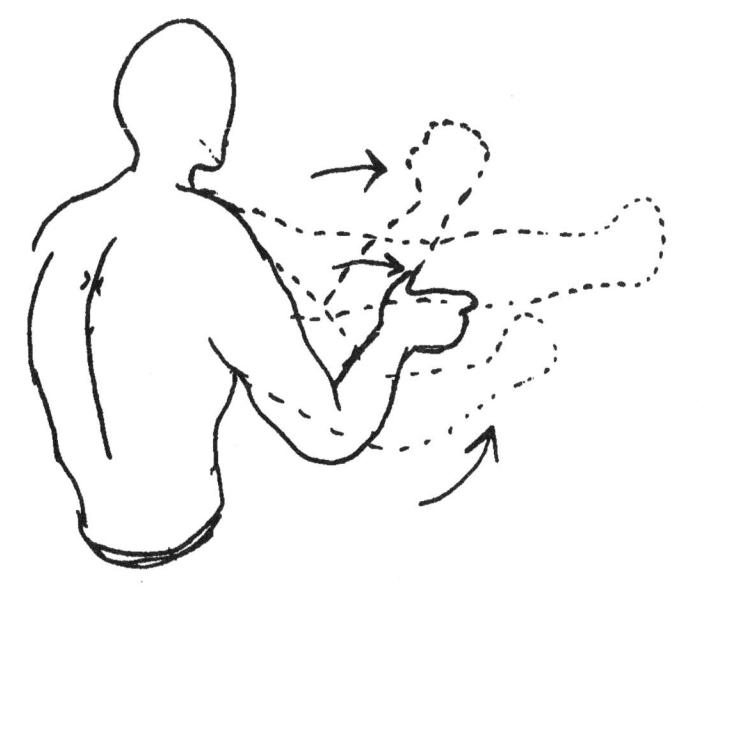

The facing center!

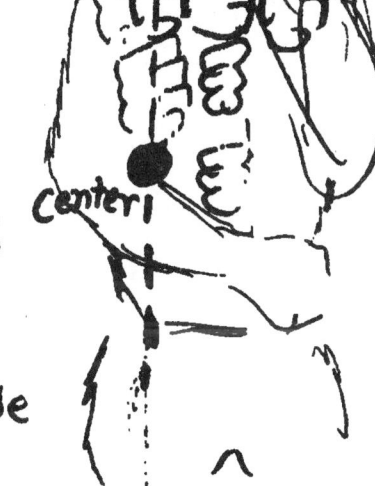

The sudden change of level

1) the first 2 inches in leading ------ ---- head feint

2) defense:-
   a) swing (FEET, H)
   b) HOOKS (FEET, SIDE)
   c) REVERSE HEEL
   d) spin kick and blows

3) set up for grappling & tackling.

THE STRAIGHT LEAD

Head moves out of line

protection hand

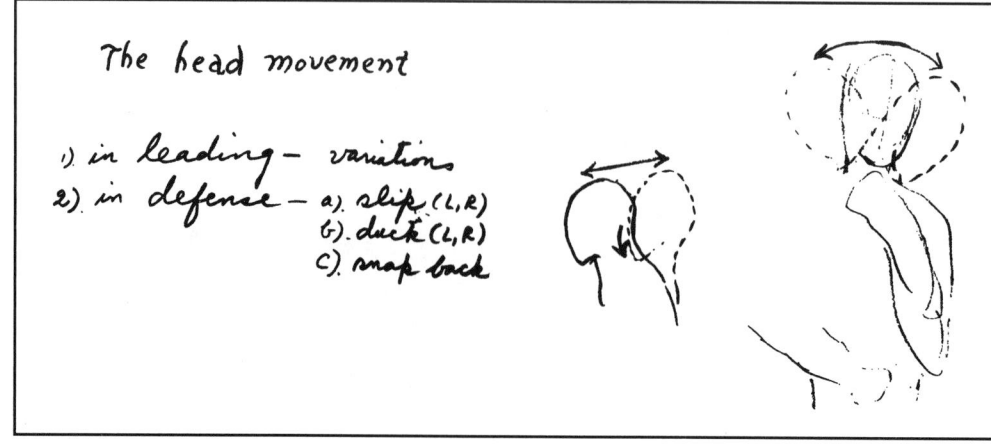

The head movement

1) in leading — variations
2) in defense — a). slip (L,R)
 b). duck (L,R)
 c). snap back

对身体的前手攻击

- 以前手攻击对手身体是扰乱对手、化解对手防守的一种十分有效的攻击（例如先佯攻其头部）。

- 一般来说虽然拳不重，但如果打中对方太阳神经丛，亦会使他痛苦不堪。身体跟随手臂这点是重要的。换言之，假如攻击者的身体随着目标高度下沉，向对手身体攻击的效果会更佳，也更安全。

- 身体由腰部向前垂下，以与双腿成为直角。前腿保持微微弯曲，而后腿则更为弯曲。当身体垂下，向前有力地伸展手臂出拳，攻击对手的太阳神经丛。发出的拳应稍微朝上，而绝非朝下。后护手上提，置于身体前，以预备防守对方的前手勾击。头部向下，只露出最顶部，并以发拳的前手来保护。头部需紧贴伸出的手臂。

- 身子微向前晃，随着伸出左手虚击一招，击向对手头部，诱开对手注意力，实则以右直拳攻击其身体。稍微以左脚移前（但左脚仍保持在右脚之后），同时配合着身子向左侧倾。你常可以此动作避开大部分攻击。此时倘接着以右手发拳，拳既重而又会令对手难以应付。此外，你也处于能向对手头部施以重击的有利位置。

顺延动作

- 首先需要知道，有各种不同类型运用力量的方法，一个人必须能善用所有的方法。

- 顺延动作一般意味着快速动作的延续，或甚至是在触及对手前瞬间加速，直至停止接触为止。当一拳打出去后，需在其达到目标前渐渐加速，这样才有足够的动量和劲力以贯穿目标。不仅是打在对手身上，而是要穿透其身体——可是不要有"前扑"的效果！

- 下定决心，要尽全身之力给对手最狠的痛击，也要以坚定的意志要求自己，在迫近目标时每打出一击要比前一击更狠。

- 举例，在西洋拳击中，拳手所受的教导是要出拳"贯穿"对手——在触及目标时不要仅保持原有的速度，甚至要加速，将那"爆炸性推力"贯入对手身体，使其因而迅速改变姿势。

- 在打击动作最后攻击时手的扣腕，是最终的加速力量，可以说是能穿透目标（即是受挤压的网球）。拳手不应做放松的顺延动作，拳打出去后必须快速收回。相反的扭腰动作有助在出拳及收拳时增加速度。

> 有各种不同类型运用力量的方法，一个人必须能善用所有的方法。

> **辅助训练**
>
> 有一点很重要，在做完预定之攻防练习后（按次执行或"悉随尊便"），回复到原有的拳击姿势时，以脚前掌做滑步数秒钟的步法练习，并放松自己，然后才再继续练习。此种方法可灵活地寓实际搏击于练习之中。
>
> 发出极具威力的拳击的所有秘诀在于：时间性、协调性，当然，还有准确地击中目标。悬挂一个小球，练习出拳之准确度。
>
> 练习以快速的右拳连续出击，收拳时的距离刚好使出拳时之劲道到达最强即可，不必收拳过后。
>
> 学会从不同角度做出经济性的动作，然后逐渐增加距离。
>
> 十分重要的一点：在所有的手法中，手必须先于脚动。要谨记——手先于脚——总要这样。

发出极具威力的拳击之所有秘诀在于：时间性、协调性，当然，还有准确地击中目标。

4.4 对前手直拳之防御

以下均是右脚在前时，对前手直拳之防御范例：

- ◎ 使左手随时准备迎接对方的前手直击。左手已然打开，稍微将之提高，并在身前作弧形的摇晃动作。倘对手的前手突然朝你的脸打来，你可向左微倾身体，并立即发出左手拍击其手腕或前臂——不需要多大力量即可挡开对方之右拳重击。此时，不要放过对手留下的破绽。以严厉的右直拳痛击对手脸部或身体。如此，对手不但会丧失防御能力，也会顿时失去平衡。
- ◎ 身体晃向左侧，以右脚踏前俟近对手，然后以右拳向对手身体施予严厉的一击。（或朝其脸部打出一拳。）
- ◎ 身体晃向右侧，以右脚踏前俟近对手，然后以左拳重击其身体（或后手直拳击头部）。
- ◎ 向后仰身，然后快速向前予以还击。

- 一名拳手应该在前手攻击之后快速收拳，立即回复到原有之正确预备姿势。

- 运用各种不同的前手方法来攻击对手的头部与身体。

前手刺拳

- 前手刺拳是一条"触须"。前手刺拳为一种松弛、自然的轻刺动作，为所有其他打击法的基础。它是一条鞭而不是一支棍。阿里（Ali）的理论把它看成以苍蝇拍拍打苍蝇。

- 前手刺拳的优点是不会影响身体平衡，它是既可守，又可攻的武器。在攻击时，前手刺拳常可使对手失去平衡，为你下面更重的一击铺路。当用来防守时，前手刺拳常可有效地阻止对手的攻击。你经常可在对手正欲向你发出真实的一拳之时，突然以一记令人不安的刺拳打在对手的脸上，令对手猝不及防。倘若能正确使用前手刺拳，你就是一个会运用策略而非蛮力的科学化拳手。前手刺拳除需要技巧与敏锐的动作外，速度与欺敌手段（不规则节奏）也是不可或缺的。谨记一点：除非是已表露了你的攻击意图，否则没有攻击比一记速度慢的刺击更差劲。

- 有一点十分重要：在发出前手刺拳后，必须立即收拳并回复到原有之准备姿势，随时准备继续攻击对手，或保护自己免受对手之反击。

- 刺拳的动作是横弹而出，并非推出的，而收拳时的位置需提高些，保持拳的位置，以抵消后手的反击。手臂只需放松，收拳时沉肘回到身体，不需猛力拉回。这一点跟知道如何出拳同样重要。

- 当刺拳触及对手时，你的下颌应垂下，而肩部应微微弯向前，以作为护卫的屏障。所有的打击，包括前手刺拳在内，均是由身体向外发出的。前手刺拳之动作应是由肩发出的一种连续弯曲运动。

> 所有的打击，包括前手刺拳在内，均是由身体向外发出的。

- 通常来说，我们建议最好发出不止一记前手刺拳。第二记前手刺拳常常有更大机会命中对手（倘若第一拳打得极为简洁），更可弥补第一拳之失误。当然，你可按你的需要多发刺拳。

- 不断练习刺拳，直至能轻快、轻松、自然地出拳为止。肩膀与手臂随时保持放松状态，常为出拳作准备。要使刺拳的动作自然而发，并能在不用明显出力的情况下取得速度和劲力，需要长时间、勤奋的练习。准确度是刺拳最重要的一环，而且刺拳发得越直越好。

- 假如你无法击中对手之头部或身体，攻击他的肱二头肌刺拳也可有效地配合拳头，封锁对手僵硬的手臂远离自己作为防御。

- 令对手始终维持守势，并稳定地加快你的配速。令对手疲于应付。

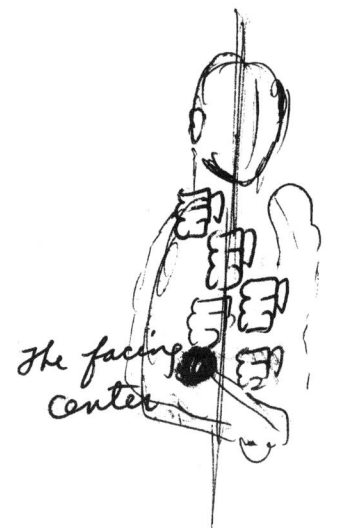

一如击剑手的西洋剑一样，前手标指是给对手的一种连续不断的威胁。

\# It is important that upon shooting your right jab you instantly return your right fist to its on guard position ready to punch again or to protect yourself from counterpunch. It is often advisable to shoot more than one left jab. The second jab has an excellent chance of landing (providing the first one is delivered with utmost economy); it also serves to cover up the missed first jab. Of course, you should shoot as many more as you wish.

前手标指

- 一如击剑手的西洋剑一样，前手标指是给对手的一种连续不断的威胁。基本上，它是一种没有剑的西洋击剑，主要攻击目标是对方的眼睛。

- 前手标指是所有手法中攻击距离最远，也是速度最快的，因为它需要使用的力量较小。刺插对手的眼睛并不需要多大气力。然而，把握机会、准确性和速度的能力，是有效使用标指的重点。因此，与其他手法相同，标指应从准备姿势开始，没有其他多余之动作。它由预备的姿势快速而发，再风驰电掣般回复到原来姿势。动作要像眼镜蛇，标指只能让人感觉到却来不及见到。

- 无论是单独发出还是在组合中使出标指，你都应利用弹击，而非推出之动作。除非你的速度够快，否则对手常常可以避开第一记标指之攻击。但是如果你立即发出第二记标指，通常很容易使对手中招。前手标指是最有效的攻击武器之一，尤其在自卫时为甚，而招式需锻炼得十分纯熟方可。

- 标指的动作是运用令人震慑的力量而非纯用拳击力，所以前手标指（以戳击的角度来看）就像拍苍蝇一般。准确度是其中最重要的条件。在行动时选定目标，发招并复原以准备强化你的攻击。

倘若时机准确，而出拳又正确，后手直击之威力极大。

> **辅助训练**
>
> 练习和锐化你的标指，要在你体力充沛时，免得身体疲惫不堪时，你会以粗糙笨拙的动作代替应有之灵巧动作，及对明确精简的技术只作一般的努力。应在练习技巧后，才做耐力训练。
>
> 1. 甲与乙面对面做预备姿势。
> 2. 甲踏前以下路腿击踢向乙之胫骨。此招只属虚招，使对方不能冷静应战，并可延长其反应时间。它也是前进过程中阻挠任何可能的腿击动作。
> 3. 当双方的距离缩短而甲的脚犹未及落至乙的身前时，甲快速打出如箭般的标指，刺向乙的空当。

- 重读有关前手直击的描述。

后手直拳突击身体

- 以后手直拳突击身体的拳劲凌厉，是用来反击对方或在前手之假动作后发出，与向身体的前手刺拳相似，身体跟随着拳移动（仍需保持良好的防守姿势，留心对手的劈击反攻），可因身体扭转向前越过前脚获得更大的力量。（试查看两者的分别）这种攻击可以有效地瓦解对手之防守，并能成功用来对付身材较高的对手。

- 不妨多用后手直击。倘若时机准确，而出拳又正确，此拳之威力极大，也较其他手法更安全，因为出拳时你会俯身，避免了全臂的反击。使用此拳之机会甚多，倘若对手以另一只手出拳，则必暴露其身体的一面，此时为你发出反击之最佳时机。

- 前手微向上提，手掌摊开，手肘朝下，以防对手之后手攻击。头部向下紧贴于出拳的手臂，让头部受到妥善的保护。

- 不妨经常使用此拳，以反击一名以前手攻击你的头部，并以后手护其脸部的对手。你身体的步法，可攻击每一英寸的下颌，此外，身体的移动也较少。以后手直击对手身体：以前手佯攻对手之头部，并诱使对方以前手反击你的虚招，或者，待对手先行出招。

- 阻截对手向身体的后手直击：只要把前手紧贴于自己的身前即可。同时，肩膀上提，以免对方连续攻击。

后手直拳是重炮之拳。

后手直拳

- 摆好对敌之预备姿势，后拳翘起置于下颌，离胸部约一二英寸之距离。当前手出拳攻击时，因为转腰之动作，使后拳由原来之位置后移四五英寸的距离，然后，以此后手出拳，便可在不泄露意图的情况下，击出西洋拳击中最具威力之一击——后手直拳。

- 后手直拳的出拳方式与前手刺拳几乎一样，两者都是沿一条笔直的路线打出。然而，后手直拳是重炮之拳，扭腰的动作也较大。

- 在任何的重拳出击动作中，身体之骨骼结构常需排成一条直线，或形成一条可以支撑身体重量的线，使肌肉能自由地运动，推动身体向前，产生极具威力之一击。身体的一侧必须经常成一直线。

- 十分重要的一点是，后脚跟与后肩的旋转必须连成一体。你可以通过把体重转移至前腿，带动身体的前半面旋转，使身体之另一侧自由地转动，发出深具威力的一击。此动作的原理就像猛然关上门一样。

- 你的重心应由你后脚前掌开始变化。当你发出后拳，它会旋转而后肩会随着击出的拳前进。这时你要转腰，使重心在触及目标前转移至拳头及前脚。后脚跟着拳头的方向拖前几英寸，前手的拳头在身体旋转时收回。

- 谨记，后手直拳（或突击）的威力秘诀在于运用前半侧之身体为转轴，容许身体的后侧自然灵活地旋转。

- 要使拳能放松、自然地发出，就切勿在刚出拳的一刹那紧握拳头，臂膀的肌肉也绝不能紧张——肌肉要在拳头刚击中目标时才收紧，用最后一瞬间的握拳动作迸出紧张的力量贯穿对手。拳之威力大小取决于对速度（及更快的速度）及对手动作的良好时间判断。不要忘记由后脚驱动。

- 双手任何时候都要保持较高的位置；要特别注意的是，前手出拳时，后手绝不可下垂。需能做到手在哪里，拳就从哪击出。通常是由对敌戒备姿势发拳攻击，出拳时无任何初步动作，绝不先抬高手或拉手后再发拳。肩膀向内弯曲以保护下颌，同时下颌需朝下方。后手发拳时必须由胸部或身体的"停歇位置"直接击出，通常是在后肩旁出拳。

- 当后手发拳时，前手臂应贴近身体以形成保护姿势。此动作不仅可防守意料中的反击，而且西洋拳手可处于打出连续攻击的第二拳的有利位置。谨记，一拳发出时，收回另一拳。此动作需熟练至能轻易、快速、正确地发拳及收拳方可。手臂应发出一种弹击力，好像是要把手拉脱臼似的。再次强调，打出的拳需能贯穿目标，而非仅到达目标。之后手臂放松，回到戒备的姿势。

- 在运用后手直拳时，动作绝不可迟疑。假如你知道自己何处有破绽，一定要处理，不能三心二意。

- 因后手直拳是远距离的攻击法，若欲有效制敌，发拳时需如离弦的箭一般，快速地击出，不作任何预警。后手直拳的关键在于培养速度，要使自己在攻击时，能在对手犹未察觉之前对他作出痛击。此外，发出后手直拳必须准确——远比前手攻击更准确——而后手直拳的发拳越直，拳就越准确、越具爆炸力。

- 除非保持正确平衡，否则在发出后手直拳后，不要轻易以前手再攻击。此点极为重要。因为假如对手俯身闪避开你的后手直拳，最快速的复原方式是以前手出拳攻击对手，而你必须要有正确姿势方能如此。如果你尝试在刹那间修正自己错误的步法，就会发现自己摊在地上，四脚朝天。

- 后手直拳较难运用，原因在于后手的攻击距离较远，而且一旦失手，你就会给对手可乘之机。通过练习可以弥补上述两个缺点，令后手直拳更臻完美——发拳时不动声色，收拳时速度够快。

> 假如你知道自己何处有破绽，你一定要处理，不能三心两意。

右前锋桩的后手直拳

- 通常，你会先打出一记右拳，再打出一记左拳。（1~2连击）

- 右手需保持移动；切勿僵直固定。右手的动作一如毒蛇吐舌般摇晃，随时准备出击。最重要是，时常以此来威胁和困惑对手。

- 打出右手的同时踏出右脚向前。在未触及目标（遮掩对手的视线）前，左拳直线击出（一点也不要拉回），同时把身体转右，以左脚底为轴旋转。当旋转时，从身体左侧获取大量推和弹的力量，由脚传至腿及髋部，并确保以左肩发出大量弹的力量来完成。在连环攻击时，出拳的力度可因全身之协调配合而大幅增加。随时保持平衡。

- 需注意，左拳（或后拳）经常用来作反击。有时，先诱使对手出拳攻击，再以左拳反击对手较好。此时对手是直线向你的脸部出拳。你以右前手入马，使对方右前手攻来的拳在左肩旁掠过，然后你打出左拳，同时注意对手左侧之动静，或以你右手阻截来招。你的头部必须迅速俯下及向右闪，以避开对手前手右拳（注视对手），但迅速俯身动作不可过大，刚好闪过对手之攻击即可。左手拉回到最上面时，应能在对方前手臂伸直之前，贴着对方的手肘而过，而身体从髋部带动由左向右的旋转，必须配合右肘与右肩猛抽之动作。

- 当对手趋近时，通常打出的拳可以击中其下颌部位。不过，切勿总是朝对手头部攻击。需瞄准中线出拳以贯穿对手。

- 试着以左拳攻击对手腹部，再用左直拳。试先发出两记前手右拳，伺机再打出左直拳。

- 有时，不妨把身体向右移动较远的距离，然后以左直拳从对方手臂之内以微微向上之角度攻击对手。

- 当收拳时，右肩需保持较高的位置，以防右前锋对手的左直拳，或左前锋对手的前手勾拳。

勾 拳

- 勾拳在反击中是最有效的。这绝不是过大、环回的攻击，而是放松、自然、弹射而出的拳。谨记，身体旋转是其中的关键，出拳时要配合步法。

在连环攻击时，出拳之力度可因全身之协调配合而大幅增加。

- 避免泄露意图！发拳与收拳后均需保持预备姿势。必须从戒备姿势出拳以诱诈对手。手绝不可拉后或下垂。经常先以刺拳或假动作掌握你的距离和杠杆利益。

- 运用前手勾拳时，后手需常提高如盾牌般保护自己的脸部。你的后手肘保护身旁的肋骨。

The Horizontal Hook

身体通常是极易受攻击的目标，原因是其面积比下颌大得多，而且不甚灵活。

- 练习勾拳主要可采用小型拳袋。尝试锻炼出拳的爆发力，而不过度扭转身体而走样，并要准备追击更多拳击。

前手勾拳

- 越灵活的拳手——越机警、动作越灵敏——越能以最不正宗的手法，从最不可能的角度攻击对手。

- 前手勾拳应该谨慎地使用。在前进或后退前均十分有效，并可用来对付过远的直拳或摆拳攻击。

- 倘若对手的拳桩与你相同，前手勾拳攻击之最佳时机，在对手后护手下垂时，或对方击出前手刺拳之后。

- 对付一位聪明的防守型拳手，有时只有前手勾拳方能突破对手防线，或迫使对手改变策略，使你能在对手身上找到破绽，使出其他种类的拳击。

- 前手勾拳可以在对手因某种原因难以避开自己攻击范围之时，用来直接攻击他。前手勾拳用来反击或作连续攻击最有效，因为勾拳基本上是一种短距离的攻击武器——当对手迫进你时，尝试先运用前手直拳或作其他的准备。运用前手勾拳的一个有效方法是先以后手直拳佯攻对手。你需要经常变化攻击之方式：上路/下路或下路/上路，单拳或以组合攻击。刺拳和假动作（配合踏步向前）是获取理想距离的优良手段。

- 前手勾拳亦是贴身近战的良好拳法——它由侧面攻入，在对手视线范围之外，更可避开对手之防线而攻击。在贴近对手，尤其对手受到你的直拳威胁之时，勾拳效果甚大。

谨记，出拳时绝不可有一种结束的动作。

- 身体通常是极易受攻击的目标，原因是其面积比下颌大得多，而且不甚灵活。鼠蹊亦是很好的攻击目标，而且明显比下颌更难防守。

- 在贴身近战时以勾拳攻击身体较为有效。先佯攻对手头部，然后迅速闪电般以前脚踏近对手，并以勾拳重击对手之腹部、肋部、鼠蹊或任何近处的目标。同时，迅速俯身至勾拳攻击方向之另一侧。做此动作时，前膝需弯曲，肩部越接近与打击点同一水平高度越好。为保持平衡，后脚之脚尖需适当地向外转。后护手需提高做好防御。

- 勾拳配合侧移步是很好的攻击方法，原因是你正向侧方移动，而这是当时最自然的摆动姿势。同样，你也可有效地以勾拳攻击正在做侧向移步之对手。谨记，当对手冲向你，你的攻击能造成双倍力量。同时要记住，在出拳时需提高后手保护自己！

根据米尔斯（Mills）的理论，前手勾拳至少有两种出拳方式：

1. 前手远距离勾拳：先以前手直刺拳击向对方脸部，再快速地加一记勾拳。（留意攻击和反击时体重之转移情况——接触在前方而体重移至后腿。）
2. 前手近距离勾拳：从戒备姿势出拳，手肘贴靠于身旁。（在反击时，由前脚至后脚转移体重。）

- 与其他的拳法一样，前手勾拳必须由戒备姿势直接出拳，以增加欺敌效果。

- 经常以刺拳或先用虚招来趋近对手。例如，以后手直拳伴攻对手以作准备，但出拳不可以过远。大多数拳手在击出勾拳前，把手拉得太后。尝试不要把手拉后或放得过低。即使手不往后拉得很远，亦可以打出劲道十足的拳。许多的"腿击"紧随前手勾拳，需要配合步法。

- 前脚跟需向外围提高，使身体能适意地旋转，在拳击至目标时，腰与肩需逆方向旋转。

- 当拳击对手下颌侧之时，肩部需保持较高的位置，以获得最大的杠杆效果。

- 谨记，出拳时绝不可有一种结束的动作。应该让前臂有良好的导向，加上放松肩膀之肌肉来完成。击拳后之动能可把手臂带回原来正确的位置。

- 有些拳手在出拳时，经常有把重心过度前移之情况，使拳击变成了推击的动作。实际上，勾拳是一种放松，由手臂而发的拳。"腿击"是由踢脚时身体之放松，与双脚及身体的正确旋转动作而完成的。打出勾拳时，体重应转移至与勾拳攻击方向相反的另一侧。如果你以勾拳直接攻击，必须配合向前踏步来贴近对手，使勾拳更易击中对手。出拳时运用放松、自然、灵活的动作，避免过大或环回的动作。

最重要的是，尽量减少不必要之动作，刚好能发挥拳的最大效果即可。

- 在放松的勾拳动作中，手臂如鞭抽般地动作，带动身体旋转，直到完全用尽肩膀关节的活动范围为止。届时，手臂需与身体同步旋转。出拳如够快捷，手臂就会如脱弦之箭般向前弹出。要让拳猛然弹出，你要一直想着加快出拳速度。对准目标让攻击贯穿对手身体。

- 前脚跟向外提起，以前脚掌来旋转，使攻击范围更远，发拳更快、更有效。身体稍微向另一侧下坠，使出拳更有力，并可防卫自己。

- 最重要的是，尽量减少不必要的动作，刚好能发挥拳的最大效果即可，不用做过大的勾拳动作。

- 你的外围勾拳"敞开"得越大，越容易降格成摆拳。你必须保持它的紧凑。另外，当你张开手发勾拳时，你是在向对手大开中门。

- 学习勾拳最困难的，是要大幅摆动，而又不过度转动身体使姿势走样。

- 手肘弯曲得越厉害，勾拳便显得越扎实，越有爆发力。体验勾拳在击中目标前一瞬，手臂稍微收紧。

- 在西洋拳击中并无运用手腕的动作。（验证一下这个陈述。）前臂与拳头应连成结实的一体，一如尾部有结节的棍棒般。拳头与前臂需形成一条直线，手腕不可向任何方向弯曲。小心避免用拇指来攻击。

- 当拳打出后，拇指应朝上。拳头并无旋转之动作——这是为了适当保护手部。前臂由手肘至指关节均要僵直固定，手腕绝不可弯曲。谨记，指关节需经常以你的体重旋向那正确的方向。

- 经常提高后方护手，像盾牌般保护你另一边脸部；后手肘保护肋旁。把这两点变成你的习惯！

- 随时准备好以任何一只手，向对方发出结实的拳击。阻截对手的勾拳时，常有后退避开或远离攻击之倾向。这种做法是绝对错误的。踏前，不要后退，使对手的勾拳由你的颈边击空而过。

- 练习勾拳主要可采用小型速度拳袋。尝试锻炼出拳的爆发力，而不过度扭转身体，确保你的拳击感觉舒适。

练习勾拳主要可采用小型速度拳袋。

后手勾拳

- 后手勾拳在双方贴身近战时甚为管用，尤其在双方离身分开的一瞬间，或对手退避之时。偶尔你也可用后手勾拳，分散对手对你前手勾拳攻击的注意力。

- 练习以一记左后手勾拳攻击弯身对手之腰部，一名经常由右向左转身的对手，令其右边腰部露出破绽。你可以半环形弧度把拳击向对手之腰部。

铲勾拳

- 铲勾拳是以手肘"内靠"之动作，向内出拳。当用来攻击对手身体时，手肘向髋部靠紧攻击对手头部时，则贴紧肋骨之下方再出拳。铲勾拳也是由戒备姿势直接而发，可谓一流的近距离打击法。在出拳前，要确保手肘、肩膀或腿并无紧张之情况发生。出拳时髋部配合出拳而猛然向上抽，手部成45度角。由于手部弯曲的角度，铲勾拳常可由内围突破对手之防线。

- 出拳方式（右前锋桩）：将右手肘内扣，并贴靠髋骨之前缘。将微握的右拳稍微向上转，使部分手掌朝向天花板。手心与天花板与地面约成45度角。与此同时，左护手保持在正常位置。现在，双脚站稳，并突然将身体转向左方，令髋部以弧形向上一抽，向对手之太阳神经丛位置打出一记结实的右拳。右手倾斜的角度恰恰容许击拳的指关节能扎实地攻击到对手。用正常姿势出拳前，要确保手肘、肩膀或腿并无紧张之情况发生。更重要的是，要确保手部维持45度角，而髋部要猛然向上抽。

- 不管是用来攻击头部或身体，所有铲勾拳均有拳头角度与髋部上抽之特别要求。在髋部上抽时采用的弹腿动作可加快身体旋转的速度，同时亦会使身体旋转的方向稍微偏离向上。在这时，成45度角的拳头配合弯曲手肘，使击拳的指关节指向身体旋转的同一方向，你有一记纯正的铲勾拳。你的拳扎实地打在对手身上，包含了不少的顺延动作在其中。而这记纯正的铲勾拳有特殊的角度，可由内围突破对手之防线。

- 攻击头部的铲勾拳是由戒备姿势发出的。（最好以速度拳袋来练习。）将右肘弯曲置于身前，前臂成一直线，直至拇指的指关节与右肩仅有少许距离为止。确保右手肘向内扣，并贴近右边肋骨之下方。现在，双脚站稳，突然作出肩部旋转与髋部上抽的组合动作，并使右拳校正角度，攻击位于下颌左右高度的目标。确保每次转动身体前，手肘紧贴于肋骨之下方，而当拳触及目标时，与右肩之间仅有很短的一段距离。

- 铲勾拳是前手勾拳中发展得最完善的，是其中距离最短、但最具威力的攻击之一。一旦你能对此随心所欲，你的双手常能本能地配合身体旋转之动作出击。你的身体会自动执行。

- 铲勾拳可与其他攻击的组合手法配合来做连续攻击。最简单的组合方法，是以一记距离右拳挥击对手头部（由右前锋桩），而该拳若未能把对手打到向后退，你可再迅速以一记左手铲勾拳攻击对手的头部或身体。或者，随着一记右直拳攻击对手的头部，再以一记右铲勾拳攻击对手的头部或身体。同样，一记攻击对方头部的远距离左直拳失手，该姿势也可令你向对手的任何目标击出右铲勾拳。此外，如果一个速度快的对手俟近你时，他速度之快可能令你无法施展踏步反击，可是他的速度反令他成为你短距离重拳的完美"飞碟标靶"。还有一点，当你以阻截、格挡、滑步或其他方法抵抗攻击时，很多时候你会处于一个较近的距离，让你能打出铲勾拳来反击对手。

- 铲勾拳之威力仅次于远距离直拳。[根据邓普西（Dempsey）的说法。] 常可以用铲勾拳击倒对手，或至少可以尝试让跟你揽抱的对手软化下来。（别忘记使用手肘、踩踏、膝撞。）上下摆动、摇晃的攻击者大多会从外围打出勾拳，铲勾拳可让你保持在攻击者内围，助你摆平他们。由于铲勾拳都是短小而紧凑的，所以你遭对手攻击的机会远比运用由外向内、弧度较大之勾拳来得小。

纯正的铲勾拳有特殊的角度，可由内围突破对手之防线。

旋转勾拳

- 严格来说，旋转勾拳之出拳动作几乎与直拳相同，唯一的分别是，旋转勾拳要在手腕在触及目标前的瞬间猛力扭转。此拳是一种弯曲、猛烈的中距离指关节戳击手法。

- 任何勾拳的要点在于：在挥拳攻击对手前的最后一刻提高手肘。这可使拳头触及对手时，拳上的指关节能打击到目标。

- 出拳方式（右前锋桩）：由戒备姿势开始旋转肩膀，一如欲以中距离之右刺拳攻击一般——没有任何预备动作。但却不是打出右刺拳，而是把右前臂及拳头往下弹，右手肘则向上弹。右拳以旋转方式向下弹出，使拳上的指关节正好落在目标上。当你的拳击中目标时，你的前臂应几乎与地面平行。

- 当你踏前以右旋转勾拳攻击时，你是以"脚为轴之旋转踏步"向前的。踏步向前并稍微向身体的右侧，脚尖向内转。当你的右臂及右拳向下攻击目标时，身体以右脚前掌来旋转。在勾拳触及目标的瞬间，左后脚一般仍是停留在空中，但会迅速在你身后着地。

任何勾拳的要点在于：在挥拳攻击对手前的最后一刻提高手肘。

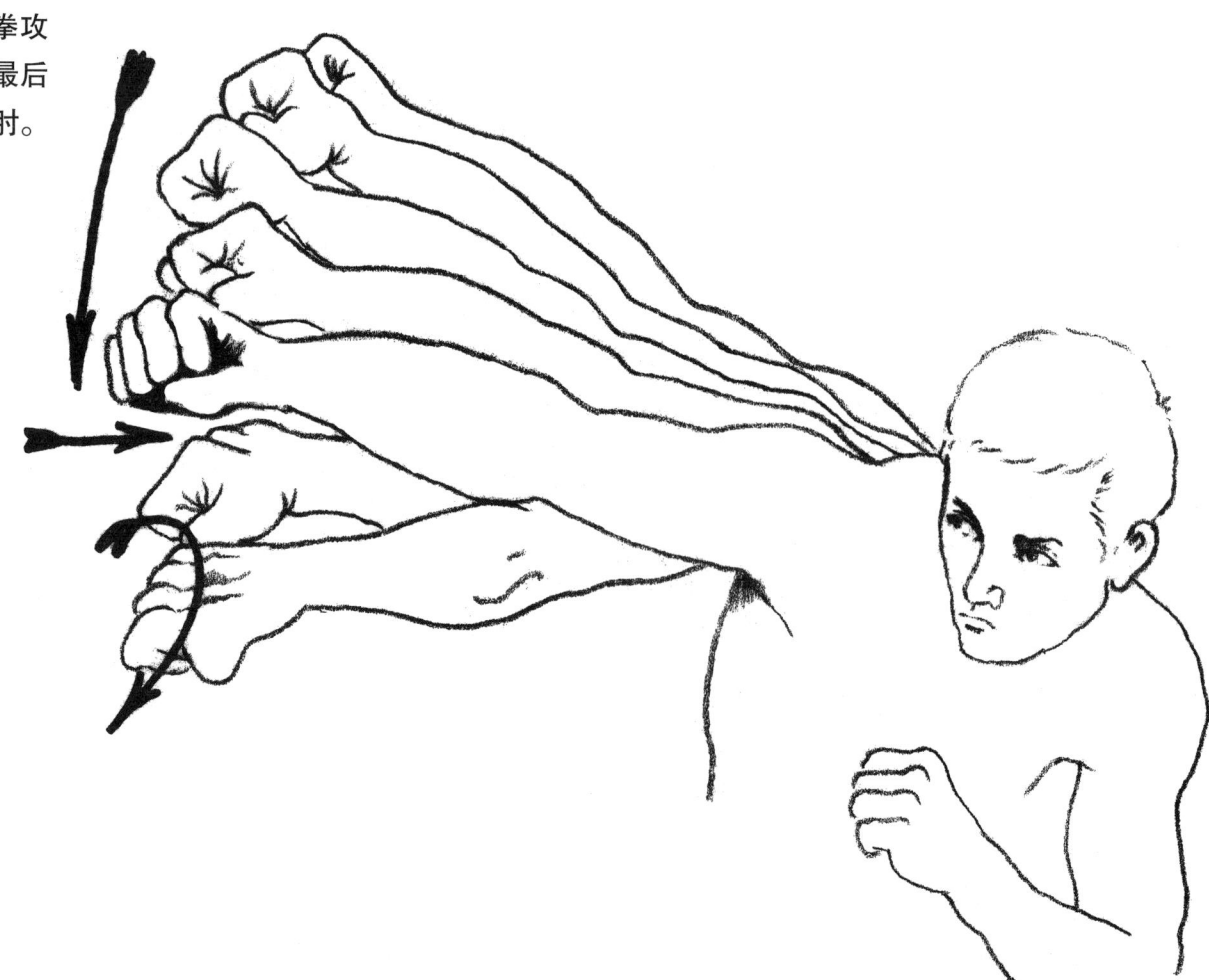

- 如果你的右旋转勾拳十分有力，而且能在毫无征兆下快速击出，则对手当会加倍小心，并以左后拳威胁你。此时你可以用旋转勾拳来化解对手的后手直拳。此外，假如对手在阻截或格挡你的右前手刺拳时，令自己的左护手游离身体过远，你的旋转勾拳此时即可避开对手的左护手而直接攻其下颌。

- 右旋转勾拳时常是于你正在转到对手身体左方时打出的。

- 可以轻型速度拳袋练习来获得正确姿势与动力。

手掌勾击

- 手掌勾击纯粹是一种快速、以手掌如勾拳般攻击的手法。

- 在正常的出拳姿势下，运用由外围打入的右手掌勾击，以避开对方后护手防守来攻击甚为有效。此外，配合防守与闪躲来做反击也是十分有效的。

上击拳

- 前手或后手上击拳常在近距离作战时被随意地运用。一旦身处对手内围位置，即有很多机会可以运用此种拳法。

- 上击拳可用来对付突然垂低头部和猛烈挥拳摆击的对手。这预先假定了一点：除非你已洞悉对手的打法，否则垂下头部或把身体倾向前只会令你遭到上击拳的攻击。

- 一记短的上击拳是十分有效的。攻击前保持双腿弯曲；出拳的瞬间再突然蹬直双腿。在攻击触及目标时，脚尖稍微蹬地，身微向后靠；当用右拳出击时，身体重量较倾向于左脚，反之当用左拳出击时，身体重量则较倾向于右脚。

- 对付一个右前锋桩的对手，当欲用右前手打出上击拳时，先以左手置于对手之右肩前片刻，以确保不会遭到对手上击拳的反击。

- 后手上击拳（右前锋桩）：先待对方出前手右拳，随着移步向前，头部快速向右转。当手仍在出拳以至身体前倾时，可向对手发出一记短而凌厉的左上击拳，攻击其下颌，并可将出拳的手臂抬起来干扰对方的右手臂。

- 左后手上击拳之出拳方式，是在发招中途先垂下左手，再"挖上去"攻击对手下颌或鼠蹊。前手则拉后来保护自己，并继续处于进攻性的战略位置。

> 前手或后手上击拳常于近距离作战时被随意地运用。

- 面对一个经常站得正直，而只以远距离刺拳攻击你脸部的快速对手，上击拳几乎可说是无用武之地。对此，你必须有计划地贴近对手，再运用上击拳攻击其鼠蹊等目标。运用此方法，可令对手疲于应付，垂头丧气。

- 可用填满印第安玉米的悬袋来练习上击拳。

（a）上勾拳：对方把手臂横置于面前作掩护时，则可以此拳攻击其下颔，动作由下而上，稍微由外侧向内。髋部需配合着猛然旋转。（留意旋转勾拳的描述。）

（b）水平勾拳——前勾拳：两者都是从对方护手上方或旁侧攻击。此拳可谓一种屈臂之刺拳。配合身体以贯穿对手。（留意铲勾拳的描述。）

The <u>upward hook</u>--you screw the blow in and up so that you can send it to the chin of a man with his face covered up by his arm held across it. On the other hand, the <u>horizontal hook</u> and the <u>forward hook</u> will go "over" that kind of guard.

> 一个动作不论在技术上如何完美，也能被对手的预防性打击所阻挠。

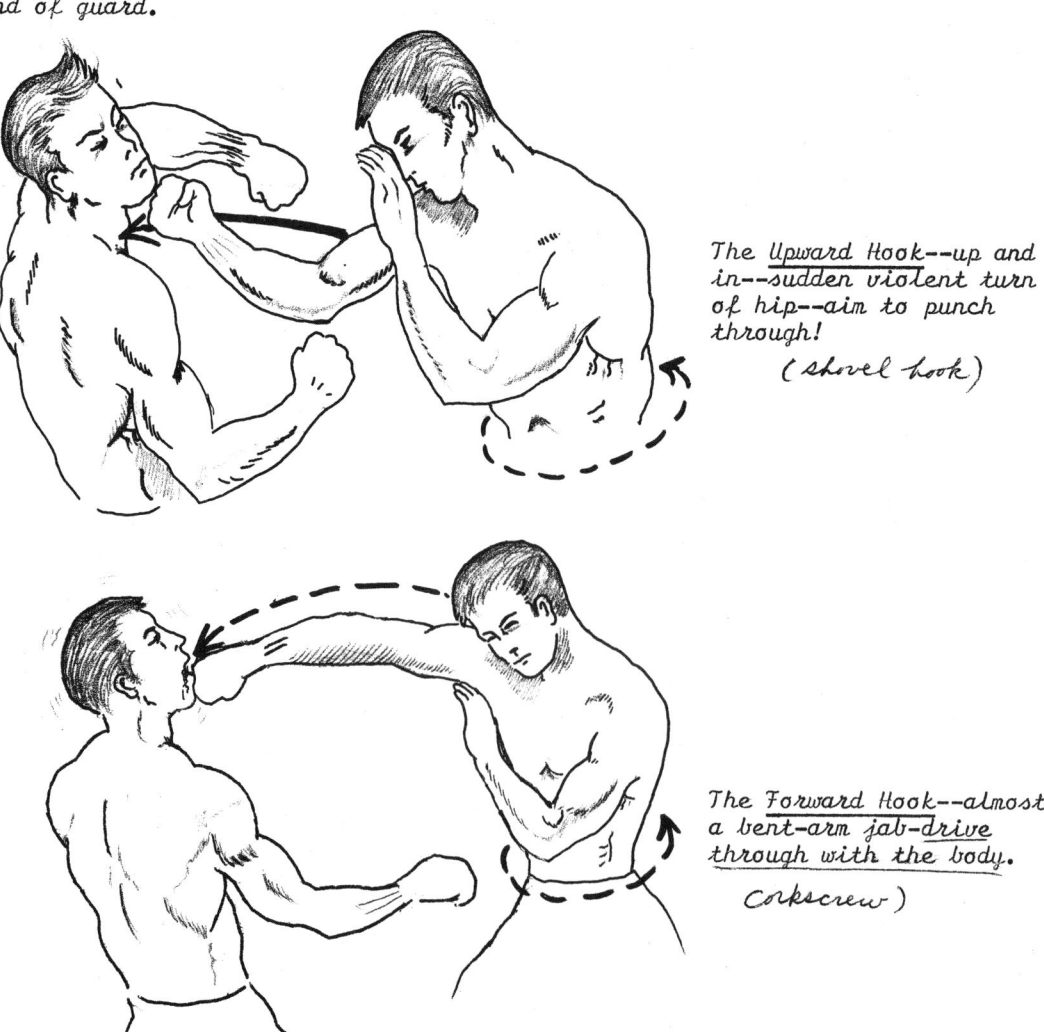

The Upward Hook--up and in--sudden violent turn of hip--aim to punch through!
(shovel hook)

The Forward Hook--almost a bent-arm jab-<u>drive</u> through with the body.
(corkscrew)

Practical & Simple combinations of Hooks and Crosses

fig 1a

low feint to body

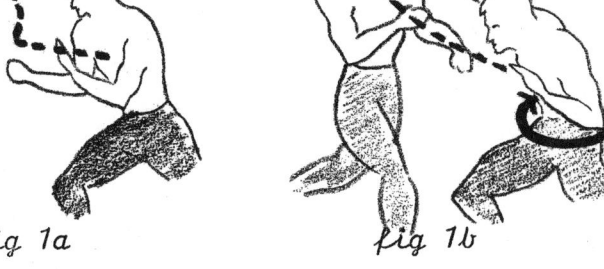

fig 1b

flow with timing to hook

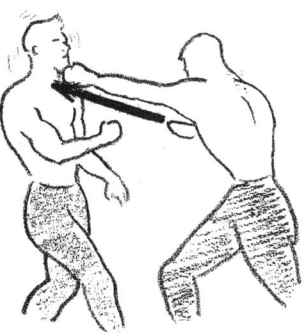

fig 1c

ends with left cross

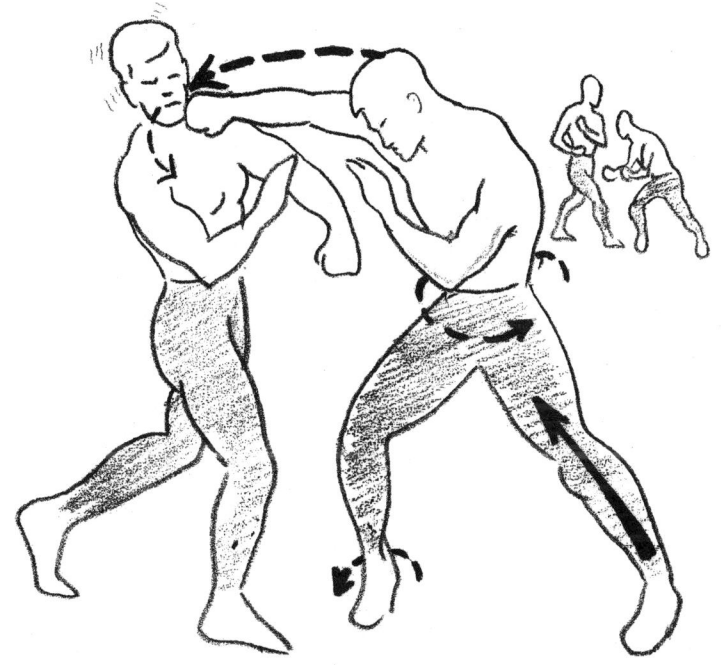

low feint to body follow with right hook (same hand--one continuous movement)

面对一个经常站得正直，而只以长距离刺拳攻击你脸部的快速对手，上击拳几乎可说是无用武之地。

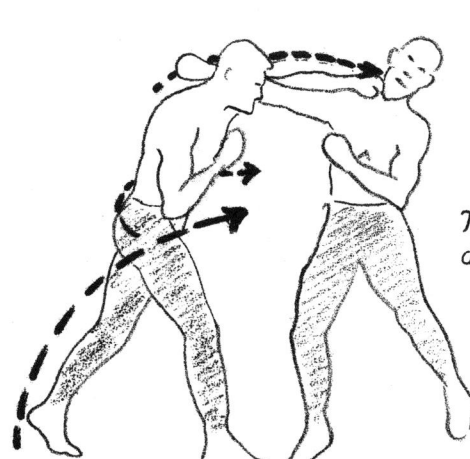

The Left Cross---after drawing opponent's right

组合拳击

• 一名优秀的西洋拳手可从不同角度作出攻击。而他打出每一拳后所处之位置必可让他继续打出下一拳。他经常处于中心的位置，从不失去平衡。一位拳手的组合拳击越有效，他越有可能击败不同类型的对手。

• 有些观察结果可适用于各种不同类型之打击。出拳越直越好。出拳时配合前踏步，使你伸延良好。出拳时绝不泄露企图。如果需要把拳头先置于特定位置以打出某种拳时，绝不可引起对手之警觉。由中线出拳攻击，随时处于适当的位置并保持良好平衡。不要超出你的目标。出拳后，迅速回复戒备姿势。必须以前手来终结一系列的连环出拳。

学习保持你的那团火，直到能击中对手。

• 在远距离搏击时，以前手发出刺拳和发出后手直拳。在近距离搏击时，则用勾拳、后手攻击身体和上击拳。

• 出拳时身体稍微摇晃一下。一记重拳必须由稳固之马步发出，轻的拳则是从拳手的脚尖而来。

• 学习保持你的那团火，直到能击中对手。在攻击对手前先迫使其后退至绳边或擂台的角落。别浪费你的体力。如果对手先出击，则避开来拳，再在对手能逃避之前，作出结结实实的反击。

• 除了实战，练习时可保持自然与放松。通过与各类型的搏击伙伴一起苦练，锻炼你的速度、时机的把握与对距离的判断。由此，练习你的威信，有信心地、结实地攻击。

4.5 腿 击

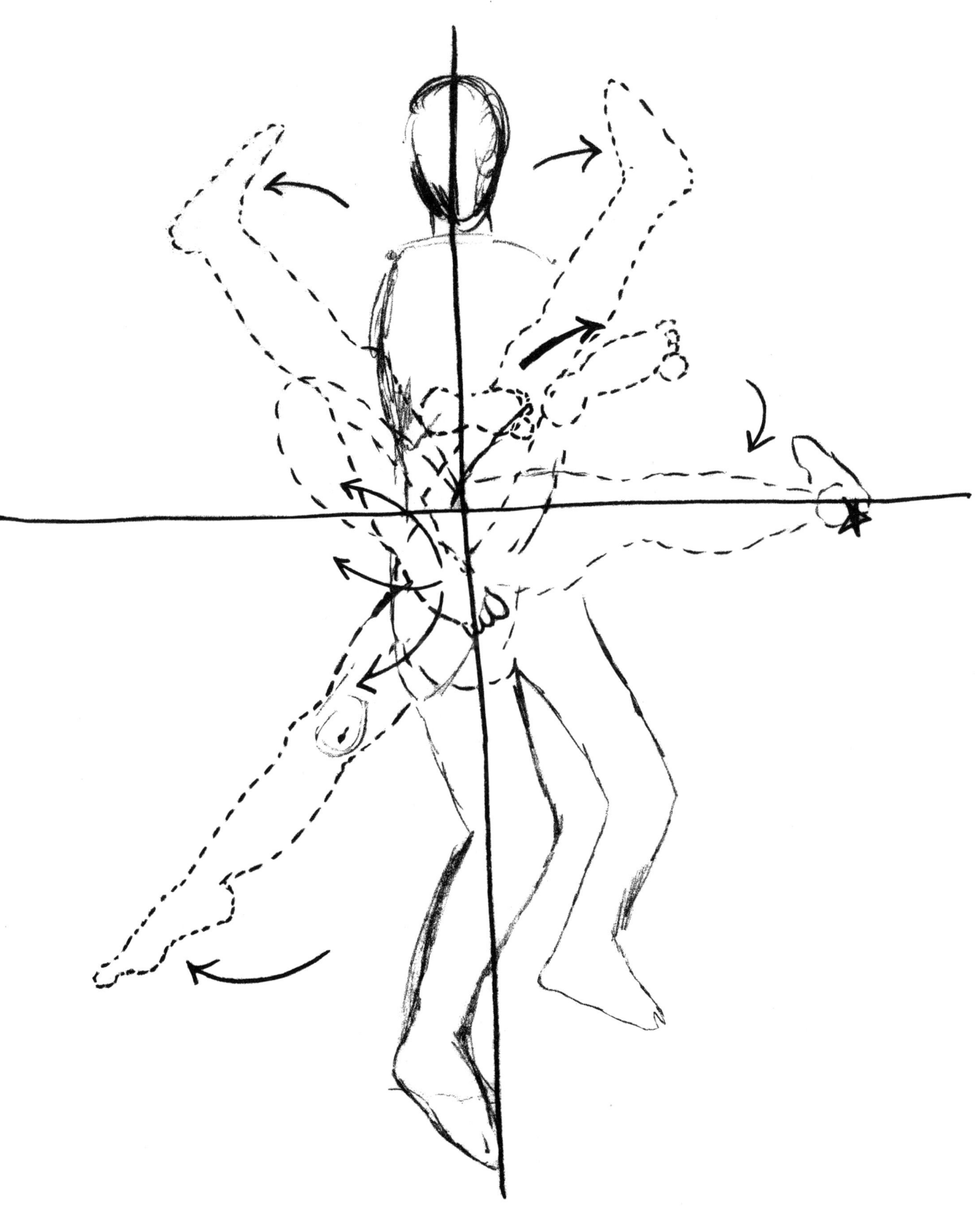

为了轻松、安全、高效，我们该选择什么样的攻击目标？

A）勾踢

（1）右前锋者的前膝

（2）右前锋者的鼠蹊

（3）右前锋者的头部

（4）左前锋者的膝部

（5）左前锋者的头部

[注：审查一下身体对右前锋和左前锋的对手，作不熟悉但直接攻击目标时的感觉。谨记左后腿勾踢。]

B）侧撑

（1）右前锋者的胫骨/膝部

（2）左前锋者的胫骨/膝部

[注：近距离的下踩突击（脚面、胫骨、膝部）——包括横踏。]

C）逆勾踢

（1）左前锋者的前膝

（2）右前锋者的膝部

D）前脚突击——留意膝部、鼠蹊

E）左（后脚）前踢

F）左旋踢

G）垂直勾踢

H）右手标指——三种方法

I）右手刺拳——

三种方法及上路/下路

J）右勾击——上路/下路

K）右挂捶——上路/下路

L）左后直拳——上路/下路

M）右底拳（前手）

N）左（后手）底拳——反方向、旋转

O）可能的腿击组合

（1）自然的追击

（2）训练有素的追击

P）可能的手法组合

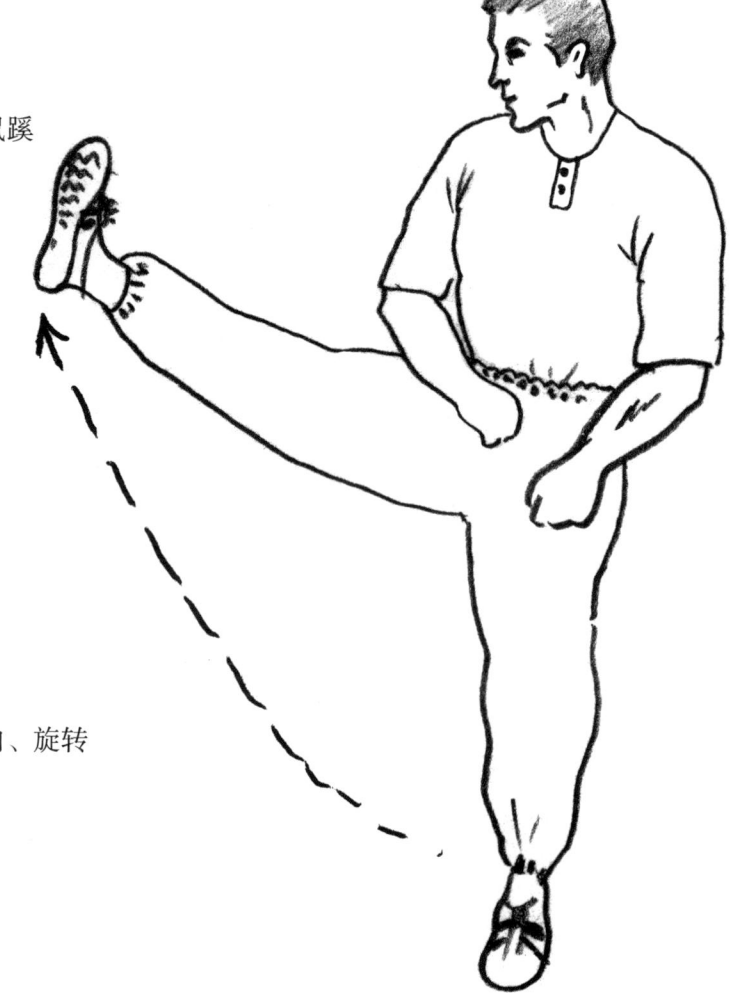

腿击技巧必须有一种易用又有劲的感觉，以练习和辅助训练培养。

法国式腿击——弧线或向上发劲

1. 膝部不如上身般灵活。

2. 踢向前或后。

3. 最快速（经济）、最强劲（自然）和难以避开。

4. 一般来说以脚跟接触。实验以脚前掌来接触。

5. 有时需要迂回地避开对手的前脚，再攻击对手的重心脚。对手后脚的重心越重，其膝部所受的伤害越大。

你运用的腿击法会因对手的类型不同而有所改变。

利用快速的出脚"跳过"对手的知觉范围。

腿击技巧必须：

1. 有一种易用又有劲的感觉，以练习和辅助训练培养。
2. 能随时调整腿击高度。
3. 能经济地且突然而发。
4. 动作流畅快速。
5. 能与任何动作配合。
6. 能直接而瞬间调动手脚攻击目标位置。
7. 准绳和精确。

远距离腿击之效用：

1. 主要是用来击中较远的目标。
2. 作为破坏性的工具。
3. 为后续的腿击或手法作开路之用。

你运用的腿击法会因对手的类型不同而有所改变。

弓步进攻（踏步和滑步和任何攻击时的踏步）必须：

1. 攻击万一失手，需能快速地离开对手腿击反攻的范围。身体微微失去平衡或控制，代表身体的某部位在瞬间未曾保护好，极易遭对手的腿击反攻。
2. 能以速度、经济性与良好的控制克服与对手之间的远距离。
3. 有令对手感到惊讶的元素，抓紧对手心理或生理未能提防的瞬间。
4. 一旦发动攻击，要有莫大的决心和速度/劲力。
5. 尽量以最远距离腿击目标（弯腿四分之三或以上，攻击尤甚）。这个延长的距离使任何腿击更有可能施展出来。
6. 利用能媲美手法般的优美与意识，并爆发杀伤力——这就是腿击的艺术。

如一尾眼镜蛇，快速腿击只能感受而不能目睹。

提升劲力的场合：

A）用同一条腿做组合腿击时。

——上路/下路勾踢与侧撑胫骨/膝部

——上路/下路与内角度勾踢

B）在交替腿击时。

C）在攻击触及对手、延长攻击距离、勾踢时。

D）近距离腿击时。

——运用近距离侧撑对手下路，以免被对手封困，并可加上有威力的工具。

——近距离时考虑用膝撞，及在维持平衡姿态下用力踩踏对手。

- 当你攻击移动中的目标时，发展你的"身体的感觉"（距离、时间性、发招等）。学习在移动时运用身体不同的部位攻击。

    A）脚跟——前撑、侧撑、后直撑

    B）脚前掌——向上蹬、向前蹬、向两侧蹬

    C）脚尖

    D）脚面

    E）脚内外侧——侧击勾踢、割、扫堂腿

利用快速的出脚"抓住"正想"脱身而去"的对手。

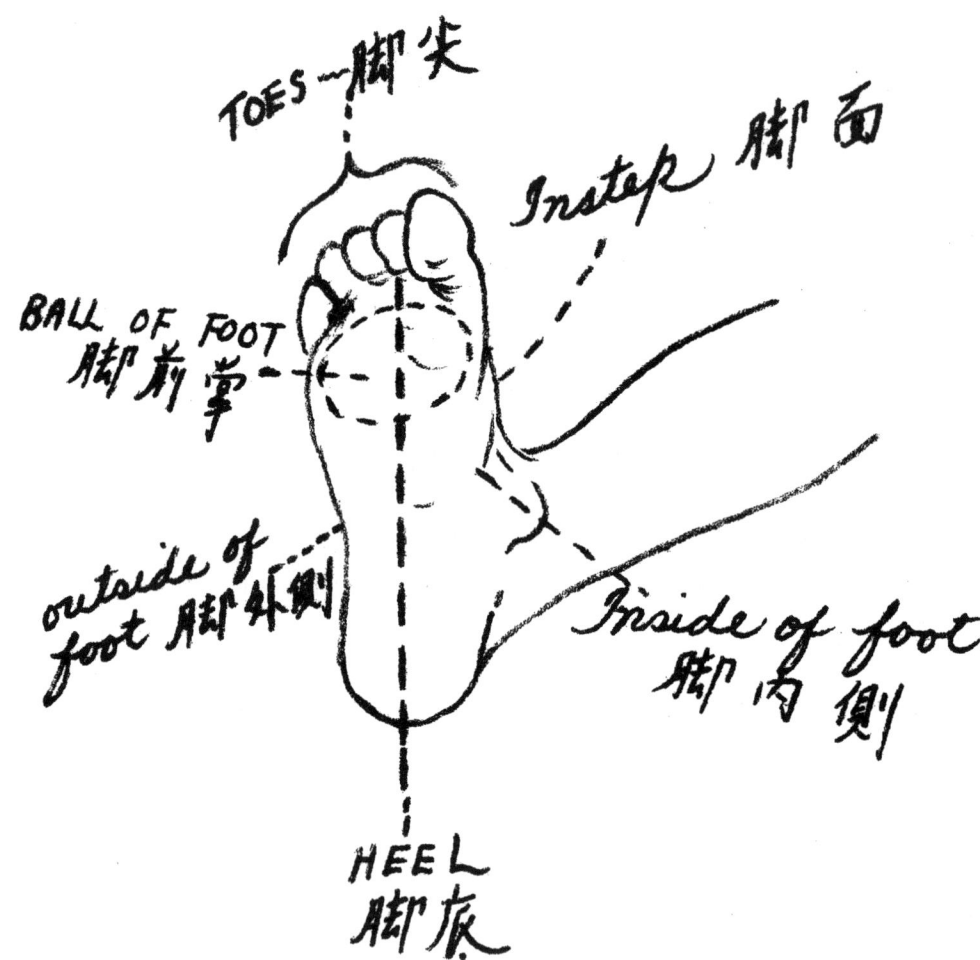

结合腿击与各阶段的步法：

　　A）前进时，各种腿击法

　　B）后退时，各种腿击法

　　C）左转时，各种腿击法

　　D）右转时，各种腿击法

　　E）平行横移时

- 利用快速的出脚"跳过"对手的知觉范围。在出脚前找到一种放松拮抗肌的态度，一种"以逸待劳"而非"准备"的态度。利用快速的出脚"抓住"正想"脱身而去"的对手。

- 以持续性的意识，"留意"出脚、击中及复原的动作，并加强"警觉"双手来保护自己。

- 平衡的中心 Y Y

- 快速腿击注意事项：如一尾眼镜蛇，快速腿击只能感受而不能目睹。

发动时：

    A）以中性姿势放松启动

    B）混合中性姿势并经济地开始

    C）嬉戏的放松（精神上）

    D）流畅的速度（身体上）

传送时：

    A）眼明

    B）不偏不倚

    C）适当的平衡

    D）严密的防御

击中时：

    A）以工具的正确位置适当地做出撞击

    B）自然释放具协调性的破坏力

复原时：

    A）复原中性或准备另一次攻击

    B）加强"警觉性"

- 哪些是作为先导者、值得尊敬者、距离探索者应该使用的快速、安全的前脚腿击？你的动作能快到何种程度，才不至于"摇晃不定"？注：以拳击中的刺拳为指引。举例言之，除非确切地把握好距离关系和对手的情况，否则你不会贸然运用后手勾拳。学习如何不让对手在你委身时得到任何优势。精神虐待你的对手，在身体和心理上制造痛苦。

> 精神虐待你的对手，在身体和心理上制造痛苦。

以下为一些由膝部弹出的腿击：

1. 鼠蹊勾踢（向内弹出）

2. 反勾踢（向外弹出）

3. 向上弹踢

4. 向前直弹踢

以下为一些由髋部突发的腿击：

1. 侧撑突击

2. 后撑突击

3. 前撑突击

• 研究一下从膝部弹出的腿击法，以获得更大的劲力，或者从髋部与膝部弹出的腿击法，以获得更快的速度。测试所有远距离、中距离（自然射程距离）及近距离。

以"身体感觉"作为你的指引。

• 哪种踏步腿击法既敏捷又能与快速后退相结合？注：当你避开对手的攻击范围时，这些腿击法应能攻入对手的动作轨迹中，并减缓其追击的动作。

• 哪种踏步腿击法会被夹住？注：制定出预防腿击时被抓住脚的措施。

• 哪种近距离的腿击法能有推出或弹出的效果？注：练习手脚自然地追击。

前脚的可能角度位置

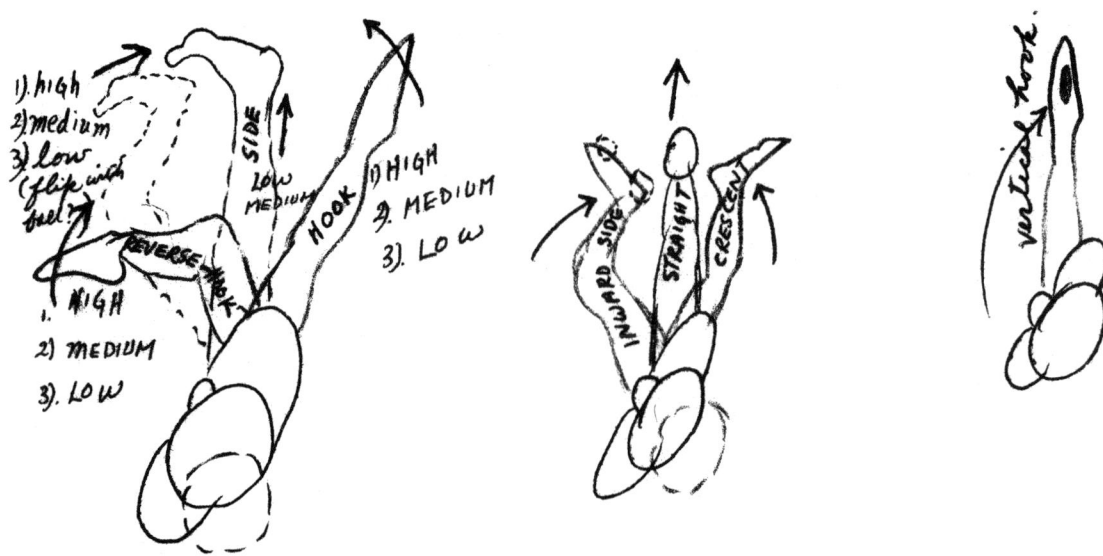

• 注：学习"重设毁灭性的力量"到目标"所在"或被带领之处。以"身体感觉"作为你的指引。

后脚的可能角度位置

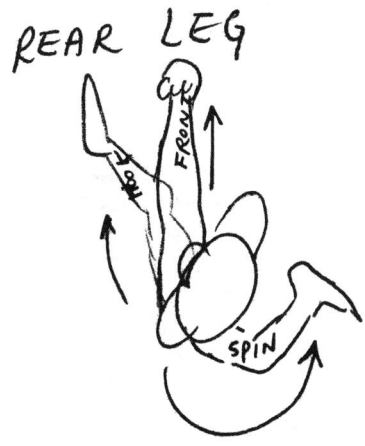

- 哪种腿击法最具破坏力？哪种腿击法最易击中对手？

腿击的方法

——向上路
——向下路
——由外围向内围
——由内围向外围
——直线向前

研究一下从膝部弹出的腿击法，以获得更大的劲力，或者从髋部与膝部弹出的腿击法，以获得更快的速度。

前脚腿击的例子

脚面向上踢击鼠蹊——向上的力量

（近距离/中距离）

注：最具破坏力的踢击攻击对手以下部位时，体会身体的感觉：

1. 胫骨
2. 膝部
3. 鼠蹊
4. ?

垂直勾踢——向上的力量
（中距离）

练习手脚自然地追击。

勾踢——由外围向内围

上路——中路——下路

远距离——中距离——近距离

注意身体倾侧，以保持平衡及利于恢复。

hook kick

攻击触及部位：
　脚尖
　脚面
　脚前掌
　胫骨
　脚内侧

- 厘清这种腿击用上了哪些肌肉，并如何使此部分肌肉变得柔软而有弹性。

- **重点**：肌肉需放松，但仍需保持对姿势及时机掌握的整体警戒性。

- 试试用脚前掌来攻击对手的胫骨、膝部或脚面。

- *逆勾踢*——由内围向外围

肌肉需放松，但仍需保持对姿势及时机掌握的整体警戒性。

侧撑——中路、上路、下路、向内的角度

距离：远、中、近（向下踩踏）。

搏击时：运用侧撑的最佳方法是下路的目标。

将侧撑的动作锻炼至"从容且优美"的感觉。

对胫骨/膝部的腿击

方法：

——直线向前踢

——直线向下踢

——由内围向外围（如逆勾踢）

——由外围向内围（如勾踢）

判断何种对胫骨/膝部的腿击距离是逐渐地增加：

——对胫骨/膝部的侧撑

——对胫骨/膝部的勾踢

——对胫骨/膝部的逆勾踢

——对胫骨/膝部的直线前踢（用前脚或后脚）

• 所有搏击动作均需有快速和出乎意料之简洁的想法，而且要够劲。学习最有效趋近对手的步法，并适时洞悉对手的动作。

向前脚的胫骨/膝部侧撑

• 此种腿击法可谓清脆有力，也深具威力，常可挫伤对手的膝部，同时又可随手加上一拳或一脚追击。此种腿击法能重挫对手的锐气，使他攻击时信心大失。在运用时距离亦需恰当。

向胫骨/膝部的前脚侧撑能重挫对手的锐气，使他攻击时信心大失。

简单攻击

作为攻击——对右前锋的对手

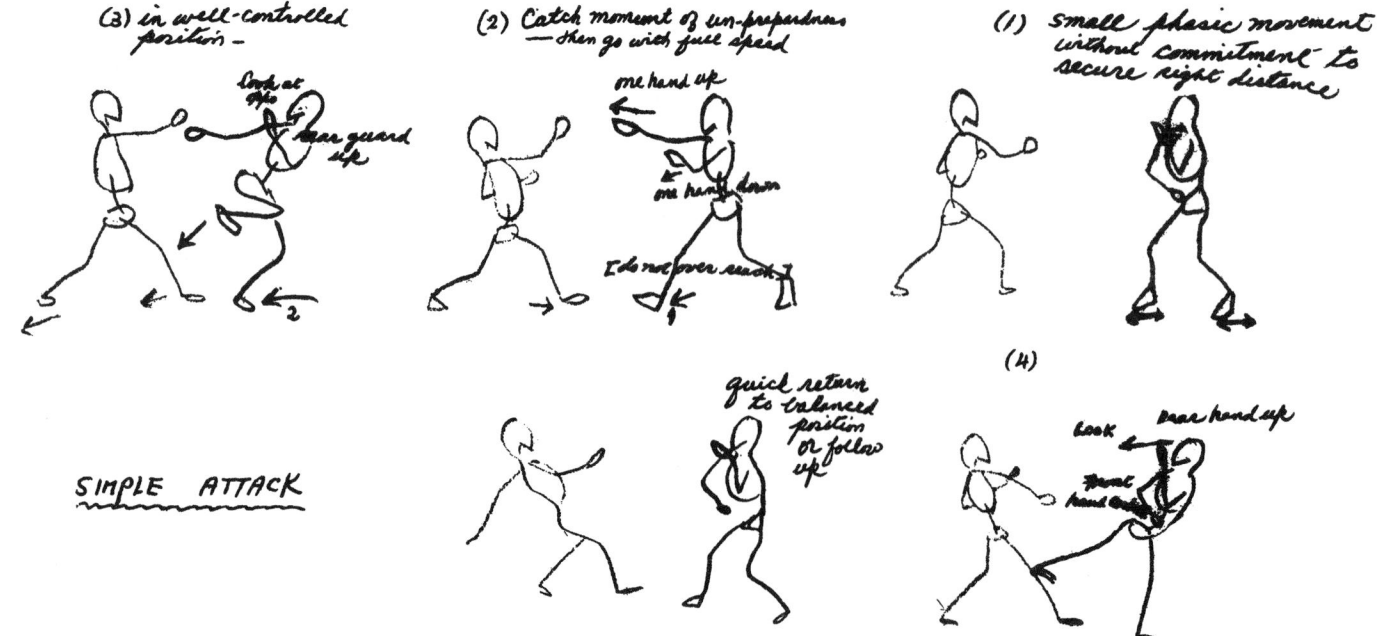

SIMPLE ATTACK

后脚踩蹬——向下的力量

前脚　　　　　　　　　后脚

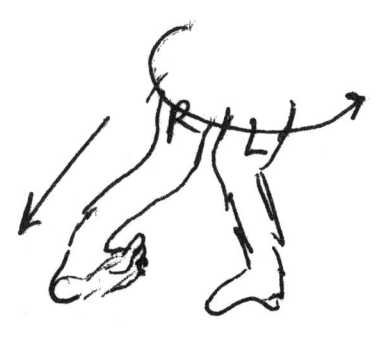  

（a）髋部遮蔽　　　（b）髋部敞开

- 找出哪种腿击法在踢出前及/或踢出后不会改变原有的对敌戒备姿势，例如：勾踢、侧撑、垂直勾踢和逆勾踢。

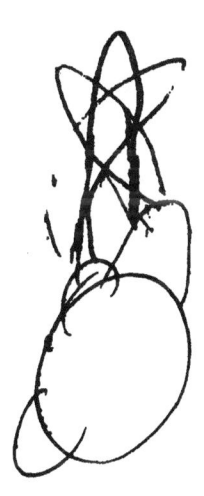

前脚之路线，并未改变原有戒备姿势太多。

后脚之路线，并未改变原有戒备姿势太多。

所有搏击动作均需有快速和出乎意料之简洁的想法，而且要够劲。学习最有效趋近对手的步法，并适时洞悉对手的动作。

- （注：直线的 ⋂ 有许多细微的变化路线。）

- 在这些经济性的腿击法中，除了勾踢外，哪种有绝对的速度？

- *以摇摆不定来防御*——找出满意的媒介，无论如何，牢记要快捷。激发这种经济性的发招，不只是为了保持戒备姿势和动作；反之，当机立断是出人意表经济性之指引。

非委身的强力腿击

注：快速的出脚。

勾踢的例子：

1. 微弯屈膝部的姿势（中性）

2. 经济性的发招

3. 找出快速复原中性姿势的要点。（这与所有腿击法有关。）

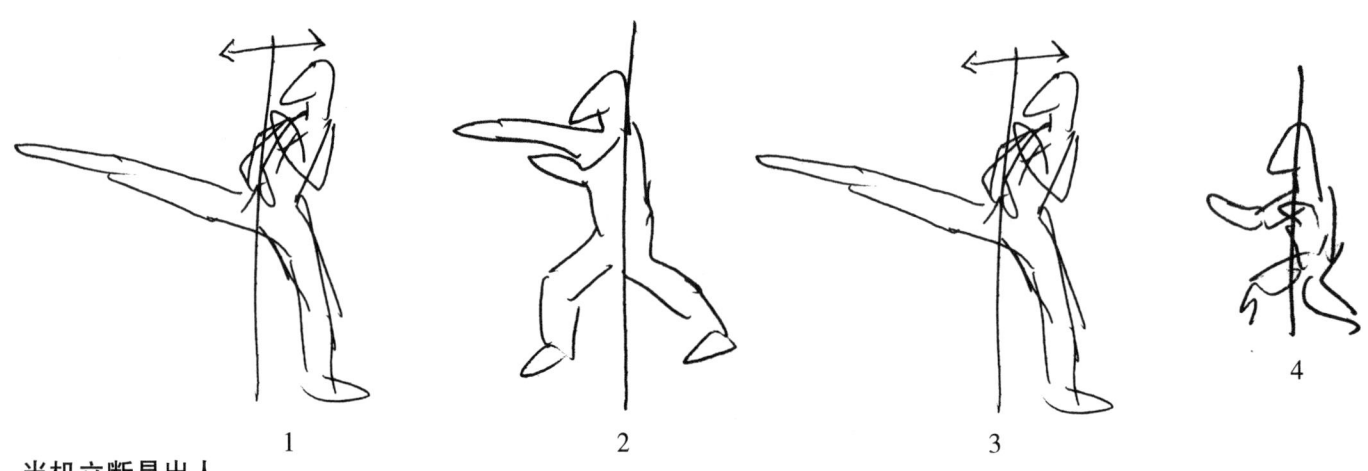

当机立断是出人意表经济性之指引。

基本腿击的加插攻击（不牵涉步法）

1. 前脚

2.（前移）

3. 后脚

- 学习如何掩饰意图，并在发招后快速复原中性的姿势。掩饰的动作需自然而连贯。找出哪种腿击法在发招前及/或发招后，会完全改变原有的对敌戒备姿势。

- 研究在静止姿势时的腿击杠杆效果。

• 掌握由上路、下路，或在地上的姿势做出的快速而有劲的腿击。发展身体的感觉和有效的方式，在踏步向前、后退、转向左、转向右时，突然踢出快速、强而有力的一击。学习从不熟悉的下蹲位置使用"能量流"启动。

向上——向前、向两侧、弧线

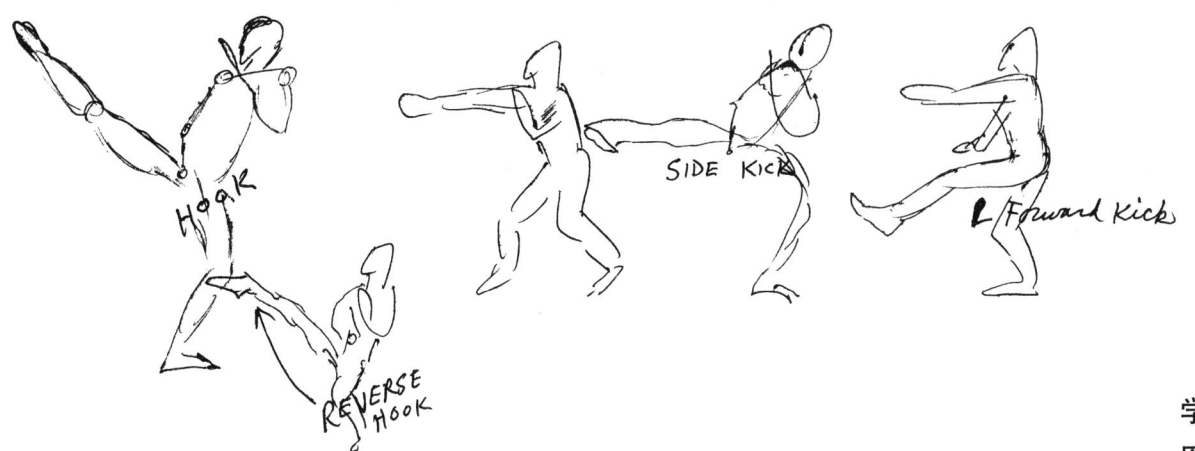

学习如何掩饰意图，并在发招后快速复原中性的姿势。掩饰的动作需自然而连贯。

地上蹲伏——向前、向两侧、弧线绕圈

凌空——向前、向两侧、弧线

- 发展运用快速而精简的扫脚能力。研究扫脚的出招动作、是否配合手法、是做远距离、中距离、近距离的反击或攻击等。

acquire the sweep kick

练习扫脚与绊倒对手：

A）快速地出招

B）作为组合攻击的一部分

C）作为反击

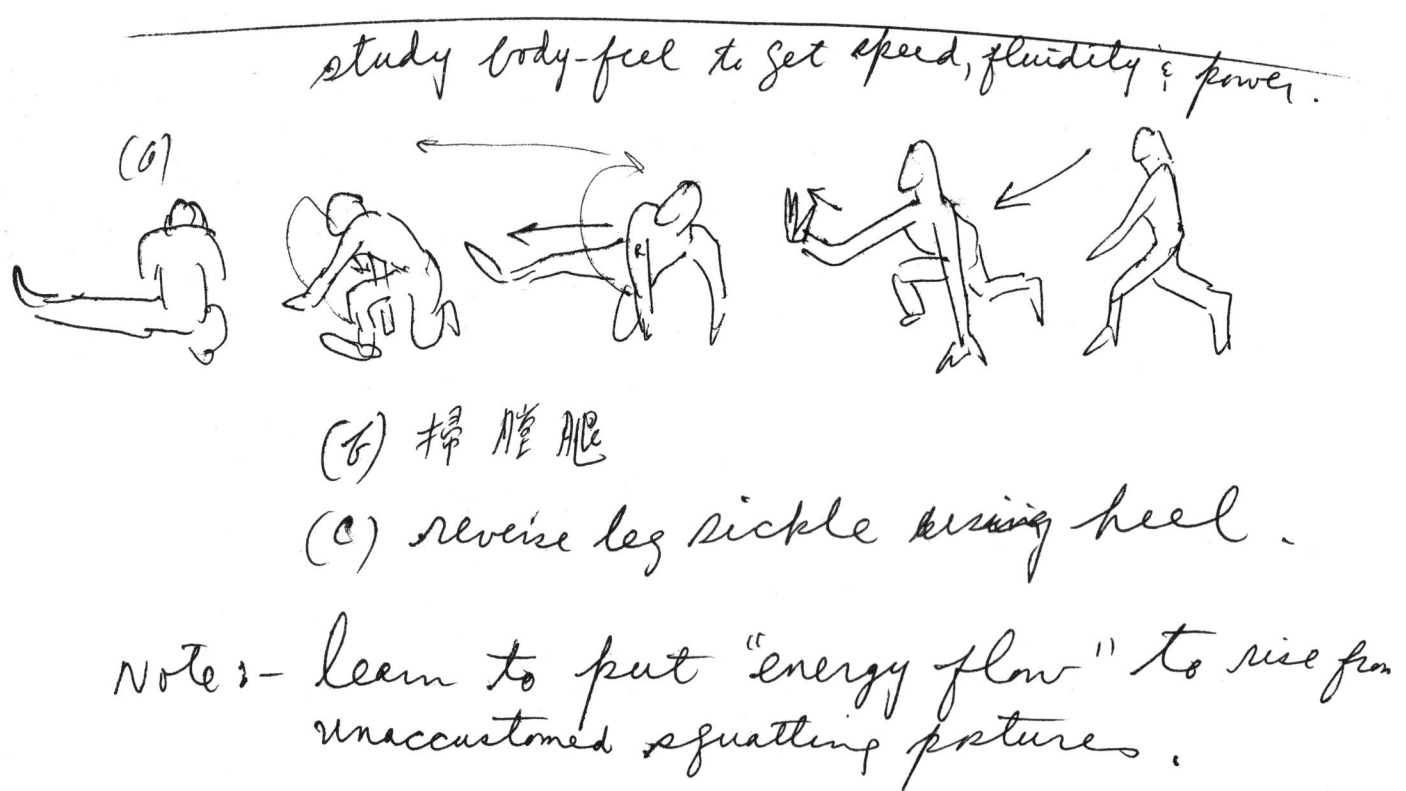

study body-feel to get speed, fluidity & power.

(b) 扫膛腿

(c) reverse leg sickle rising heel.

Note:— learn to put "energy flow" to rise from unaccustomed squatting postures.

研究腿击倒地之对手

Study kicking while a man is down.

- below the ear
- on the temple
- Toe to base of neck (or head)
- stomping on knee
- heel to solar plexus
- drop knee to groin
- stomping on ankle
- Heel to face
- knee drop to head.
- heel on back.
- heel on ribs
- Toe to coccyx (tail bone)
- Drop knee to solar plexus

Kicking should be quick in delivery and recovery, and must be easy and loose. — The on-guard positioning is the controller.

Question: (a) The speed-jab
What about efficient kicks without too much preparation? Or standing still initiation and obtain leverage?

(b) What possible natural combination

(c) possible hand & feet combination?

(d) double kicks as in double jab

(e) side stepping with kick and punch or knees & stomping with hooks & elbows or stopping

① master kicking quickly and powerfully from low or ground postures

② get body feel and efficient form in dropping suddenly down to fast powerful kicks while advancing, retreating, circling left, circling right.

③ acquire the sweep kick ↑ double block

4.7 擒 拿

摔法

1. 勾摔法
2. 逆勾摔法
3. 单脚抱腿摔法和绊倒法
4. 双脚抱腿摔法
5. 右脚扫法——对右前锋或左前锋姿势，配合或不配合手臂之拖拉
6. 左脚扫法——对右前锋或左前锋姿势，配合或不配合手臂之拖拉
7. 后踢摔

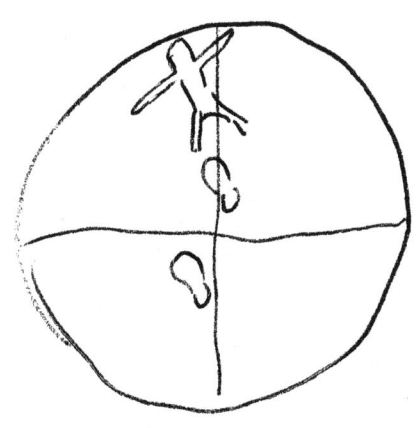

关节技

关节技可以在站立或卧地时使用，是一种固技。

1. 外部腋固技——左前锋或右前锋姿势
2. 腕锁
3. 逆腕锁
4. 逆转腕锁——双臂锁法
5. 躺卧腕挫十字固
6. 站立单脚锁
7. 躺卧单脚锁
8. 单脚与脊柱锁
9. 双脚与脊柱锁
10. 扭脚锁脚尖压制

关节技可以在站立或卧地时使用，是一种固技。

裸绞

1. 后方裸绞
2. 俯身裸绞
3. 侧方裸绞

违规战术

1. 贴身近战时扯头发……………以控制对手
2. 贴身近战时踩踏脚部……………以伤害对手
3. 捏皮肤、咬噬与扯耳朵……………以挣脱或控制对手
4. 抓鼠蹊……………以伤害或挣脱对手

摔投法

1. 绕步单脚抱腿摔
2. 俯身踏前抱腿摔
3. 诱敌踏前抱腿摔

 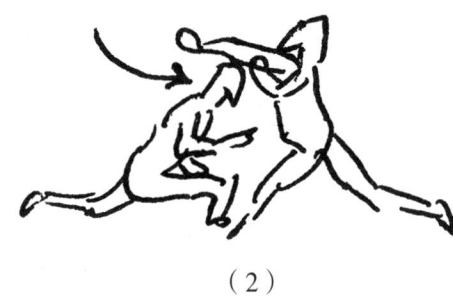 

（1）　　　　　　　　　（2）　　　　　　　　　（3）

适宜

1. 经常不停移动。
2. 准备反击。
3. 锻炼如猫儿般敏捷的动作。
4. 令对手跟随你的摔跤方式。
5. 要主动攻击，使对手只能想着防御。

令对手跟随你的摔跤方式。

禁忌

1. 切勿交叠你的双腿。
2. 切勿过分伸出你的手臂。
3. 切勿追逐对手。
4. 切勿只依赖一种摔投法，对其他破绽要做好准备。
5. 切勿让对手绕着自己。

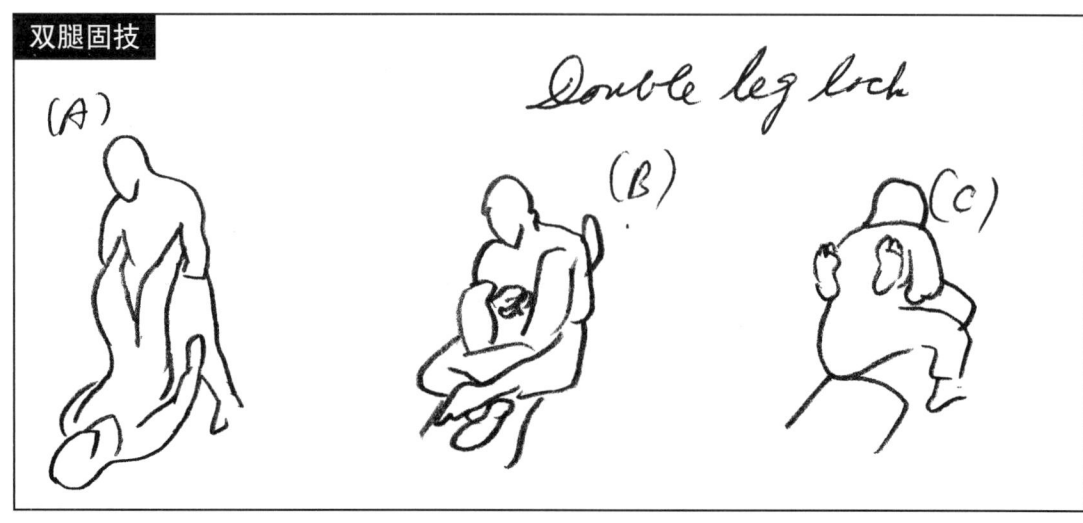

双腿固技 / Double leg lock

双腿攻击法

LEG ATTACKS :—
a). The double leg attack
b). The single " "

a). The Double leg attack :—
a). The back heel (groin pain)
b). The follow through lift (kick stomp)

a). The back heel
shoulder on thigh
back heel

(b) ① head up ② ③
back straight

单腿攻击法

b). Single leg attack

1). The back trip to groin strike

2). The forward trip to side strangulation

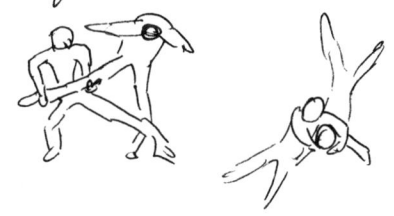

3). The smash and groin strike

④ snap (粘!) and heel. to leg lock

To groin strike

单腿固技

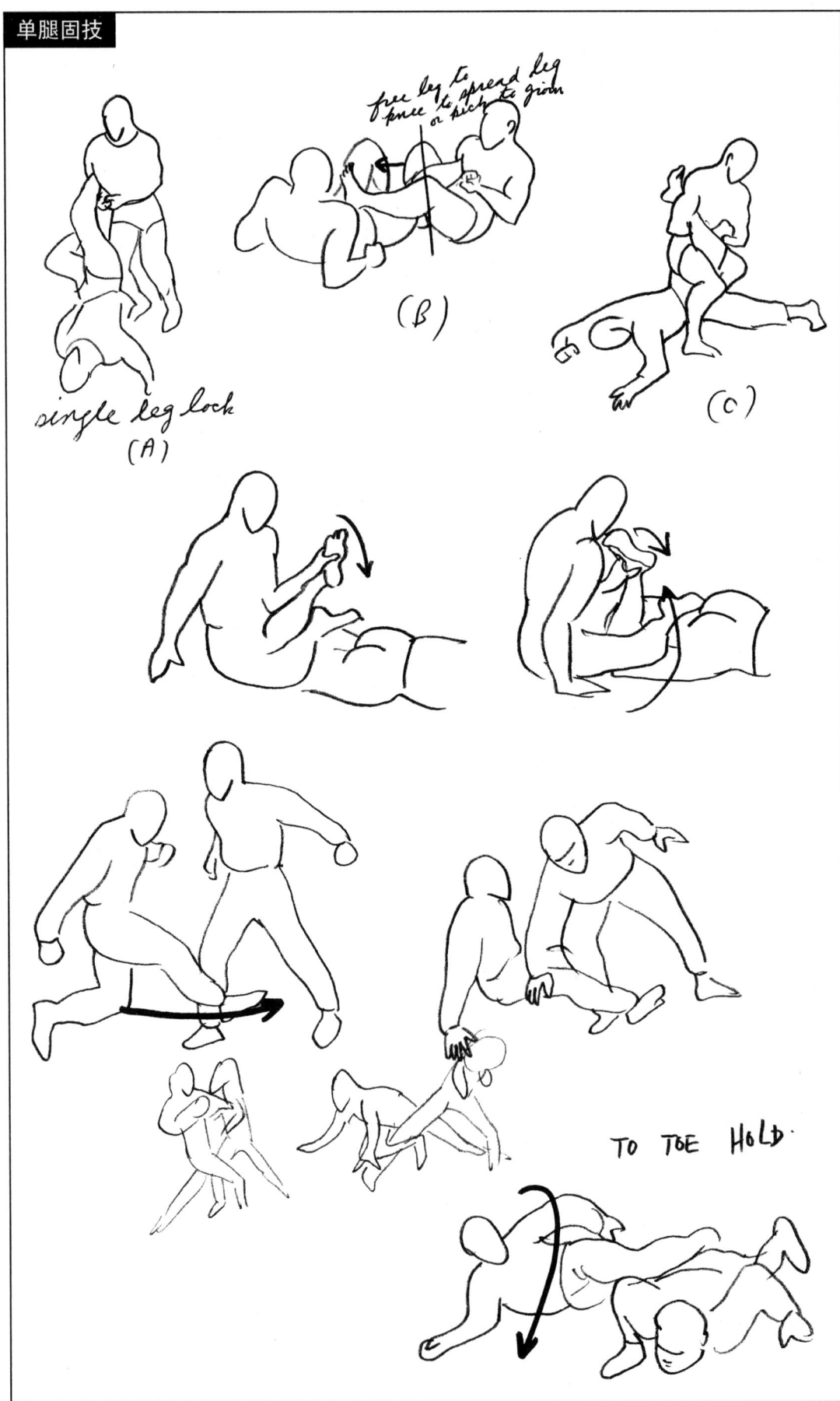

脚尖压制技（配合单腿固技）

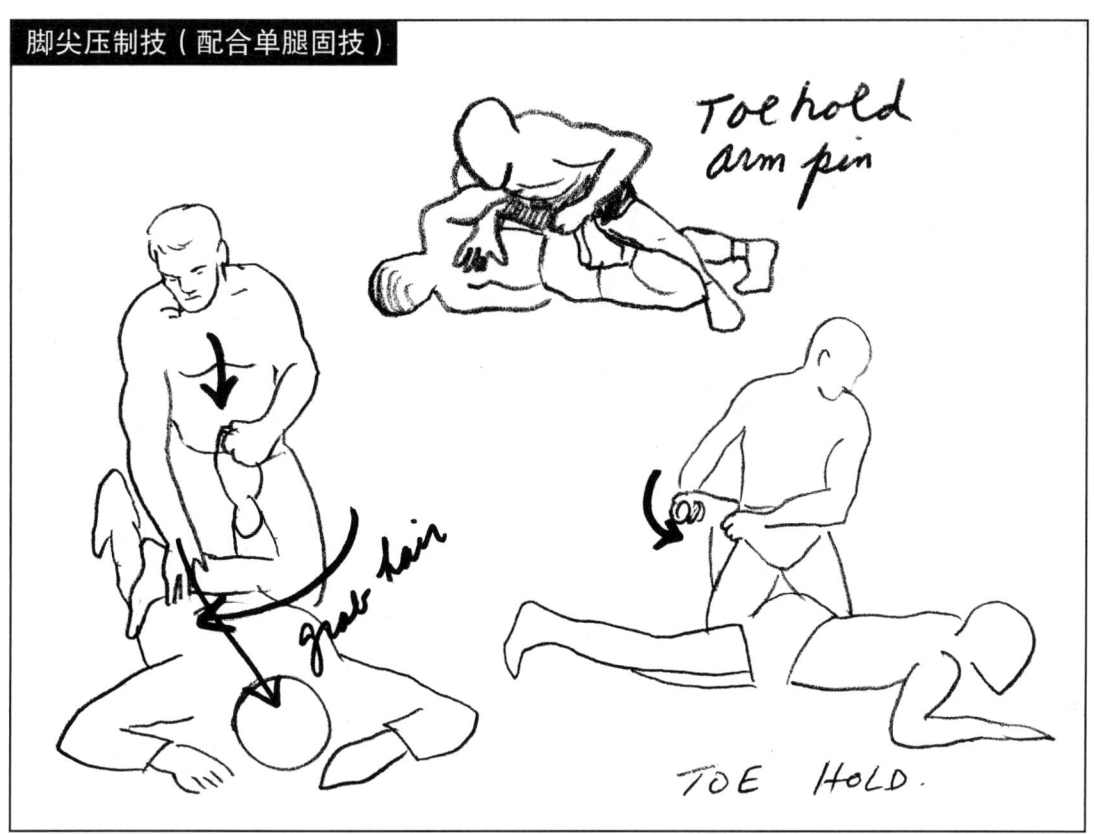

单脚抱腿摔与固技

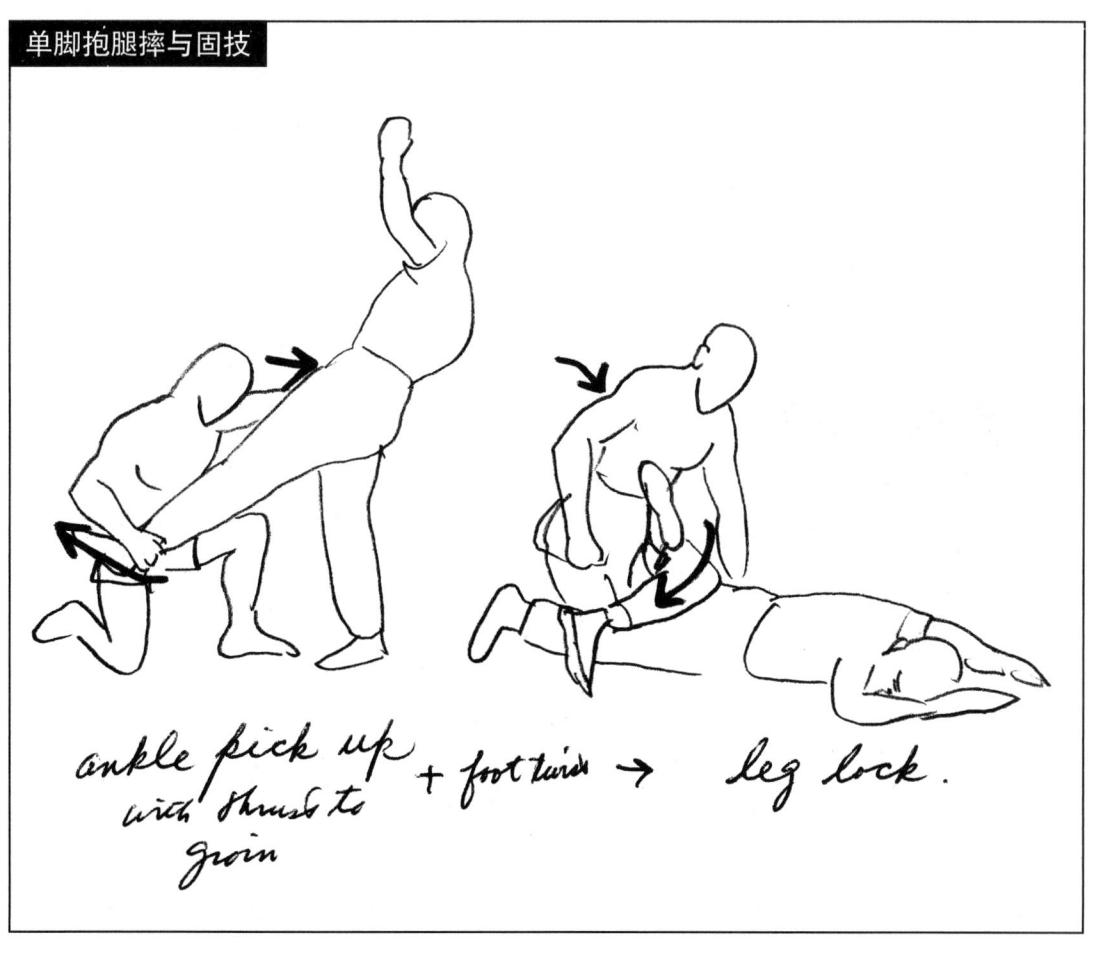

前臂下格

The arm blast leg attach to groin squeeze

手腕甩拨

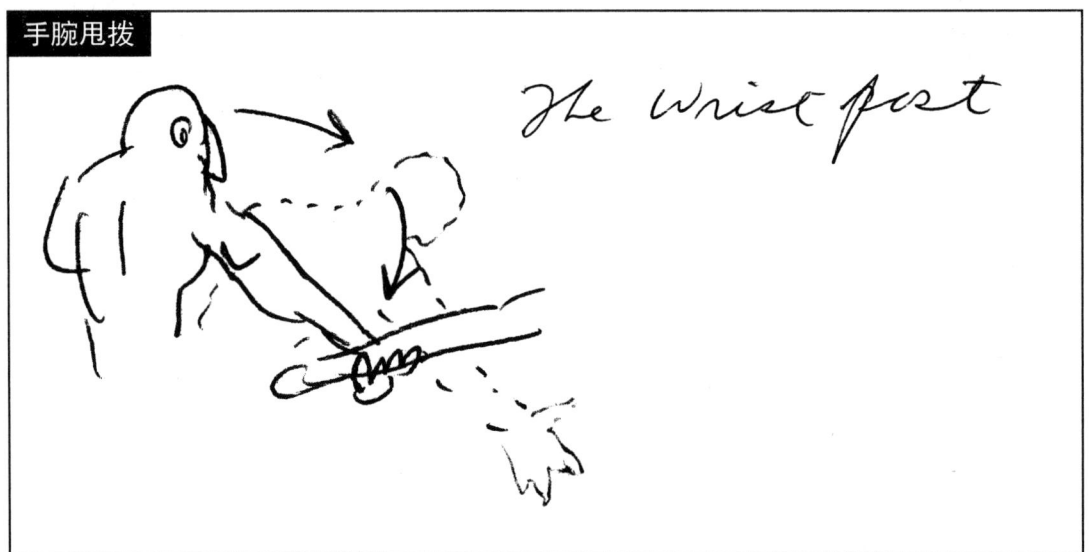

The wrist post

接触（刺拳）随后入位

Touch (jab) and go

抛拍肘部

The "elbow throw-by" to leg pick up and strangulation.

Elbow throw-by to rear strangulation

拖曳上臂

Arm drag to strangulation

头与颈的操控

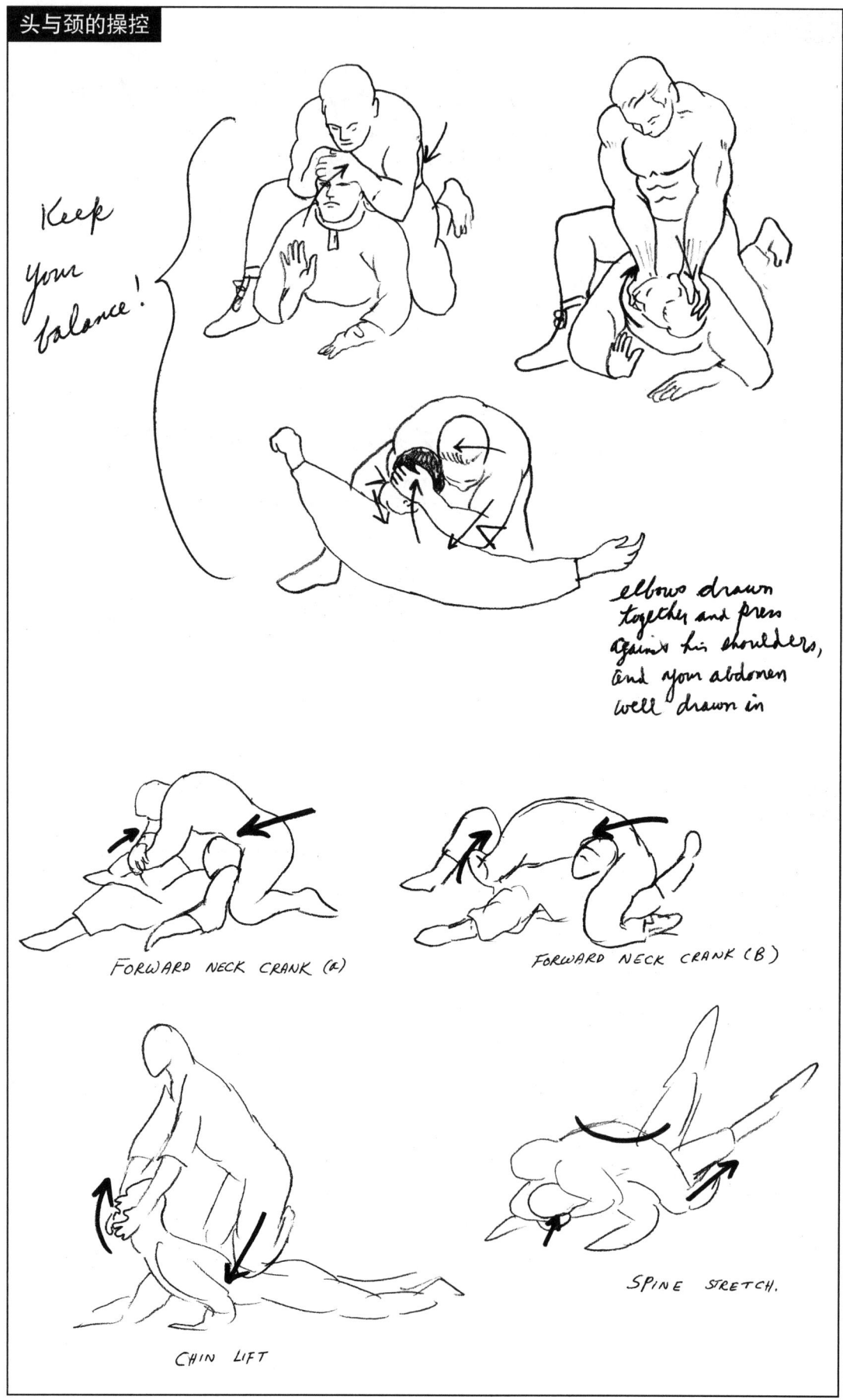

头与颈的操控

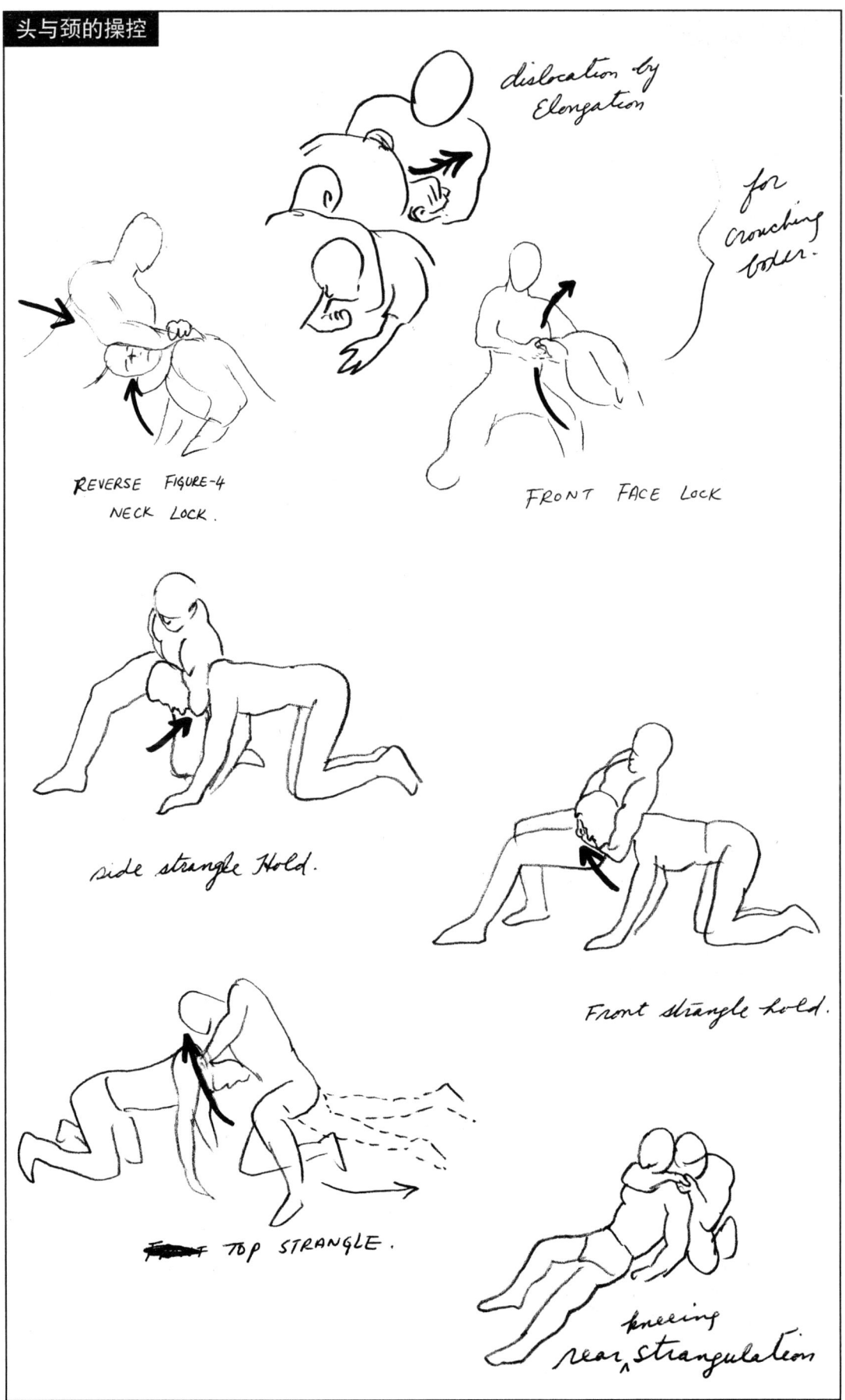

头与手臂的操控

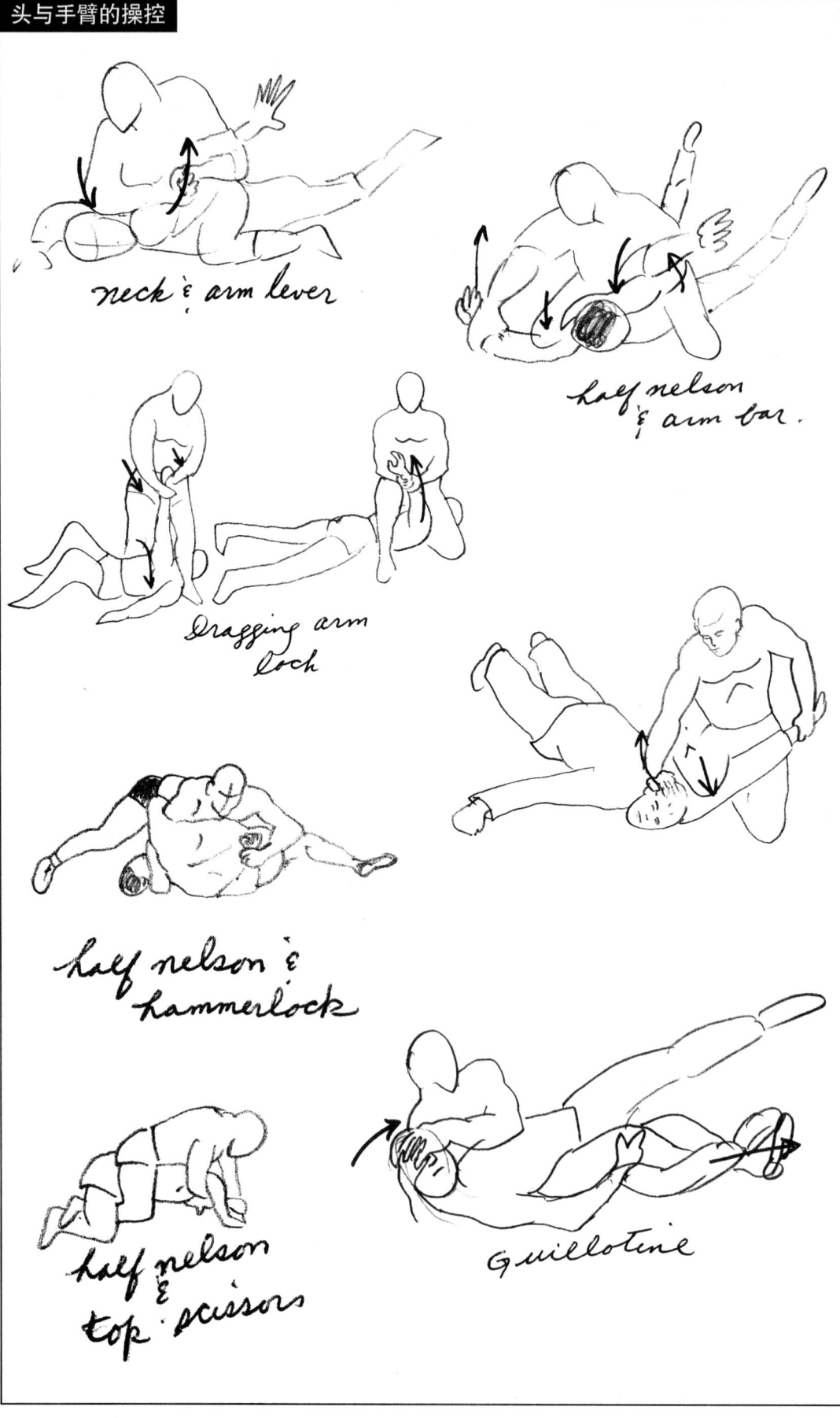

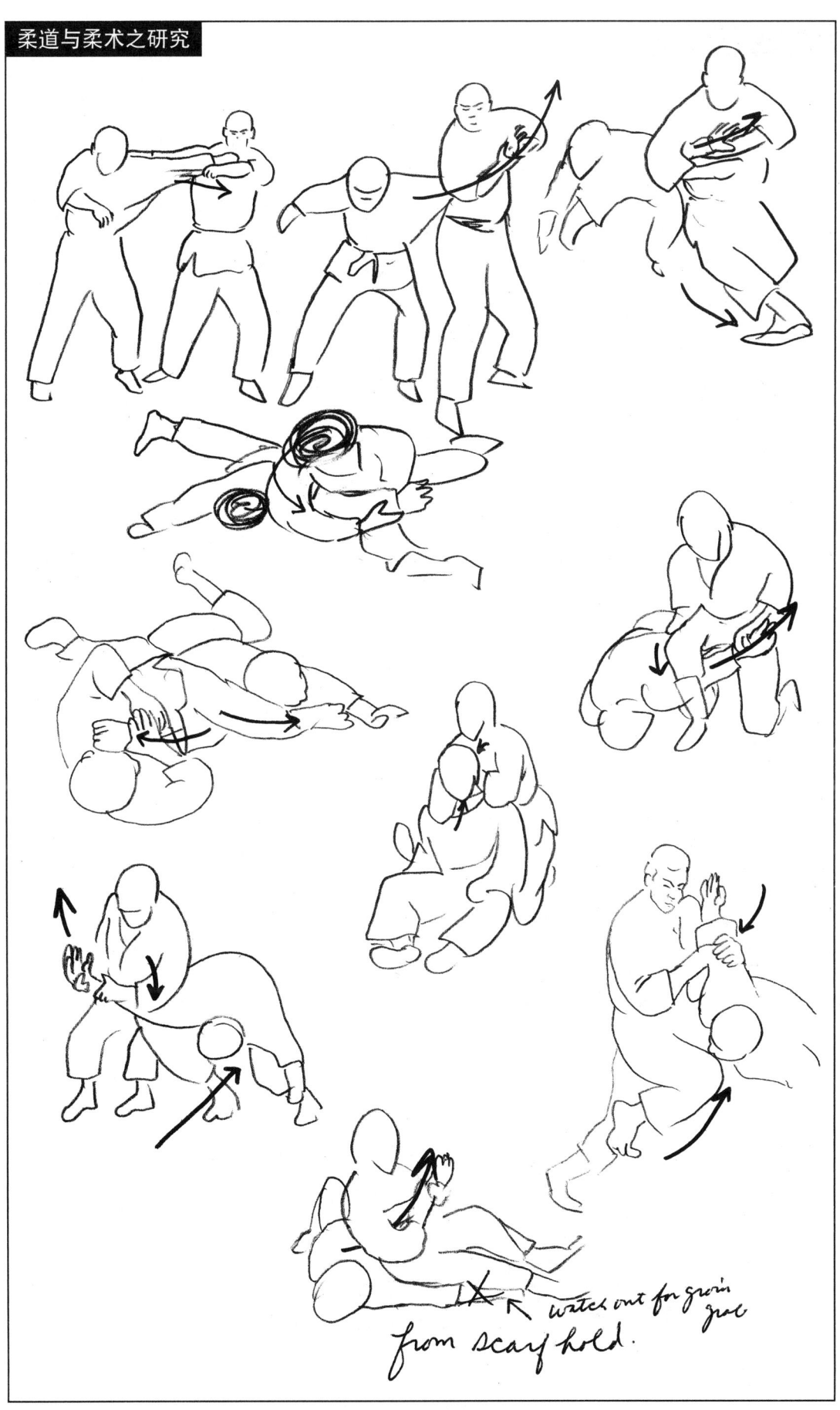

柔道与柔术之研究

柔道与柔术之研究

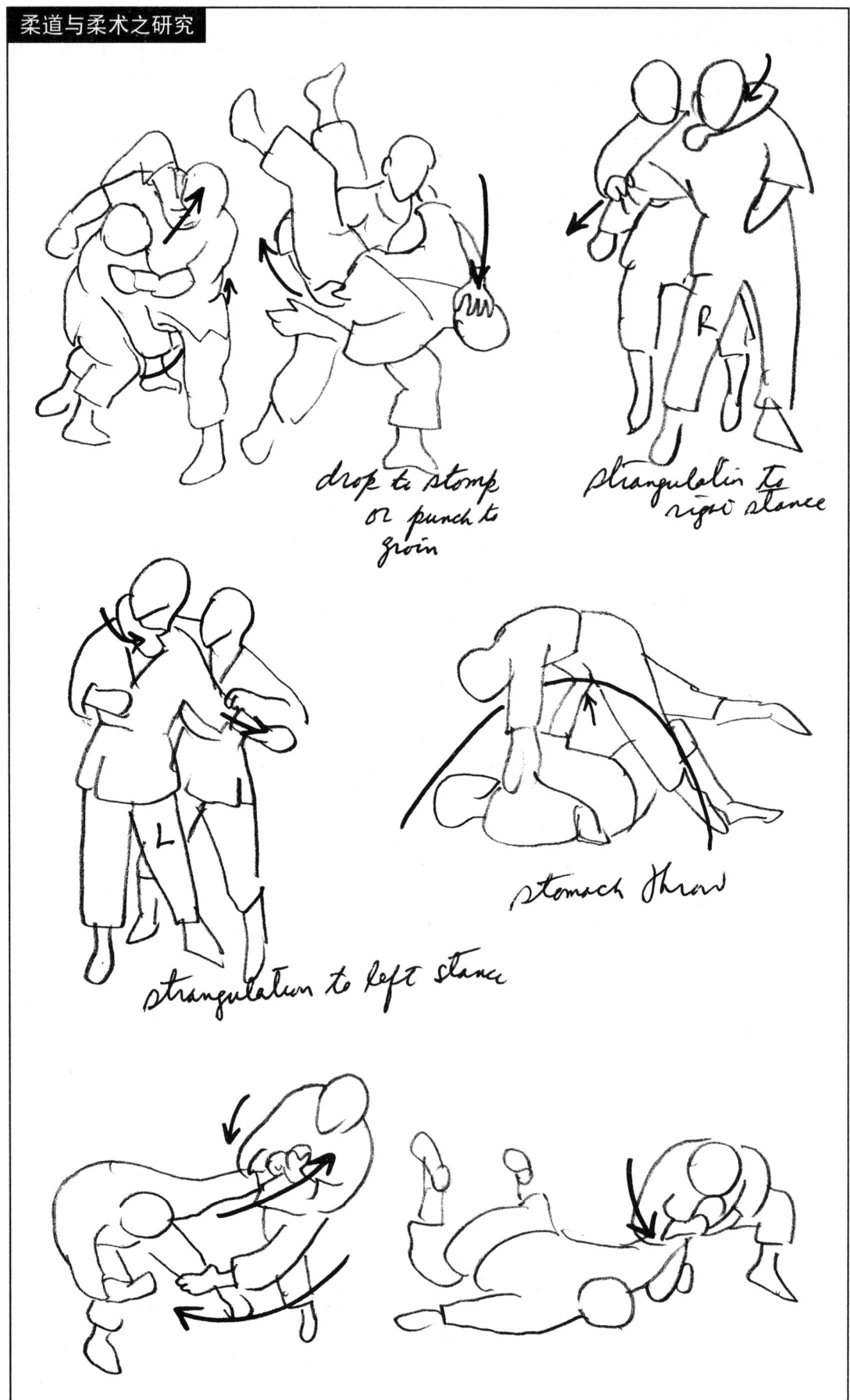

柔道与柔术之研究

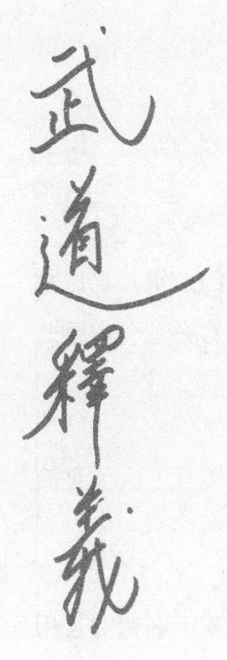

第五章

准 备

智慧有时可定义为
一个人成功地适应环境，
或使环境配合他需要的能力。

5.1 虚 招

- 前手应该总是先进行某种形式的虚招，以减低遭受凌厉反击的危险。

- 一记手部的轻摆动作、一步脚踏地、一声突然的叫喊等，都有扰敌的效果，足以减低其协调性。这完全是人类行为反射的机制，即使是资深的运动员，亦无法完全克服此种由外在刺激所造成的影响。

- 虚招除非能迫使对手有反应，否则不能算为有效。虚招要成功，必须看上去像是简单的攻击动作。

- 有效的虚招是具有决断力、表达力和威胁性的，截拳道可以说是建基于虚招的运用和跟虚招有关的行动上。

- 虚招是一种骗人的突击，邀请与诱骗对手作出相应的招架。当对手格挡你的攻击，你就将已出的手突然离开对方格挡的手，并给对手的破绽一记快速的攻击。虚招包含一记假的攻击和一记货真价实的攻击。

- 假攻击包含半伸出的手臂与上身稍微向前的移动。货真价实的攻击是通过弓步来完成的。虚假的突击需能令对手误以为真，威胁对手作出反应。虚招要看起来逼真，为的是使对手信以为真而作出格挡。

- 虚招在腿击及远距离推进前发出，手臂应该伸得较直。（要快！但要令人印象深刻！）假如在格挡对手攻击后而又不需弓步就可靠近对手时发虚招，应保持手臂微屈，并配合移步与后护手来保护自己。

- 虚招或连环虚招之优点，是攻击者可以在开始箭步踏前时运用虚招，从而缩短敌我之间的距离。他可以用虚招缩短一半的距离，并把余下的一半留给对手的动作。由以虚招与箭步的动作中趋近对手，同时骗得对手错误的格挡（对手的反应），从而获得时间上的优势。

- 虚招是攻击中不可或缺的一部分。越能使对方猝不及防，更重要的是越能令对方失去平衡，这个虚招就越好。

- 你的虚招之速度取决于对手之反应。因此，虚招像速度及距离一样，必须随对手之反应作出调整。

> 一记手部的轻摆动作、一步脚踏地、一声突然的叫喊等……都有扰敌的效果，足以减低其协调性。

- 那种 1~2 连环的虚招，可作水平横向利用（内围/外围；外围/内围），或是垂直方向（上路/下路；下路/上路），用单手或双手组合皆可。

- 虚招作为第一个动作，必须长而深，或具穿透力，以诱使对手作出格挡。第二个动作——必须对其受骗的格挡作出快速而果断的攻击，迫使防守者无法修正错误。因此，虚招的节奏应是长—短。

- 即使是组合攻击中的两式虚招，第一式虚招的深度，需能迫使对手退至防守的田地。但此时因为双方之间的距离已经缩短，第二式虚招不可能过长。这里并没有空间也没有时间这样做。因此，结合两式虚招的组合攻击的节奏或韵律应是：长—短—短。

- 一种更高阶而在韵律上有变化的虚招，可形容为：短—长—短的打法。此种变化的目的在于误导对手，使他相信第二次虚招（长）是组合攻击中的最后一个动作，而作出错误的格挡。

- "长"的虚招，并非意味着慢。当穿透力深度地冲向对手时，虚招必须快速。速度与穿透力的结合，是诱导对手从防御作出预期反应的因素。如果对手不为虚招所动，建议运用直线或简单动作攻击对手。

你的虚招之速度取决于对手之反应。

- 先做几记实在、经济、简单的攻击，会使之后的虚招更有效。对手常无法判断简单攻击与虚招究竟何者为真。这对应付移动较少的对手，促使其反应特别有效。相同的战术可以激发步法快的对手逃跑。

- 虚招也可以用于假攻击中，以格挡对手之反击与还击，或做快速之回复或后退。

虚招之目的：

1. 令意图攻击的部位露出破绽。
2. 当对手迅速迫近时，使其迟疑。
3. 由虚招诱使对手招架——当对手后退复原时，抓拿其手和加以攻击，或延缓进攻和打击。

采用虚招：

1. 作为直接之突击
2. 作为回避之突击
3. 作为交手
4. 作为漏手
5. 作为揿手

6. 作为猛烈撩手

7. 作为拍手

8. 作为切入手段（用于封手）

格挡逃避

1. 简单动作

2. 弧形动作

3. 反击或变招

- 格挡逃避动作可分为单一、成双或复数动作。

实 行

- 以戒备姿势，慢慢向前移步。当踏前时前膝急速地弯曲。这样会造成双臂与双腿同时移动的假象。事实上，双臂仍是放松的，而前手随时准备攻击对手。

在发出虚招时，找出准确之距离感与正确的平衡姿势。

- 上身稍微做向前的动作，弯曲前膝，前手稍微向前伸。踏前时，前脚向前踏出较长的一步，好像是快步般，然后打出前手刺拳，但不要击中对手。（在踏前时，要对反击格外小心——动作要经济。）在这个近距离的位置，收回你的前臂并以刺拳击向对手下颔。

- 另一种有效的虚招是当前进时，在后髋部之上稍微弯曲身体。

- 踏入/踏出虚招是指向前踏一步，好像要以前手打出刺拳，但实际是以前腿转移至外围，以离开攻击范围。这时，再踏前仿似使出虚招，实则以前手刺拳攻击对手之下颔。之后立即踏后。继续下去，一式是虚招，另一式以前手刺拳攻击。如果可能的话，在发出前手刺拳后再加一记后手直拳重击对手下颔（1~2连击）。

其他虚招：

1. 前手刺拳虚击脸部，再刺拳击向腹部。

2. 前手刺拳虚击腹部，再刺拳击向脸部。

3. 刺拳虚击脸部，再一记后拳虚打脸部，再以前手刺拳攻击下颔。

4. 以后手直拳虚击下颚，再以前手勾拳攻击身体。

5. 前手刺拳虚击下颔，再以后手上击拳攻击身体。

注：比较上述各项并运用在腿击的虚招上。研究前述之头部假动作。在发出虚招时，找出准确之距离感与正确之平衡姿势。

5.2 格 挡

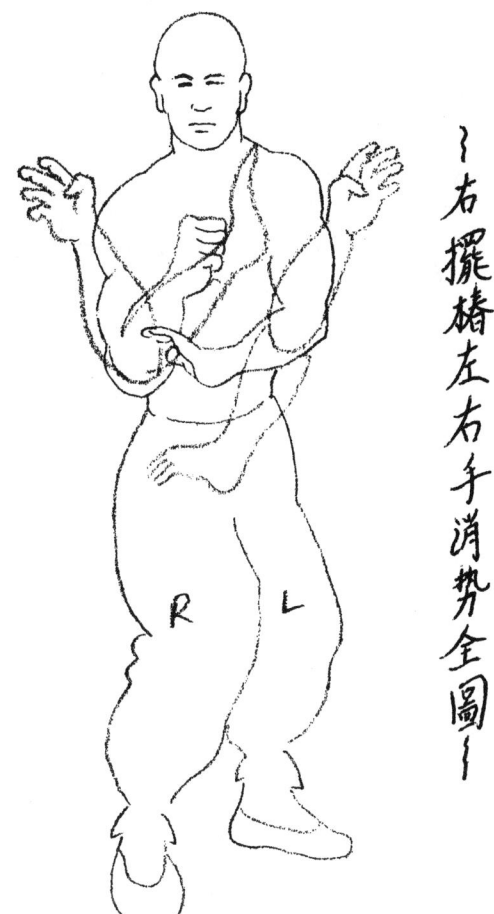

—右摆桩左右手消势全图—

实行快速或剧烈动作，是不需要及时的。

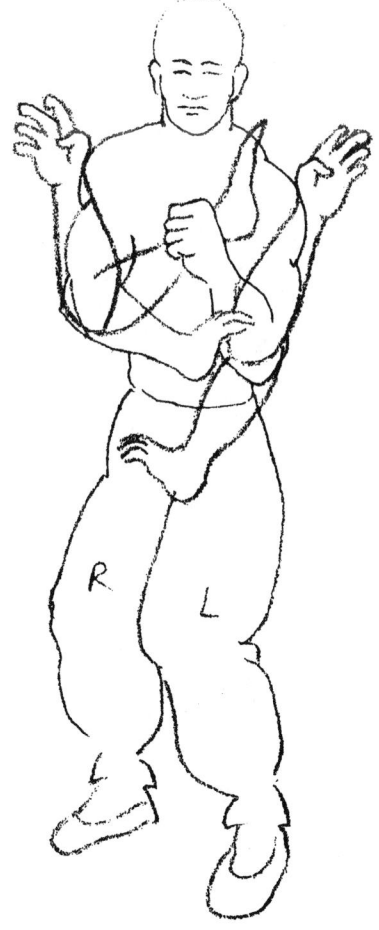

—左摆桩左右手消势全图—

136 截拳道之道

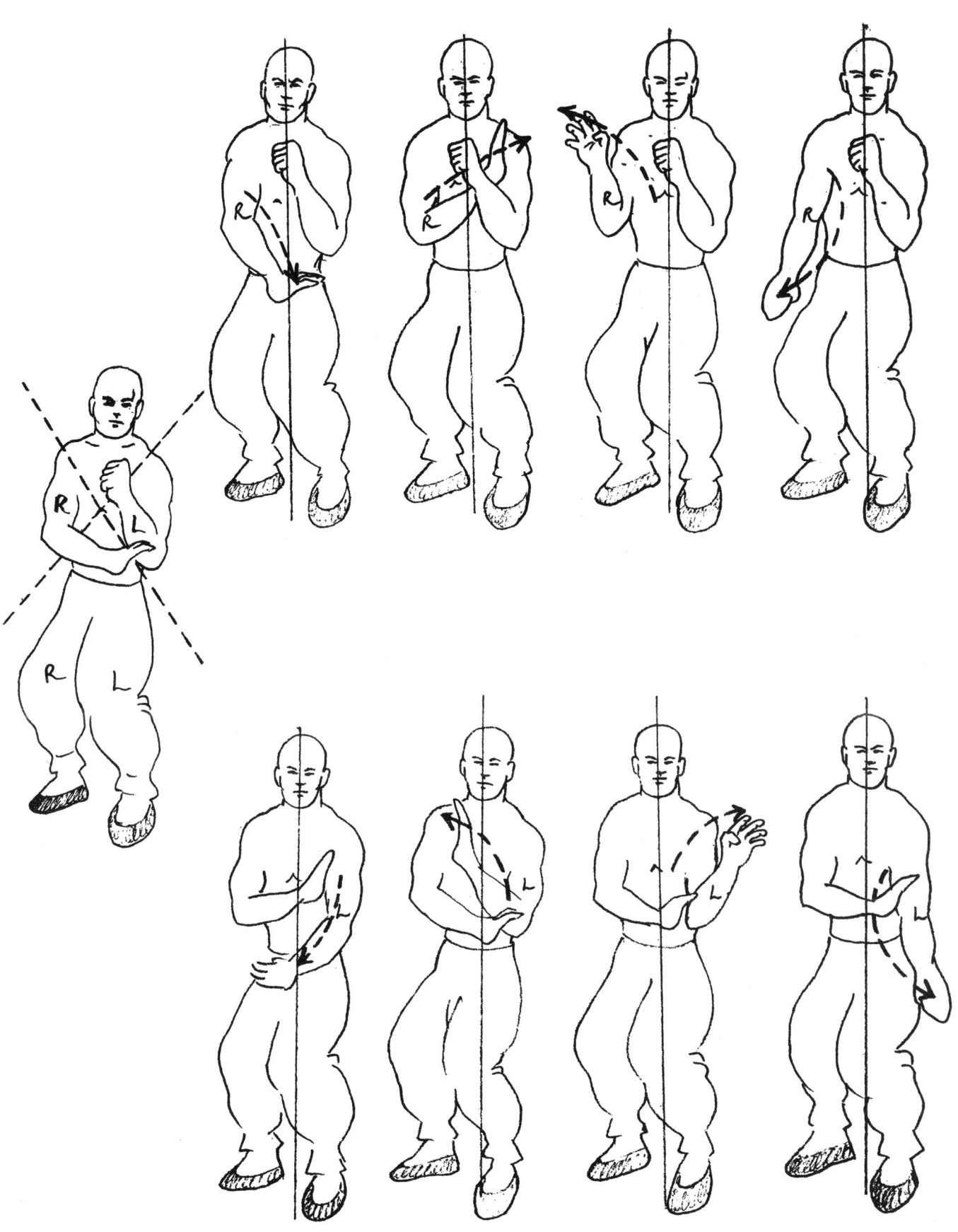

第五章 准 备

- 格挡是一种对突然迎面而来的攻击，由内围或外围的手进行防御的动作，目的是让对手的拳脚偏离原来的攻击路线。它是一种轻巧而自然的动作，取决于对时间性的掌握，而非依靠蛮力。通常是在攻击打来的最后一刻快要接近身体时才作出格挡。

格挡是一种轻巧而自然的动作，取决于对时间性的掌握。

- 有三种格挡法——简单的、半弧形的、弧形的——应付单一攻击动作。

- 如果攻击者的动作过大而且杂乱无章，简单一记格挡即可。（别忘了截击。）不要轻视简单的格挡动作，因为这是本能的反应动作。因此，必须特别注意好好控制格挡动作，让其刚好足以防守即可。避免猛砍或挥打的防守动作。（谨记动作需经济。可研究八个基本的防守姿势。）

- 格挡目的在于恰如其分偏移对手攻击的动作，保护受威胁的部位。假如你的防守动作过大（手部移向某一侧过远），可能会立刻遭受对手乘虚而入的攻击。

- 作出格挡不只是为自己的反击铺路，而是要改变对手出击方向。谨记，格挡动作做得越迟越好。

- 格挡是极有效的防御方式。它易学也易用，并应在可能的情况下多运用。格挡可制造对自己有利之形势，以反击对手。

- 格挡比阻挡更具技巧性，因为后者使用蛮力，会导致细胞组织、神经与骨骼的伤害。由于阻挡只会消耗体力，故只在有需要时方可使用。一记漂亮、有效的攻击，有时即使被阻挡住了，亦会令人失去平衡，令人难以作出反击，给对手留下可乘之机。

- 成功的格挡法是将护手截于对手的突击路线上，使对手的攻击劲道瓦解。

- 有时拳手必须体会到格挡对手的拳击或腿击才是真正地控制大局；通过他的接触，可以知道对手在攻击失效时有何反应。

- 只用一记格挡来对付一记实招，对手的假攻击后可跟上一半的姿势。

格挡目的在于恰如其分偏移对手攻击的动作，保护受威胁的部位。

> **练习**
>
> 由导师出拳攻击目标的各个不同部位。学员跟随这些动作，但在导师停止时亦同时停止，只对实招作出格挡。下一步，导师作出同样的攻击，但学员并不跟随。再一次，只有在真实的攻击时方格挡防御。这个训练教导学员只在最后一刻才作出格挡。

- 对付简单的格挡（即是交叠的手），以另一漏手（另一路线）攻击。

- 做逆方向的"拍手"格挡时，你的手部不应摆得过左或过右，只需封位或偏移对方之手，能使自己有空隙可加以攻击即可。拍手格挡常会配合着快速复原，以对付凌厉有劲的对手。

- 半弧形的格挡，是由上路偏移往下路攻击的动作，或由下路偏移格挡往上路的攻击，正好画了一个半弧形。

- 八分位（下路外围）及七分位（下路内围）的格挡是用于防御那些下路攻击，可是基于战术上的原因，它们也可以被六分位（上路外围）及四分位（上路内围）的格挡代替。研究西洋击剑中的格挡情况。

- 对付一名速度极快或有显著身高优势、触及范围较远的拳手时，常需要后退来格挡对手的攻势。配合着后退时，格挡应与后脚着地同时进行。换言之，格挡不应该发生在后退结束时，而应与后退同时完成。

- 以后退作为防御的动作时，必须依对方攻击手法之远近而做适当之调节，维持与对手之间的适当距离来做成功的格挡或还击。

应以最短的路径，扫挡开对手的攻击。

- 弧形的格挡手法围绕着对方的手腕，并把它带回原来发动攻击的路线上，使它偏离目标。应以最短的路径，扫挡开对手的攻击（肩膀需放松）——对六分位之防御，是通过手部顺时针方向的动作，而对四分位的防御，则需要手部逆时针方向旋转，移开剑锋。

- 弧形格挡法运用于防守上路时，需由对方之手部下方开始；对付下路攻击时，则应由对方的手部上方开始。相比于逆方向及打击式的格挡，弧形格挡的优点在于既可以较大范围地保护身体，也很难被对手所欺骗。缺点是比简单格挡的速度慢。多花时间练习手法的速度，自会从中获益匪浅。

- 运用弧形格挡法时，手部动作必须是一个完美的弧形，以使动作结束时能回到原来的位置。格挡的动作不可开始或完结得过早，因为你的手部需要跟随着对手的攻势，在攻至身前的一刻接触对手。

- 弧形格挡法亦可困惑做假动作的对手。

- 混合格挡法包含两个或以上相似或一个不同格挡法的组合。

- 每个单独格挡必须要完成，在进行下一个格挡动作前，把你的手带到"适当"的位置。混合及变换你的格挡手法以使对方无法制定攻击计划。习惯经常使用相同的格挡法，会被善于观察的对手识破，中其圈套。因此，在格斗时，尽可能多变换格挡手法，使对手持续作出臆测，方是明智之举。此种做法会令攻击者犹豫不决，以致丧失作出攻击的信心与穿透力。

- 什么使格挡或阻挡更有效？——身体姿势、步法（踏前、弧形步法等），有利于准备反击。密切注意对手的反击。

- 实验以格挡扫截对手攻击的路线（自然轻松的动作）。

- 审查以下各种技巧来做格挡，包括闪避、移动、滑步、晃动、迅速俯身、仰后，以在适当的时机加插腿击，或腿击和拳击的组合。加插拳击和腿击阻截以作出掩护。此外，即使在明显地转移至多个方向（委身）时，也需确保随时能威胁对手，以让自己保持良好戒备姿势。

5.3 操 作

拍 击

- 如果对手动作奇快而且不为虚招所诱，则可以运用拍击。

- 拍击是一种清脆有力的动作，目的是将对方攻击的手向旁侧拍开，或取得对手的反应。通常拳手向你回以拍击动作，可令你获得领先对手动作的优势。

- 由于距离的关系，我们通常不能随心所欲地做拍击动作，必须等待确切的时机并抓紧机会。对方不断变换手部的位置，时常作半虚招与假攻击，会令其手部落入拍击的范围。

- 虽然拍击或许在直接攻击之后十分有效，但一般来说会令遭拍击的一方对身体作出掩护。这使随后的直接攻击较为困难。因此，建议把握这个反应的时机，运用间接或组合攻击获得优势。拍击动作需由戒备姿势而发，直接进入对方手部的防线。如果改变拍击至另一路线，就可以称之为变化拍击。

使拍击更加凌厉，并距离对方手部越近越好。拍击对方的手部有三个目的：

1. 运用拍击之劲道，或向对手"拉紧的弹簧"施加适度清脆的动作，以打开对手之防线，确保如针刺般的穿透力。

> 混合及变换你的格挡手法以使对方无法制定攻击计划。

2. 可作为攻击前的虚招。

3. 可用来引诱对手攻势，尤其是在洞悉他的韵律后。

• 在第一种情况中，对手部的拍击动作必须凌厉而快速；演练抓拿或封手配合上述两项素质，并配以膝部微屈的姿势。

• 在第二种情况中，拍击动作必须轻而快，从而越过手部并进行攻击。

• 在第三种情况中，拍击动作要轻而不太快，与此同时作出格挡、反击，或用另一记轻而快的拍击以反击对手。

捆 手

• 当交手之时，将对方的手由高向低以斜角的方向往下带，或反之亦然，称为"捆手"。其动作与半弧形格挡法相仿。

压 手

• 压手是由高向低将对方的手在交战的同一面压下的动作，但与捆手不同之处在于，压手无斜角之动作。压手也不会有往上的动作。

封 缠

• 封缠是以弧形的动作将对方的手带离攻击目标，再带返原来的路线。

揿 手

• 揿手是向对方的手施加压力，以打偏对方攻击的手或取得对方的反应来漏手。

• 拍击常在直接攻击之前使用，或用来取得对手的反应以作出间接攻击。捆手、压手、封缠、揿手等是作出间接攻击前抓拿对手的动作，或只简单用来引发对手的反应。

捆手、压手、封缠、揿手等是作出间接攻击前抓拿对手的动作，或只简单用来引发对手的反应。

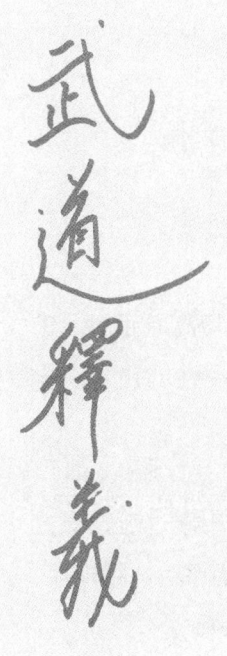

第六章

移动性

达致动中有静,
恰似你的月亮在浪涛之下,
永远继续颠簸和摇曳。

6.1 距　离

- 距离是一种连续的转移关系，取决于两个拳手之速度、灵活性与控制力。这是不断地、快速地转移阵地，寻求最有利的距离，以增加攻击对手的机会。

- 维持适当的搏击距离对胜负有决定性的作用。养成习惯！在趋进或撤离对手时，手与脚的各种动作必须与此同步。唯有能在速度与灵活性上均比对手有压倒性的优势，方可在任何时间均能保持安全距离与对手搏击。

- 在防守时，宁愿后退得离对手远一点。不管你格挡动作多快，如果距离过近，对方也十分容易攻击得手，因为距离近通常有利攻击者发招（只要掌握正确的距离）。同样地，倘若无法量得准确之距离，即使攻击再准、再快、再经济、再及时，也会功亏一篑。

- 搏击范围是拳手与对手保持的距离。在此种距离下，除非对手弓步冲过来，否则无法攻击得手。

- 重要的一点是，每个人都要了解他自己的搏击范围。这是指在格斗中，他必须容许自己和对手之间有一种相对的灵活性与速度。也就是说，他应该能持续处于一段对手无法简单地攻过来，而自己却可运用短踏步趋近对手，并作出有力一击的距离。

- 如果拳手在格斗中不断移动，是因为他们尝试使对手误判其距离，而他却对自己的距离了如指掌。

- 因此，一名拳手会常常变换位置，移前或移后以获得最适当的距离。锻炼能随时保持正确距离的反射反应。培养调整距离的本能最为关键。

- 一名保护良好的拳手经常能保持在对手的攻击距离之外，并等待时机趋近对手作出攻击，或在对手趋前时抢先一步。在对手趋近你或变换距离时作出攻击。迫对手退至墙壁，断绝后路，或自己后退以诱敌趋近。

- 大多数的击剑手，在准备攻击或避开攻击时，都会交替地做趋进与后退的动作。这种过程在搏击中并不建议采用，因为在突击中的趋进与后退必须由快速的跳跃与不规则的间距来完成，方可使对手无法察觉你的动作。应该先诱导对手，再突然地向对手作出攻击，并适应对手的自动化动作（包括可能的后退）。

- 成功腿击和拳击的艺术就是正确判断距离之艺术。攻击时要瞄准对手可能出现之位置加以攻击，而不是在他被攻击之前的距离。即使是极小的错误判断也会使攻击失效。

> 在趋进或撤离对手时，手与脚的各种动作必须与此同步。

• 除非在出招的一刻能处于适当的位置，否则攻击鲜能奏效。在对手弓步来攻击的最后一刹那格挡成功的机会最大。防守者在格挡对手攻势时后退距离过远，常会丧失许多还击的机会。由以上例子可知，以截击反击或时间差打击反击对手时，距离判断与时机掌握以及韵律的重要性。

• 已故的击剑大师马尔切利（Marcelli）曾说："是否必须事前知道节奏或距离的问题，不妨留给哲学家去想，而非由剑客去决定。同样的，格斗时肯定必须同时观察节奏与距离的情况。如果他想达到目标，必须以行动同时妥善运用二者。"

• 搏击范围也取决于一个人所需保护之目标数量（即是，受对手威胁的目标），以及其身体最易为对手所及之部分。胫骨是最脆弱的，也时常为对手所威胁。如果对手擅长于腿击胫骨／膝部，你必须衡量的是双方胫骨之间的距离。

• 当掌握到正确的攻击距离，攻击时必须能瞬间地爆出劲力与速度。一名拳手如经常处于良好的体能状态，就能在刹那间发招，因此，常可在对手不知觉的情况下伺机进攻。

攻击距离

• 从某段距离作出攻击时能最快接触对手的第一个原则，是使用最长的攻击对应距离自己最近的目标。

举例　　腿击时：向前锋脚胫骨／膝部的侧撑（斜身）

　　　　打击时：标指攻击双眼

• 参阅渐进式武器图解一章。（参见第28页）

• 第二个原则是发招时的经济性（无影）。应用潜在运动神经练习来训练直觉反应。

• 第三个原则是保持正确的戒备姿势，以促进灵活运动（轻松感）。运用双膝微弯的应敌姿势。

• 第四个原则是不断地变换步法，以寻求正确的距离。利用不规则的节奏来混淆对手之距离判断，同时好好控制自己的判断。

• 第五个原则是捕捉对手在身体及心理上软弱的一刻。

• 第六个原则是为爆发性的穿透攻击作正确判断。

> 即使是极小的错误判断也会使攻击失效。

- 第七个原则是追击后的快速回复。

- 第"X"个原则是勇气与决心。

防御距离

- 第一个运用距离作防御的原则是结合敏感的气场与协调的步法。

- 第二个原则是对对手攻击穿透的程度具有良好判断，一种接收对手伸直武器时借取其半拍的感应。

- 第三个原则是维持正确的戒备姿势，以便能灵活运动（轻松）。以双膝微弯之姿势迎敌。

- 第四个原则是控制自如的平衡能力（在动作时），有了这种能力你就不会失去身位。研究闪躲技术。

> 一个人的技术素质取决于其步法的运用。

6.2 步　法

- 只有当你能流畅、快速地移动时，才可锻炼出对距离的直觉。

- 一个人的技术素质取决于其步法的运用，除非双脚站在理想的位置上，否则绝不能有效地运用手法或腿击。如果一个人的步法缓慢，自然会减弱拳击与腿击的速度。移动性及步法速度比腿击与拳击速度更重要。

- 移动性在截拳道中特别受重视，因为格斗本身就与运动有关，是一种需要寻找目标或避免成为目标的行为。这种武术没有无意义地先扎传统马步三年再走位。这种不必要、费力的马步并没有功用，因为马步只是一种在静止中求稳的姿势。在截拳道中，必须在动作中求稳定，这才是真实、自然、活生生的。因此，弹性和步法的警觉性就是主旨。

- 在搏击练习时，你要经常不断移动，使对手误判距离，同时也要清楚掌握自己的距离。事实上，步法前后移动的距离依对手而定。一名好手能经常保持在一个适当的位置，使他处于能有效避开对手攻势的距离，同时又足以靠近，向对手突击其破绽（参考：搏击范围）。故此，在正常的距离下，他能善用其对距离的良好判断与时机的掌握来防止对手的攻击。最后，对手不得不缩短距离，直到他靠得太近！

- 移动性在防守上亦非常重要，因为移动中的目标难以拳击和腿击。步法可使任何的拳击和腿击失效。越是善用步法的拳手，就越无须运用双手来避免拳击和腿击。运用熟练而及时的侧移步及滑步，可以避开几乎所有拳脚的攻击，因而可腾出双手，并可保持平衡力与体力，伺机予以反击。

- 此外，不断做着轻微的动作，拳手发招的速度会比在固定姿势时更快，因此不建议你在一点之上停留得太久。不断运用碎步来改变与对手之间的距离。变换步法的幅度和速度徐缓，以加强困惑对手的效果。

- 截拳道的步法倾向于以简单为大前提，动作越小越好。不要得意忘形，以脚尖着地，像花巧的拳手般舞遍全场。经济性的步法不但可增加速度，且可让你凭借最少的移动来回避对手的攻击，使对手全然失掉身位。简单的概念是，让自己身处安全位置，而对手则不然。

- 最重要的一点是，步法必须自然而放松。依个人的情况，应把双脚保持在舒适的距离，没有任何紧张或笨拙。现在读者应该明白传统的、典型的步法与马步，如何不切实际。他们的步法非但缓慢和迟钝，而且，说得白一点，在实战中没有人会这样移动！一位武术家必须能在极短的瞬间向任何一个方向转移。

- 移动是一种防御手段，一种欺敌手段，一种获取适当攻击距离的手段，以及一种保留体力的手段。搏击的本质就是移动的艺术。

- 步法能使你打破僵局、避开痛击、从死角中脱身，并让强悍的对手在打失重重的一拳时变得疲累；它还可为你的拳击加添劲道。

- 步法的最高境界是在移动中协调拳击与腿击的动作。缺乏了步法，拳手就如一座无法移动的大炮，或像一名警察在错误的地点和时间出现。

- 良好的手法和快速而凌厉的腿击所带来的好处，大部分建立在良好平衡与快速移动的基础上。因此，必须能保持良好的平衡，一如要平稳安放大炮的炮台一样。无论自己移动的速度与方向如何，目标是回复到最基本而又能最有效搏击的姿势上。必须让可移动的支架越灵活越好。

- 格斗中的正确方式是，在绝对自然的状态下，让速度、攻击力度与健全的防御互相配合。良好的步法意指能够在行动中适当地保持良好的平衡，并由此引发攻击力量，同时避开痛击。每一个动作均需协调双手、双脚和脑袋。

> 在截拳道中，必须在动作中求稳定，这才是真实、自然、活生生的。

- 一位拳手的脚掌切忌完全平贴于地，必须以脚前掌感觉地面，要像强力的弹簧一样，能随时加速，或因环境变化延缓他的动作。

- 灵巧地运用双脚来做动作，并配合平衡的动作，来作出积极的攻击和防御。最重要的是保持冷静。

  1. 最根本的是对气场的敏感度。
  2. 第二是灵活性与自然度。
  3. 第三是本能的步速（距离与时间性）。
  4. 第四是身体的正确位置。
  5. 第五是最后要保持平衡姿势。

- 善用自己以及对手的步法来获取优势。观察对手前进与后退的模式，如有的话，就跟随对手的模式变换自己步法的幅度与缓急。

- 向前踏步与后退之距离应该依对手步幅的长短而调节。

截拳道的步法倾向于以简单为大前提。

- 搏击范围的灵活变化，可使对手难于判断其攻击或做准备的时机。对付一名拥有极好距离感或不易靠近的拳手时，通常可借由逐步地缩短一连串的后退，或在他向你弓步时捕捉距离（抢占先机），以把他置于理想的范围。

- 应付对手最简单、最基本的策略就是与他保持刚好能进行攻击的距离。先迫向对手（向前进）一步然后再后退（后撤），诱使对手追击。此时让对手踏前一两步，然后就在对手提步继续向前的一刻，自己必须突然弓步冲前，踏进对手的前进路线中。

- 应付那些难于靠近的对手，可以运用一连串的渐进式步法。第一步必须流畅与经济。

- 要保持完美的平衡，获取准确距离，并向对手施展突击与反击，快速的碎步是我们唯一推荐的方法。

- 要在你和你的对手能够触及的距离内外自如地前进和后退，良好的步法与平衡是必备的因素。知道何时进退，也就等于知道何时攻防。

- 一名好手可以抢占先机，创造及改变重要的空间关系，使对手感到困惑。

- 演练你的步法，使自己保持与对手之间非常正确而精准的距离关系，移动到刚好能实现你目标的距离就好。巧妙的距离控制可使对手陷入困境，并把他引至近处让你作出

有效的反击。

搏击的本质就是移动的艺术。

- 适时而动是高深搏击技巧的基础,但适时而动并不足够,你还要处于最佳的攻击或反击位置。这意味着平衡,但它是动作中的平衡。

- 把双脚脚掌置于正确位置上,让它像转轴般帮你进行整个攻击。如此可适当地维持平衡,增加出击的力道,这个原理跟棒球运动一样,驱动与力量均像是由双腿发出的。

- 很少有人能做到在身体重心不断变化的情况下保持平衡。

- 正确置放双脚能确保平衡与移动性——自己实验一下。你必须感应自己的步法。只有正确分布体重,才能获得快速而轻松的步法。

- 双脚的理想位置,必须能容许你快速向任何方向移动,且善于平衡身体以抵抗由任何方向而来的攻击。谨记对敌时双膝微屈的姿势。

后脚跟必须提起,因为:

1. 在出拳时,你将全部体重快速地转移至前脚。如果后脚跟已稍微提起的话,动作会更容易。

2. 当遭对手拳击而需要"给予"一下时,你的身体下沉以后脚跟支撑身体。此种动作可作为弹簧,能使对手攻势减弱。

3. 这可使后脚更易移动。

- 后脚跟是整部格斗机器的活塞。

- 双脚必须经常处于身体之下。任何可能使身体不平衡的脚部动作必须加以避免。对敌戒备姿势是身体最佳的平衡姿势，必须时常维持。尽量不要运用过宽的步伐和腿部运动，那会让身体的重心在左右腿之间来回转换。在体重移动的那一瞬间，身体平衡处于不安全的状态，这会使攻势或防守失去效用。此外，对手可洞悉你移动的时间而加以攻击。

- 采用碎步移动可确保攻击时的身体平衡。此外，必须时常保持身体平衡，使自己在前进、后退或围绕对手时，任何必需的攻防动作都不会受到限制或削弱。因此，宁可采用两个中距离踏步，而不是一大步来移动相同的距离。

- 变换范围会使对手更难把握攻击或准备的时机。

后脚跟是整部格斗机器的活塞。

- 除非有某种战术上的原因，否则应以短而快速的移步来突破防线。正确地把体重分布于双腿，可令你达至完美的平衡状态，并让你在适合攻击的范围时能快捷、轻易地脱离战线。

- 放轻马步，使需要克服惯性的力量得以减少。练习步法的最佳途径是进行多个回合的击影，特别注意要放轻自己的步法。渐渐地，这种步法会成为自然的动作，你无需思考就能轻松而无意识地施展出来。

- 你应该如优雅的舞场舞蹈家那样运用自己的双脚、脚跟与小腿，像他一样在地板上滑动。

- 重点在于快捷的步法以及踏前的攻击（操练！操练！操练！），经常要配合手部的攻击。

- 步法中，只有四种可能的移动：
  1. 前进
  2. 后退
  3. 绕至右侧
  4. 绕至左侧

- 不过，上述每一种步法均有重要的变动，并需把各种基本的动作与拳击和腿击协调起来。以下是一些例子：

前滑步

- 这是一种在不影响身体平衡的情况下的前进动作，而且必须通过一连串碎步前进来完成。步伐需细小到双脚几乎不用离开地面的程度，而只是贴地向前滑动。全身在整个前进的过程中需保持基本姿势，这是关键所在。一旦形成身体感觉，可把步法与工具配合起来。保持身体平衡以作出突然的攻击或防守的动作。前滑步的主要目的在于创造破绽（通过对手防守的反应）及诱使对手攻击。

后滑步

- 原理与前滑步相同；滑步时不要干扰身体的对敌戒备姿势。谨记双脚需时常紧贴地面，以维持良好的平衡来做攻击与防守。后滑步主要用于诱使对方前手出击或令对手失去平衡，从而创造破绽。

快速前进

- 谨记，虽然这是一种快速而突然的前移动作，但仍需保持身体平衡。身体平贴地面而非跳跃至空中，这并非跳跃的动作。在各方面来说，此种步法与把后脚迅速带回原来位置的较宽的前踏步相似。让身体感受工具。

踏前与踏后

- 靠近或突破防线的动作可以用来作攻击的准备。前踏步明显是为了取得攻击的适当距离，而后踏步则是为了诱使对手进入攻击距离。"诱敌"通常是指通过从髋部向后摇晃的动作移离直击的攻击距离，或移动双脚使对手的攻击落空。其目的是在重要时刻引诱对手进入攻击距离，而自己则远离攻击范围。

- 当配合运用虚招（强迫对手必须参与）或准备动作（以束缚与拉近界线），前踏步更会增加攻击的速度。如果在前踏步时能覆盖交手路线，攻击者会处于截击对手的最佳位置。

- 后踏步在战术上，可以用来对付一名使出任何虚招或其他攻击后惯于后退的对手，因此，这类对手也难以攻击，尤其当他在身高与手长等方面占有优势时。

> 放轻马步，使需要克服惯性的力量得以减少。

- 不断严控距离做前踏步和后踏步，可掩饰一个人的真正意图，并使他在对手失去平衡时处于理想的攻击距离。

绕至右侧

- 右脚成为一个移动的轴心使全身能旋转到右侧，直至复原到正确姿势。右脚踏出的第一步依情况而定，可短也可长——步幅越长，轴心越大。必须能时常保持基本姿势。右手应摆得比一般对敌时的位置高一些，以准备防御对手左手的反击。移向右侧可使对手的右前手勾拳失去效用。它也可让你达至做左手还击的适当位置，并使对手失去平衡。谨记一点是踏步时切忌交叠双脚，必须有意识地移动而避免多余的动作。

绕至左侧

- 这是一个更精确的动作，它移步较短。它是用来趋避右前锋桩的对手之左后手攻击。它也为勾拳或刺拳攻击创造了良好的位置。这个动作虽较绕至右侧困难，但也较为安全，应多加运用。

踏入/踏出

靠近或突破防线的动作可以用来做攻击的准备。

- 这是攻击动作之起步点，经常以虚招诱使对手露出破绽。脚部的动作时常配合腿击与拳击的动作。起始的动作（踏入）是直接迫进，手部举高仿佛欲拳击或腿击般，然后在对手能调整防守之前迅速地踏出。以此动作来诱骗对手，并于其僵直不动时作出攻击。

快速后退

- 这是一种快速、流畅而有力的向后动作，容许在有需要时进一步向后退，或假如有需要的话，踏前作出攻击。

- 考虑到时间的紧迫性，有必要在后退时配合格挡。因此，必须在后退动作开始时即做出格挡——也就是说后脚移动的一刻开始。

- 当对手的攻击是一种组合动作时，正确的协调配合方式是在后脚移动的同时作出格挡防御，然后在前脚后退的同时继续做其余的格挡动作。

- 可以先后退，但应在攻击已准备好时踏前，而非攻击与踏前同时完成。

- 对于一名步法极快、前手又优秀的拳手，这种技巧可说是轻而易举。这是一种连续的且战且退过程。当你的对手迫近时，以前手作出防守性的攻击来迎击对手，再立即后退；然后，因为对手追击，你继续这个过程，不断围绕擂台的范围后退。当你这样做时，需经常检查自己的步伐，并随时暂停脚步以右直拳或左直拳攻击对手，或偶尔两者并用。

- 要成功"琢磨后退"，必须具备良好的距离判断能力，并能在后退时快速且突然地急停。一般人犯的毛病是在后退移动的同时作出攻击，而不是待适当地停步后才做。练习能快速地由防守转变为攻击，然后再次回到防御。

- 谨记，在后退的时候切勿企图攻击。你的重心必须向前转移。向后踏步，停止，然后再攻击，或是学会在踏步向后退时，把身体的重心暂时移前。

- 无论是攻击或后退时，一个人应该能设法使自己成为对手难于掌握及击中的目标。不应该以直线前进或直线后退。

- 当运用步法来避开或诱导对手时，需尽可能靠近他以作出报复性的反击。移动时步伐需轻盈，给人一种踩在跳板上的感觉，随时准备快速拳击、腿击或反击。

- 以后退来避开对手的腿击等于给予对手攻击的空间，所以有时较明智的做法，是迫近对手以困阻他的准备动作，并争取时间截击对手。

对于一名步法极快、前手又优秀的拳手，快速后退可说是轻而易举。

侧移步

- 侧移步实际是在转移重心及变换双脚，又不干扰身体平衡的情况下，快速地获取一个较有利的位置攻击对手。它可用来趋避直冲而来的攻势，并能让你快速地踏离攻击范围。当对手冲向你时，你不必急于侧移步，而是要留意他前冲的同时所作出的一些特别攻击。

- 侧移步是一种安全、稳妥而有价值的防守战术。你可简单在对手每次准备攻击时侧移来挫败他，或用侧移步来避开对手的拳击或腿击。侧移步亦可用来诱使对手露出破绽以作反击。

- 侧移步可由把身体移向前来完成，称为"前落步"。这是一个十分安全的姿势，头部紧贴，手部提高并随时准备攻击对手的鼠蹊，踩踏对手的脚面，或作出连环的两记勾拳攻击。前落步又称"落步转移"，可用来抢占对手防守之内围或外围，而因此，是贴身近战或擒拿时极为有用的技巧。它也可作为反击的工具。要适当地做出侧移步，需要准确掌握时机、速度与判断，它也可配合刺拳、左直拳、左及右勾拳来运用。

- 因所需的安全程度与出击的计划，同样的步法亦可直接运用于向右、向左或向后的动作中。

- 侧移步倘若能适当地运用，不仅是其中一个极漂亮的动作，也是闪避各种攻击及在对手意想不到的情况下作出反击的好方法。侧移步的艺术，与迅速俯身及滑步一样，在于后发先至。你要等待对手的拳击或腿击几乎要打中你的一刻，快速地向右或左侧步闪开。

- 几乎在任何情况下，你都要先移动离你要去方向最近的那条腿。要使移步以最快的方式进行，身体在脚未踏出前需先向所欲往之方向稍微前摆。后脚随后快速而自然地跟进，而在以侧移步避开对手冲来之攻击时，拳手要快速转身，并在与对手擦身而过时加以反击。

- 在以侧移步避开对方的前手攻击时，反击是自然又轻易的。跟对手冲前一段距离的情况不同，拳手需要非常靠近对手，仅移动足够的距离使对手攻击落空，才可有效地反击。拳手这时必须异常快速地转身，以在对手掠过自己时击中他。

当对手冲向你时，你不必急于侧移步，而是留意他冲前时所作出的一些特别的腿击或拳击。

- 谨记，当对手冲向你时，你不必急于侧移步，而是要留意他冲前时所作出的一些特别的腿击或拳击。事实上，如果你只踏步移至对手的侧面而未注意避开他的攻击，你便有很大机会惨遭对手勾拳或摆拳的痛击。

- **向右侧移步**：先把右脚快速地迈向右侧并向前移，移动距离大约为十八英寸。左脚也以相当的距离移至右脚的后面，这种步法可使身体向左侧摆动，并使自己的右侧更向前靠，迫近对手之左后身（当对手是右前锋桩）。基于这个原因，右侧移步并不像左侧移步这样可以经常运用。大多数的晃动或侧移步均是向左侧的，这样可以让自己的位置保持在对手的右侧，而远离他的左后手。（右前锋桩者对左前锋桩者则情况有变。）

- 偶尔，右侧移步只是用来改变身体晃动的方向，而在更少情况下，会用来避开一记右前手攻击，然后入位以左拳反击他。它是用来发动一记左拳攻击对手的身体。

- **向左侧移步**：由右前锋桩之基本姿势开始，先把左脚快速地迈向左侧并向前移，移动距离大约为十八英寸。这个动作应可使你避开对手的右手刺拳。在踏步移向左侧之瞬间，你会发现自己身体的左侧摆动向前而身体的右侧则向后，从而你会旋转向对手之右翼。当你完成这个半弧形动作，你会发觉自己的右脚再次位于左脚之前的正常位置。

- 如果你已运用移步向左来避开对方的前手右拳，你应该摆动身体并让头部向踏步的方向迅速俯下（不可失掉平衡）——即移到最左面。对手之右拳会朝你的右肩方向，由你的头顶飕飕地飞掠而过。此时，你转身向右朝向对手，你可以攻击对手暴露出来的整个右翼，并能快速以左拳击向其身体或下颚，并会产生显著的效果。

- **谨记这些简单观念**：先移动离自己要去的方向最近的那条腿。换言之，假如自己想侧移步至左方，必须先移动左脚，反之亦然。此外，在所有的手法中，手部必须先于脚部移动。如果是运用腿部技术时，当然是脚部先于手部移动。

- 同样谨记要经常维持基本的姿势。无论你对移动的柱脚做什么，安放大炮的炮台必须能保持平衡状态，对敌人有持续的威胁。需经常保持动作流畅，但要留意两脚的相对位置。

检查步法是为了：

1. 身体感觉及控制，作为一个整体，要中性。
2. 随时可以攻击或防御。
3. 在任何方向皆可自然而舒适。
4. 整体动作均可有效运用杠杆效果。
5. 随时可维持极佳的平衡。
6. 在相应结构与正确距离下，有难以捉摸的良好保护能力。

试验以下的步法原理与感觉：

1. 假如对手冲过来，以闪避和轻巧的步法应付。
2. 避免接触的步法（仿佛对手是持刀攻击）。

- 步法的终极目的，是在对手最后实击时抢占先机。

- 谨记，移动性与步法的速率以及实行时的速度，是最重要的素质。要去练习更多的步法。

- 步法可以通过跳绳（能学会轻盈地控制身体重量的训练）、对打练习（距离感与时间掌握）及踢拳击影训练（为对打练习的家庭作业）而获得。

- 跑步也可强化双腿，为有效的动作提供源源不绝的能量。

- 通过中路蹲步姿势的练习和模仿猿人的动作（低蹲步行）来增加对双腿的控制。

- 加入交替分腿的练习以锻炼柔软度。

- 无论在课堂上练习的招式有多简单，动作是属于攻击还是防守性质，练习者均需配合步法来练习。他必须能在使出招式之前、期间或之后做到前进或后退的动作。在这种情况下，他便可获得一种自然的距离感，并建立极佳的移动性。

移动性与步法的速率以及实行时的速度，是最重要的素质。

练习步法的变化时，要配合：

1. 腿击的工具。
2. 手法工具。
3. 掩护的手部及/或膝部姿势。

6.3 闪 避

- 在搏击当中，格挡的机会甚多，特别是用后手，但是最好还是用步法——快速俯身和反击、后仰再还击、滑步再拳击。

滑 步

- 滑步是避开对手攻击，而又不会令身体移离范围的步法。它主要是用来应付前手直拳和反击。这需要准确的时机掌握及判断力，而要令其有效，必须能使对手之攻击刚好从你的身旁掠过。

- 可以用滑步来避开对方之左或右前手之攻击。实际上，滑步较常用于对付前手攻击，因为这样较为安全。外围滑步，即落步位置在对手使出左或右前手之外围，是一种既安全，又可使对手无法防御的反击。

- 滑步是最有价值的技巧，它使双手能自由地作出反击。它是反击的真正基础，是搏击高手才能掌握的技能。

- **滑步至左前手内围**：当对手向你打出一记前手左直拳，你可借着快速地把右肩与身体转至左侧，而令身体重心转回左后腿上。左脚保持不动但右肩则向内围旋转。由于自己取得了内围的防守位置，这个动作可使对方之左手从自己右肩上掠过。

连環綠中
(opponent in left stance)

- **滑步至左前手外围**：当对手向你打出一记前手左直拳时，你可把身体重量转移至右侧并向前直至右腿，而左肩向前摆出。对手的攻击会从你的左肩滑过。以右脚小步踏向

滑步是最有价值的技巧，使双手能自由地作出反击。

学会迅速俯身避开摆拳及勾拳，跟学会以滑步避开直拳同样重要。

右前方可促成这个动作。双手应提高并维持着防御姿势。

连環缑冲
(opponent in right stance)

- **滑步至右前手内围**：当对方向你打出一记前手右直拳，你可把身体重量移至右腿，之后把身体微向右且向前移动。快速把左肩带向前。如此，对手的攻击会从你的左肩滑过。确定左髋部需向内转，并稍微屈左膝。这个迫进对手内围的位置是最佳攻击位置。只有当滑步太狭窄时，才能移动你的头部。

- **滑步至右前手外围**：当对方向你打出一记前手右直拳，你可把身体重心后落回左腿，并快速地将右肩与身体向右转。右脚保持不动而左脚尖向内转。对手之拳击会掠过，不带来任何伤害。右手稍微放下，但随时准备以上击拳攻击对手身体。你的左手应提高，靠近右肩，准备反击他的下颌。

滑步旋身是聪明拳手的一种基本资产。

- 另一种方法是将体重转移至左腿并使右脚跟向外转，以使你的右肩与身体转向左。右手稍微放下，并提高左手，靠近右肩。

- 做滑步时，肩部的旋转会令头部移位——切勿令头部不自然地翘起。尝试经常在滑步时作出攻击，尤其是在移向前时。踏步进入对手内围拳击，其威力能比阻挡再反击或格挡再反击更大。

- 成功滑步的关键在于脚跟的微小移动上。例如，想以滑步避开对手右拳之攻击而令该拳由你的左肩掠过，你的左脚跟应该提起并向外旋转。把身体重量移至右脚并扭转肩膀可使你作好反击对手的准备。

- 想令对手之拳从你的右肩掠过，同时向左做防守动作，你的右脚跟应以相似的方式转动。你的体重会转移至左脚，而左肩会向后，让你处于可以用右勾拳反击对手的有利位置。

- 若你记得滑步避开攻击时的肩膀以及需旋转的脚跟是如出一辙，你就不会错到哪里了。例外的是第一个"滑步至右前手外围"描述的动作。

迅速俯身

- 迅速俯身是向前俯下身子,避开迎头而来的摆拳或勾拳(双手或双脚)攻击的动作。这个动作主要是由腰部带动。迅速俯身是用来避开对手之攻击的,它还能让拳手处于攻击距离之内以作出反击。学会以迅速俯身避开摆拳及勾拳,跟学会以滑步避开直拳同样重要。两者在反击上都不可或缺。

仰 后

- 仰后指简单地把身体后仰以避开对方的前手攻击,而刚好可令对方攻击落空的动作。当对方放松手臂收回身体时,便可以踏向前给对手凌厉的反击。此动作对于应付前手刺拳极为有效,并可作为 1~2 连环直拳的基础。

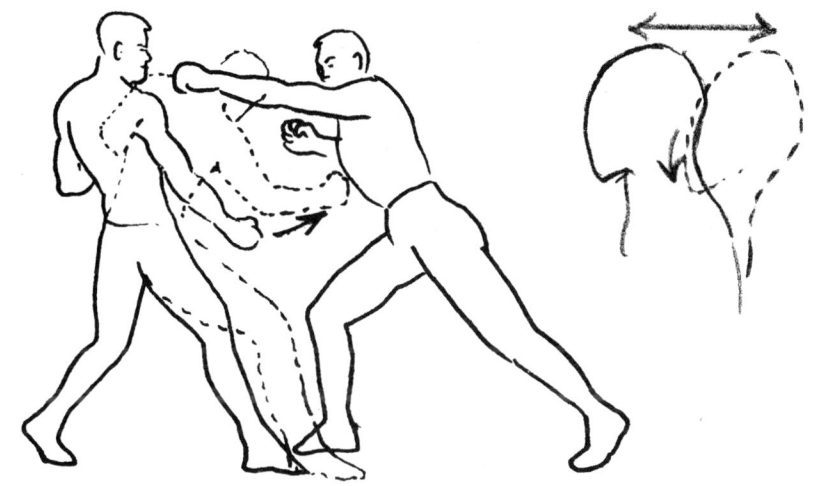

掌握身体摇晃的艺术可令拳手更难被击中,并赋予他更大的力量,尤其在击出勾拳时。

旋 身

- 旋身通过把身体随着对手的攻击而旋转,以化解攻击的劲道。
    ◎ 在对付直拳时,动作是向后。
    ◎ 在对付勾拳时,动作是向其中一侧。
    ◎ 在对付上击拳时,动作是向后及远离对手。
    ◎ 在对付劈击时,是以弧形的动作向下至其中一侧。

滑步旋身

- 滑步旋身是聪明拳手的一种基本资产。他也许是出于本能,可以辨察攻来的拳击或上路腿击,快速地后退一步,并把头部向后及向下一扫。他这时便处于向对手空当连番拳击或腿击的有利位置。

身体的摇晃（晃身与摇摆）

- 掌握身体摇晃的艺术可令拳手更难被击中，并赋予他更大的力量，尤其在击出勾拳时。它的可贵之处在于让双手自由，随时能攻击对手，改善防守之余，更可为你提供机会重击对手的空当。

- 身体摇晃的关键在于放松而强劲，呆板的拳手必定比不时摇晃身体的对手更易对付。

- 摇摆意指借着身体摆动向内围或外围，而靠近对方，并以前手直拳攻向头部。它是用来使对手的攻击落空，并使双手能持续作出反击。摇摆建基于滑步之上，上半身与头部做出或右或左的圆弧形摇摆动作。

晃身的技巧：

1. 以单一、妥善控制的动作把身体下沉，以避开摆拳或勾拳。

2. 将双拳对着对手以作防御或攻击。

3. 即使晃身至最低处，也要运用双腿与双脚以保持几乎正常的攻击姿势。使用双膝来提供动力。

4. 时常保持头部与两肩的正常滑步姿势，以防御对手之直拳攻击。确保在任何晃身动作的阶段，均保持可以做出滑步的姿势极为重要。

5. 垂直向下晃身时切勿作出反击，除非是攻击对手鼠蹊的直拳。摇摆身体并以旋转直拳或勾拳作出延缓的反击。

几乎所有拳手，都会遇到千钧一发的情况，身处被动并且必须保护自己。

晃身的目的：

1. 使你的头部成为移动不定的目标（由一侧至另一侧）。
2. 使对手不能确定向你击拳时你滑步的方向。
3. 使对手不能确定你会运用哪边发拳。

- **摇摆至内围**：对付右前手攻击时，滑步至对手的外围位置（图 A）。头部与上身垂下，趋近对手已伸直的右手下方，然后上升回复至基本姿势。此时对方的右手大约在你的左肩附近（图 B）。双手提高并靠近身体。当你的身体移至对手之内围位置时，把开放的右手置于对手的左侧。之后，在滑步时以右拳反击，并于摇摆动作完成后再击出左拳及右拳。

（A）

（B）

当对方的拳打来时，你每一刻都得睁大双眼。对方的拳击是绝不等人的。

- **摇摆至外围**：当对手以右直拳攻击你时，滑步至对手之内围位置（图 B），并把右手置于对手的左侧。此时，以弧形的动作把头部与身体移向上侧及左侧，以使对手之右拳刚在你的右肩附近。你的身体这时位于对方前手之外围位置，并保持着基本的姿势（图 A）。双手提高并靠近身体。

- 谨记，摇摆建基于滑步，所以掌握滑步的动作，有助于提高摇摆的技巧。摇摆较滑步困难，可是一旦练就，却是十分有效的防御方式。

- 摇摆甚少单独使用。摇摆与晃身配合运用几乎是一种定律。晃身与摇摆的目的均是向下闪身使对手的攻击在上方掠过，并借此靠近对手。一名善用晃身摇摆的人常是勾拳专家。这也是对付身材较高对手的完美攻击法。在运用摇摆与晃身时要经常使用不规则节奏。你的节奏绝不能有规律。有时当你滑步至拳击的内围位置时，你可踏前一步作出绝妙的反击。闪避动作必须配合拳击或腿击的反击来练习。

- 此外，当对方的拳打来时，你每一刻都得睁大双眼。对方的拳击是绝不等人的。它们会出其不意地打过来，而除非你已有足够训练以辨识那些攻击，否则将不容易把它们截住。

• 双肘与前臂是用来抵挡迎向身体的拳击。对于朝向头部的攻击，若不是以滑步闪避或作出反击，可以用手扫开。

• 几乎所有拳手，都会遇到千钧一发的情况，身处被动并且必须保护自己。在这一时刻到来之前，学习良好的防御是明智之举。

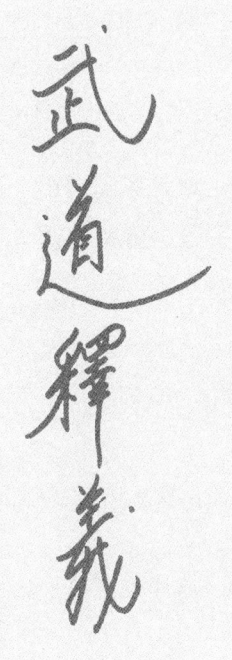

第七章

攻 击

武术并无玄奥之处。
接受事物的本来面目。
该拳击时拳击，该腿击时腿击。

7.1 攻击！

- 截拳道中很少有直接的攻击。实际上几乎所有攻击动作都是间接的，或是紧随虚招之后，或是在对手的攻击失效或强弩之末时予以反击——它需要机敏的手段、虚招与诱敌动作及一个科学化的计划。

攻击有两个基本时机：

1. 当我们的意志决定攻击时。
2. 当对手动作或行动失败时。

- 如果一名拳手注意力够集中，明察攻击时机，而且动作迅速又决断，则其攻击得手的可能性自会增加。

- 在对方把其手臂从你想攻击的路线移开时，对他作出直接的攻击，命中的机会更大。这一点十分重要。

> 保留你的体力，但在攻击时要有决断力、有信心且专心一致。

攻击的心理物理过程：

1. **纵览**：纵览全是心理活动，可以细分为两部分。
   （a）**可定义的**：举例说，对拳手之间的正确距离或空当的估计。
   （b）**直觉的**：对手会攻击还是后退。

2. **决策**：这同样属于心理功能，但神经与肌肉是处于准备做动作的警觉状态。在此阶段拳手将决定如何作出攻击。例如，是从一段短距离向对手直接攻击，还是由远距离运用组合的攻击？他也可以二次攻击或是采用他认为能取胜的任何其他方法。

3. **行动**：大脑已经向肌肉下达命令，它们这时便启动，但即使在启动的当下，拳手亦需对可能的拦截、反击等有心理准备。因此，在搏击中必须保持心理与身体的警觉性，这点既重要又明显不过。

- 保留你的体力，但在攻击时要有决断力、有信心且专心一致。

首度与二度攻击

首度攻击：这些是由个人发出，并企图以速度、欺诈或武力得手的攻击。

速度：在对手能作出格挡之前，弓步冲向他并以干净利落而极快速的动作直接攻击对手，并不尝试掩饰攻击的进路。

欺诈：间接攻击可用来欺骗对手或在突击的前半阶段作出闪避。在攻击前做虚招，可通过一些初步的动作，诱导对手以为你正准备沿某一路线攻击他。一旦对手使出格挡防守这条路线时，你就达到了欺骗的目的，并可自由地以弓步冲向另一路线以完成攻击的动作。

武力：当发觉对手防守严密，你可用足够的劲道来攻击他的手，把其拍开并制造空当让你的手进攻。

二度攻击：这些是在对手不同阶段中，企图智取对手或回敬对手的攻击。

在对手作出准备时攻击：这些攻击是用来在对手筹措其攻击计划之前即制止其动作。

在对手发动攻势时攻击：这些攻击是"及时"的攻击。在洞悉对手的攻击路线后，你在他开始攻击时就截住他的手臂，并在接触时伸直手臂反击。

在对手完成动作时攻击：这些攻击是在对手弓步冲向你，并进入攻击范围之后才作出的。当对手的首要攻击被化解时，这些还击动作应由格挡的姿势而发，不论是哪种形式。还击可于对手继续向你弓步冲来或当他做复原动作时作出，但几乎无例外的是，还击不应配合任何脚部的移动。

注：诱敌或佯攻可作为二度攻击三个阶段中任何一个阶段的准备动作。而运用它们的目的并不在真正攻击对手，而只是举例说，诱使对手从某些路线发动攻击，使你能以有力的格挡扰乱对手，并发出一记有效的反击。因此，这些攻击并不需要靠弓步来完成，只需脚部轻微的移动（如有的话）已然足够。

在对手完成动作时攻击：这些攻击是在对手弓步冲向你并进入攻击范围之后才作出的。

- 一记攻击（手或脚）是以对应于对方攻势的一击来完成，并善用机会在适当的时机发招。对付一名中门大开或动作狂野的对手，例如，在他冲前时把握反击时机，或截踢他较前的目标或他暴露的范围，往往特别有效。

- 观察力敏锐的拳手不会固执地死守已经不再合适的攻击招式。许多拳手都把攻击招式失败归咎于速度不够，而非错误选择了攻击方法。高手深谙个中道理。

- 每名拳手，必须在选择确切行动计划做最终定案之前，以不同角度研究招式、战术及韵律等。

- 拳手可分为以下两大类型："机械型"拳手与"智慧型"拳手。机械型拳手很容易给出意见，因为其搏击技巧与战术都是机械式地重复已有招式的结果，其学习又只是纯粹的无意识动作，缺乏对"为何"、"如何"及"何时"等问题的明智解释。他们的搏击方式均遵循相似的模式，一成不变。

- 智慧型拳手对改变战术以运用正确招式来应付对手绝无举棋不定。到这里已很明白，拳手对某一招式的选择，必会被对手的技巧和搏击方式所影响。

- 对敌戒备姿势、对情势的敏感、控制良好的格挡、及时的简单攻击、灵敏度、妥善调节的前进与后退、令人难以察觉的弓步及速度，以及平衡的回复均需要透彻地掌握。锻炼以取得以上要素的适当神经肌肉知觉，以使这些要素只需要你短暂的关注，而你就能把注意力集中在对手的策略及应对他的攻防之上。让动作的自由感、平衡力、信心结合与基本动作的确定性练习结合起来。

- 所有的攻击动作必须越小越好，即是说，运用仅仅足够诱导对手反应的最小手部偏离动作便可。要想做到谨慎，攻击应该有完全的掩护，或在任何可能的情况下用防御战术加以强化。

- 攻击的形式通常会被对手运用的防守形式主宰。换言之，假如双方技术水平相当，除非某一方能运用欺敌动作或以智慧瓦解防守，否则任何一方的攻击都难以成功。举例说，以弧形的动作攻击对手时，如果对手以一记简单而横向的动作来格挡，攻击便会被化解，所以想令攻击得手，必须先准确判断对手的反应。你最后选择的攻击招式应建基于你对对手的反应、习惯与偏好的观察上。

- 一位拳手投入复杂的混合攻击，是一种危险的做法，因为做动作时的多段时间都有机会遭受对手之截击。

- 攻击越复杂，受到措手不及的反击的机会便越大。在这种情况下，不论采取哪种预备形式，适当的攻击必须保持精简。

7.2 攻击准备

因为对手维持较远的范围，所以要趋近对手必须以某些动作来"掩护"，以短暂地分散对手的注意力。动作可以是：

1. 变换距离
2. 攻击较近的目标（通常是前腿、伸出的手、鼠蹊）
3. 以上两者的结合
4. 扰乱对手的组合攻击

- 攻击的准备是攻击者用来打开对手空当以备攻击之动作。它通常包括一些改变对方伸延前手的方向，或获取预期反应（以求破绽）的动作，并可以提供距离的改变。

• 借由一连串逐渐缩短的后退步，可把一个进取型的对手诱至攻击距离；而借由一连串不同长度、向前及向后的移步，有时也可把一个小心翼翼的对手引导至相同的位置。

• 当虚招未能诱使对手作出一些反应时，拳手会诉诸准备动作以图达到目的。发虚招前先拍击或抓拿对方的手部可以打击对手的信心，并迫使他转为违反自己意向的防守动作。他的防守动作在攻击中便被欺骗。

• 拍击、变换拍击、交手、变换交手，可以把对方的手固定在某一路线上，使他肌肉收缩并减慢反应速度，令他过早格挡或减弱控制。不论反应如何，也可为成功打出简单的一击而铺平道路。

• 在向前踏步前拍开或抓拿对方的手，可限制对手使出截击的可能性。同样道理，封截对方的腿部，作为初始的步骤十分有效。

• 当抓拿对手时，要确保攻击进路获得掩护，或以身体摆动或辅助护手来强化。动作必须做得紧凑。此外，在抓拿期间需争取每个截击或反击的机会。

攻击，必须先研究对手的弱点与优点，善于利用前者，同时避开后者。

• 抓拿手部、拍手或揿手的动作可以困惑对手，令他难以作出格挡。要当心漏手的动作。如果对手是惯用漏手的人，可首先用虚招诱骗他作出准备再截击他，然后运用抓拿手法来攻击。

• 因应对方的手部动作而同时踏步上前的动作，称为混合准备。这个动作成功的关键取决于双手与双脚的良好协调。必须花较多时间来练习这种动作。

• 试用上述方法时，记着运用经济的抓拿手法以封固或诱骗对手作出反应，然后滑步向对手极度脆弱的重要部位，使出扎实、致命的拳击或腿击。

• 当踏前作攻击准备时，需特别注意你的平衡与脚部的控制，让你能最省力气地停止前进的动作。采取短小而快速的步伐可确保以上的效果，因为在这种情况下，你身体重心转移的可能性不会像大步及急速移动时那样大。切勿贸然冲向敌人，但需冷静而周密地获取及维持与对手之间的距离。

• 假如攻击的准备动作重复得太频繁，会引致对手的截击，而不是一记格挡。因此当运用攻击的准备时，出招要极为精简，只打开攻击路线至仅能做抓拿动作便可。尽量缩短你易受攻击的时间。

- 谨记，虽然准备动作与攻击会组成一个流畅的动作，但实际上两者是独立的动作，拳手有能力对任何可能的反击作出预防措施。

- 在练习攻击的准备动作时，学员应在与对方交手、变换交手与发虚招时运用此动作。

7.3 简单攻击

- 所有只以单一动作组成的直接与间接攻击，均称为"简单攻击"，因为其目的是以最直接的路径来打击目标。

- 一记直接的简单攻击，是利用简单拍击对手的一拳，或当他处于易受攻击的一刻，攻进对手攻击路线内或相反路线的攻击法。

- 一记间接的简单攻击是个单一动作，前半部分动作会诱使对手作出一些反应，以使下半部分动作可在原先攻击路线的相反位置攻入对手的防线，以完成整个动作。

切勿贸然冲向敌人，但需冷静而周密地获取及维持与对手之间的距离。

- 在对手防守出现破绽时攻击，比他防守严密时更容易得手。攻击对手出现破绽的地方也能赚取时间，因对手的动作需要向反方向移动，而且为了防守，他必须逆转或大幅修改其动作。

- 在欺骗对方的手时，攻击的手常是以半弧形或弧形来移动。间接攻击常会利用漏手或反漏手以打击对手的破绽。

- 漏手是一个把手部从交手路线变换至相反路线，并从攻击严密防守之处转移到对手空当的单一动作。要掌握这个动作的时机以作出攻击意味着在一个时刻，防守是向着攻击的相反方向移动的。因此，那是当对方的手臂在身前擦过时，拳手必须开始攻击的动作。类似的时机掌握，也可以发生在一个经常缺乏贴身近战的拳手，返回交手的状态。

- 注：以格挡、内围攻击、移动头部、改变高度、移动身躯等来弥补漏手之不足。

- 当攻击路线由高到低时或反之亦然，建议配以漏手以作支援。当攻击路线由右到左时或反之亦然，这些攻击是通过切换完成（对角移动越过交战对手的线）。

- 以下是两种简单的攻击方法，以及由对手发出而需要掌握时机的动作。这也是必须定期要做的练习。

1. 直接攻击于
   （a）甩手时
   （b）交手时
   （c）变换交手动作时
   （d）踏前时（无论有否上述动作）
2. 间接攻击配合漏手于
   （a）拍手时
   （b）交手时
   （c）变换交手动作时
   （d）踏前时配合上述三个动作

- 反漏手是一种对应变换交手或反格挡的攻击动作。它的目的是诱导一个弧形而非以漏手为目的的横向动作。与漏手不同，反漏手并不会在对手的反方向路线结束。

- 举例：攻击者与对手在六分位交手（攻击者的上路外围）。防守者以弧形的漏手动作向反方向路线。攻击者此时顺着弧形动作，把防守者的手带回原来之位置再予以攻击。

间接攻击常会利用漏手或反漏手以打击对手的破绽。

- 谨记，大多数的人下盘都较弱。不妨多以简单攻击、漏手及反漏手动作向下盘位置攻击。也要谨记攻击时注意防守！

- 假如你想运用任何一种攻击方法，必须观察对手的习性与偏好。一记成功的简单攻击，不论是直接还是间接，都取决于正确的选择。该攻击必须对应对手正在做、将会做的任何动作。因此，以任何在脑海中想到的动作来攻击是十分危险的。

- 简单攻击的成功也以正确的出招时间为前提，假如不想被对手的动作赶上，就必须自然地与对手的动作节奏对应。

- 简单攻击在距离之内发动，如果处理得恰当，应该会击中对手，假设对手并不后退以补其格挡的不足。因此，要让自己安全，可诱使对手踏前到"攻击范围内"，再在对手踏步、转移重心或是在心理和身体上显示出"笨重"的迹象时即可予对手以痛击。

- 向对手采用一种"天真无邪的断续节奏"。一旦发动攻击，则要集中于以机械式的效率和正确的时间击中目标。

- 要确保简单攻击可以得心应手，需协调整体以发出有劲道的一击。在做动作期间需持续保持放松，并形成流畅而具爆发力的速度。放松！在等待攻击机会时（通过正确地发现距离），任何紧张的情况只会导致短促而生硬的动作，从而令你太迟才反应或使对手知道你的意图。这种情况下不能过于紧张。放松可使动作更流畅、精准与快速。切勿忘记。

在出招前——保持轻松但有准备。

在出招时——动作经济；由中性的状态做出连贯的动作。

在搏击时——选择能最经济地运用动作及力量的方法，配合由最直接路线攻击，并要严密保护自己。

在攻击后——能快速而自然地回复到两膝稍微弯曲的姿态。

• 强调重复训练经济性的招式，以获取本能地发招的能力、速度及力量范围和穿透力。谨记速度完全可由练习与意志力来增加。机械式的重复练习就是其中的基础。每天做弓步前冲的动作二三百次，而且动作要一次比一次快。

以任何在脑海中想到的动作来攻击是十分危险的。

• 要清楚的一个重点是，没有任何科学可以补充打击力量的不足，而除非能把握时机作出快速而准确的攻击，否则多强的攻击也会大打折扣。

• 因此，每个人必须首先学会正确运用四肢来拳击或腿击。而且必须学会拳击和腿击配合步法的运用。

• 没有什么比变化多端的攻击与防御更能烦扰你的对手，它还可以把用力的负担由一组肌肉转移至另一组，以让身体得以放松。

• 同样地，没有什么比三心二意的攻击更危险；让你的攻击飞翔，只需留意用正确的方法和最大的决心实行你的攻击。

• 进行攻击时，你应看起来像大胆进取的野兽——绝不鲁莽——以即时向对手施加压力重挫其锐气。眼神如鹰一般锐利，狡猾像狐狸，敏捷和机警像猫，勇敢、侵略性和凶猛像豹，打击力像眼镜蛇，抵抗力像猫鼬。

• 简单攻击并非对每个对手都有效。你必须运用其他手段攻击。尽可能学会最多不同的防守法及有用的攻击法；如此，你方能应付迎向你的千变万化的招式。

7.4 混合攻击

- 倘若两个拳手速度和技术相当，而对距离的判断也同样正确，那么任何一方想以简单攻击得手都会异常困难。此时，拳手必须弥补他在距离上的不利情况，并同时争取时间。运用混合攻击便可达此目的。

- 混合攻击包含多于一个动作，发招时可首先使出虚招，加上手部的准备动作或攻击对手离自己较近的目标，然后立刻作出真实的攻击。

- 混合攻击中的第一个动作应该由双膝稍微弯曲的马步开始，它应该经济而不动声色，是一个流畅、出人意表的伸延。基本上，混合攻击是以下四种简单攻击的结合：突击、简单漏手、反漏手与切换。

- 混合攻击的复杂程度，与对手格挡攻击动作的能力直接相关。选择运用于混合攻击的招式时，成功与否取决于是否能准确预期对手在回应虚招或首次攻击时的格挡形式（前手或后手，横向还是弧形）。因此，在运用混合攻击前，必须观察并了解对手的可能反应。

没有什么比变化多端的攻击与防御更能烦扰你的对手。

- 虚招必须做得彻底才能令对手留下深刻印象。此外，虚招的运用必须适可而止，到刚好可以得手的程度就可以了。混合攻击的形式越复杂，成功得手的机会便越微小。尝试两个以上虚招的攻击只会带来危险。

- 简单的混合攻击，是指那些只包含一记虚招或预先的攻击动作（1~2连击、下路—上路攻击等）的攻击。假如是对手正在做准备动作，特别是向前踏步时作出攻击，成功的机会更大。如果不能准确把握时间，又抓不住有利机会，混合攻击只会徒劳无功。

- 许多混合攻击之所以失败，是由于攻击者忘记调节虚招的速度，让虚招仅仅在攻击动作之前发出。因此，找出对手的防守韵律与偏好非常重要。

混合攻击可能是：

1. 短促、快速的组合。清脆利落。
2. 深入、穿透力（及快速）的组合。不清脆。

- 所有的攻击都要使出它们值得的最大劲力，所以一些攻击需要有强力的后援。那正是混合攻击的概念。

- 揭露各种不同混合攻击的路径，并能够在实行时改变路径。

在攻击组合的空隙中，加入：

1. 不使劲以使对手分心，或改善位置或流动。
2. 能在不破坏整体平衡与混合攻击（标指、扇指、弹指、反手拍击、掌击）的连贯性下，优雅地得手。

- 运用双重前手对付步速较慢或疲惫不堪的对手。

一些拳击的攻击组合（先发虚招）：

1. 右刺拳 / 左后直拳（1~2 连击）
2. 右刺拳 / 右上击拳
3. 右刺拳 / 左后直拳 / 右勾拳
4. 右刺拳 / 右上击拳 / 右勾拳
5. 右刺拳 / 右勾拳
6. 右刺拳 / 攻击身体的勾拳
7. 左拳突击身体 / 右勾拳
8. 左拳突击身体 / 右勾拳攻击身体

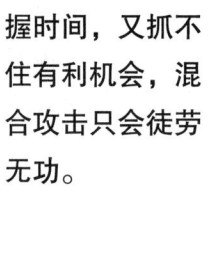

如果不能准确把握时间，又抓不住有利机会，混合攻击只会徒劳无功。

配合腿击的攻击组合

- 找出对你来说最经济，而又最能直接攻击对手的腿击。以对敌戒备姿态引导出招。在混合攻击中腿击有多种目的。

扰乱方法：

1. 勾踢对手膝部、侧撑低踩对手、前手标指、后手直拳或向对方的手部做准备动作（抓拿）。

2. 直接、快速地勾踢对手鼠蹊……
   → 切勿把视线移离对手。
   → 切勿委身过甚，至难以复原。
   → 谨记维持对敌戒备姿势！

3. 反截踢对手的胫骨／膝部……
   → 在对手刚出脚时
   → 在对手出脚途中
   → 在对手完成腿击动作时（于还击时）

4. 下路手攻击上路前勾踢（对付右前锋桩者）

5. 下路手攻击上路反身勾踢（用后脚）

6. 虚击上路，勾踢下路

7. 虚击勾踢下路，再攻击上路

8. 虚招侧撑，再转身旋踢

9. 虚招侧撑，再勾踢（前脚）

10. 虚招前脚直踢，再勾踢（前脚）

11. 后脚虚招扫脚，再前脚勾踢

找出对手的防守韵律与偏好非常重要。

烦扰方法：

1. 直接、快速、对鼠蹊勾踢及……

2. 直接、快速、对胫骨／膝部的侧撑及……

• 追击动作会因对手措手不及，或是在后退的路上而有所不同。

压迫方法：

1. 双重对胫骨／膝部的侧撑

2. 由后手勾拳带动的侧撑

3. 由后手勾拳带动的勾踢

4. 侧撑与勾踢追击

• 在研究脚法与手法的组合时，重新思考按照组合动作中对你最经济及最能直接攻击对手的动作。

- 由腿到手或从手到腿来回转移并改变高度。动作先高后低、先低后高，或安全的三重击（低/高/低、高/低/高）。

- 前手（刺拳、勾拳、挂捶、铲拳）与后手（直拳、后直拳、桥上拳、劈击）之间的追击动作必须自然。同样地，找出前脚（侧撑、勾踢、直踢、上踢、反踢、垂直踢、水平踢）与后脚（不同高度的前踢击、旋踢、不同高度的勾踢）的自然追击动作。哪些是手与腿之间或腿与手之间的自然追击动作？

- 检视所有可能的步法分类——前进、后退、绕向右、绕向左，以及额外的动作，如平行滑步。

- 检视失手或未及目标的攻击的自然追击动作，并且最适合的防守搭配。探讨对手在你攻击落空时的反应模式。

- 维持对敌戒备姿势。检视各种身体动作，以促使你能快速回复到对敌戒备姿势中，并在你完成或将完成动作的任何位置也能作出攻击与防御。

找出对你来说最经济，而又最能直接攻击对手的腿击。

7.5 反 击

- 反击是一种精巧的武艺，可确保使用者更安全，却能给对手造成更大的伤害。以蛮力攻击有时只能给对手造成微不足道的伤害，因为对手有可能顺着打来的力量移动，这样顺着拳势就能化解攻击的力度。

- 在两名势均力敌的拳手中，占优的是做反击的一方，因为当一个人率先发动攻击，他无可避免地会比保持对敌戒备姿态的对手露出更多破绽。任何的攻击会自动地暴露身体或目标位置让人攻击。

(A)

(B)

The use of the left hand in countering the right

- 不做佯攻、变换交手、抓拿或拍手的动作，而直接以激将方法引诱对手攻击。作出引诱的一方可以格挡、阻截或避开对手的攻击再予以反击。连环两拳攻击可以当对手采用相同战术时运用，以第一拳先引诱对手，在他企图反击时作出攻击。也可在处于防守姿态时故意暴露身体的攻击目标来引诱对手。

• 要作出反击，你必须避免被对手击中，而又能成功地在对手由于攻击落空，导致失去身位之际反击他。你的动作必须出于本能，并且瞬间即发。这种境界唯有通过不懈的演练方可达到。一旦你学会本能地作出反击，便可把注意力投放于全盘战斗计划之上。

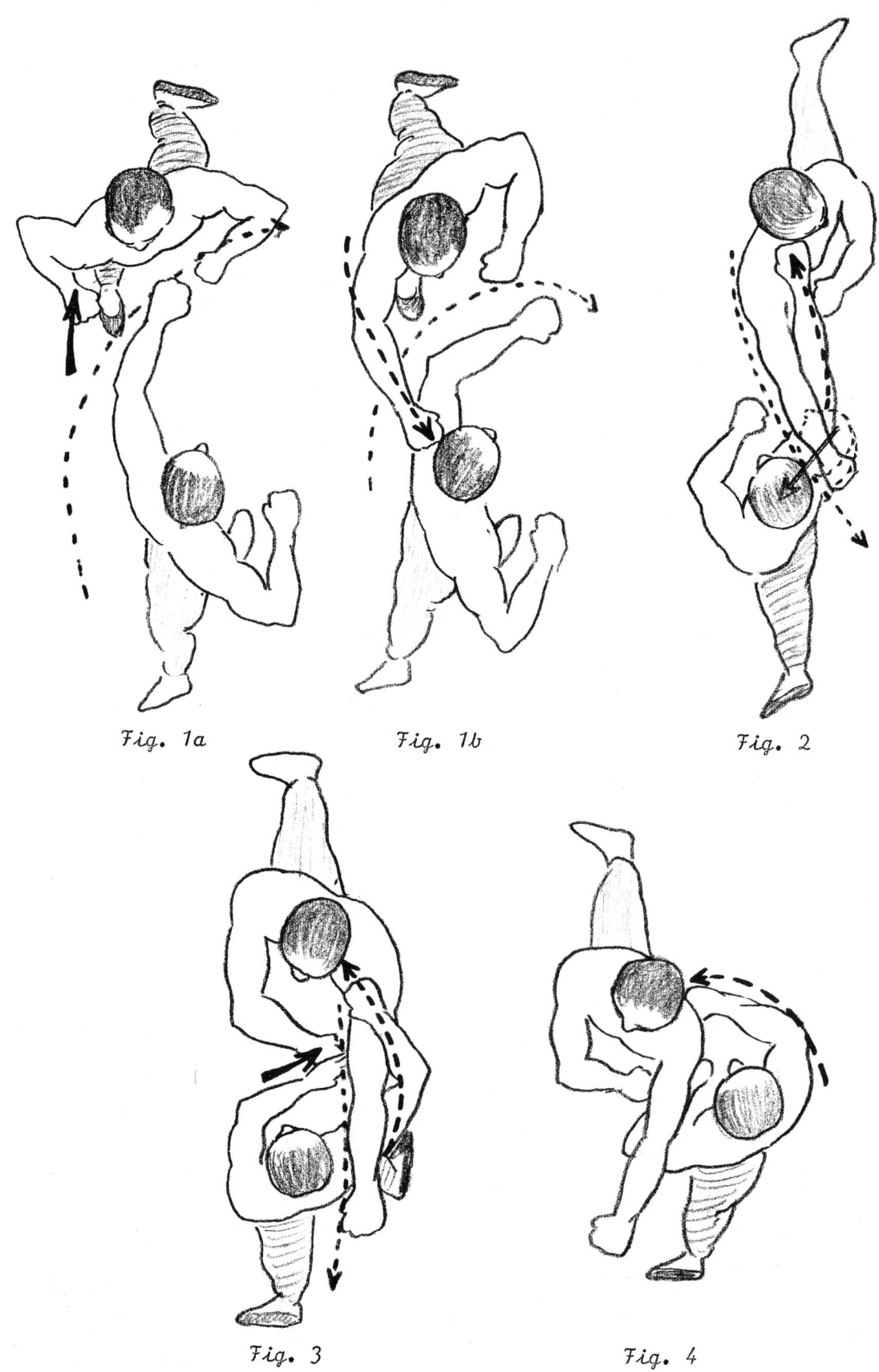

Fig. 1a　　Fig. 1b　　Fig. 2

Fig. 3　　Fig. 4

根据西洋拳击，避开对方的前手攻击，是反击对手的第一步，可通过下述三种方法完成：

1. 以滑步、迅速俯身或后闪身来令对手的攻击落空。
2. 你可以防守或拍开对手的直拳移离身体，使攻击落空而失效。
3. 你可以运用身体能承受得住打击的部位来阻挡对手的拳击——建议阻挡得越少越好。攻击落空会使对手更疲累，对你便更有好处。

• 任何精力充沛的拳手均能学会如何发动攻击，并有力及快速地回复原来的姿势，原因是他的动作或多或少已属于机械式，而他可以选择对自己有利的时间来启动这部"机器"。这跟反击大相径庭；"先出手者"选择时机以及露出一部分的目标，反击的一方则似处于一场赛跑比赛的位置，等待对手发号施令："跑"！

• 预测对手动作的能力是反击的秘诀，因此建议你宁可以虚招诱使对方先发动攻击，也不让对方这样做。

• 反击是在对手攻击之际所作出的攻击动作，反击时可从对手的攻击中获取一段"活动时间"。

• 反击是最基本的防守与攻击动作的简单组合。
　→ 以防御手段来避开对手的先攻。
　→ 使出相对应的反击。

• 在练习反击时，首先训练好表现形式，然后再练速度。

• 在反击后经常作出追击并善用你的优势，直至对手倒下或作出还击。

• 反击并非防御动作，而是一种利用对手的攻击来成功完成自己攻击的方法。反击是攻击中较高深的阶段，需能预知对手的攻击会制造出哪些特定的破绽。

• 反击需要极高超的技巧、极完美的计划，并能极细致地执行所有搏击技巧。它被用作各种主要技巧的工具：阻挡、防御、格挡、滑步、晃身与摇摆、迅速俯身、侧移步、虚招、诱敌及转移。它运用到了擒拿、腿击与拳击的各个阶段。除了要掌握以上技巧外，反击尚需能对时机准确把握、无误判断、冷静和镇定。它意味着缜密的思考、果敢的行动与稳妥的控制。反击是搏击中最高深的艺术，也是属于胜者的艺术。

• 对付每一个先发动的攻势，可运用多种反击方法，但在特定情况下，只有一种反击方法最有效。反击动作需能瞬间发出，而即使有多种动作可供选择，除非正确的动作曾

一旦你学会本能地作出反击，便可把注意力投放于全盘战斗计划之上。

经过训练来适应，否则要即时做出动作十分困难。条件反射（以整体的意识引导）因而成为了反击的基石。

- 条件反射是一个过程，当中特定刺激会产生特定反应。一个重复的刺激最终会在神经系统中建立一种行为模式。一旦此种模式建立了，则只要刺激一出现便会导致特定的反应发生。这种动作是瞬间发生而几乎是无意识的，因而是有效反击所必需的条件。通过激烈而专注的训练，以回应每个先发攻击的有计划行为模式，能达到这种条件反射。

- 这种行动应经年累月慢慢地锻炼，而且经常用来应对某些先发攻击。最后，先发攻击本身会引发出正确的反击。

- 搏击应该动脑筋，而不只是用手或脚做动作。在实战时，一个人的确不会想到如何去打，却只会想着对手的弱点或强项，或可能的破绽及攻击机会。除非搏击技巧能运用自如，而且大脑皮质得以自由思考与联想，筹组计划并作出判断，否则搏击永远无法达到真正艺术的境界。较高的神经中枢时常会保持控制，并在有需要时作出行动，这像按下一个按钮来启动或停止机器。

反击需要极高超的技巧、极完美的计划，并能极细致地执行所有搏击技巧。

在考虑作出反击时，必须了解三个因素：

1. 对手的先发攻击
2. 避开对手先发攻击的方法
3. 该反击、腿击或擒拿的本身

反击的样本

先发攻击	反击
1. 刺拳	1. 仰后，以刺拳反击
2. 刺拳	2. 滑步向外围，以刺拳反击
3. 前手摆拳或勾拳	3. 以后手前臂防御，以刺拳反击
4. 刺拳	4. 以后手向侧推开，再以前手铲勾拳攻击身体
5. 后手摆拳或勾拳	5. 拍击对手，以快速刺拳反击
6. 刺拳	6. 滑步向内围，以后手反击对手身体
7. 刺拳	7. 滑步向内围，以左直拳反击
8. 前手摆拳或勾拳	8. 拍击对手，以左直拳反击
9. 后直拳	9. 迅速俯身，反击鼠蹊或晃身至左侧突击身体
10. 后直拳或摆拳	10. 用前手手臂防御，以左手刺拳反击

1. 需要留意对手的先发攻击,因为由此可决定对手身体的哪一侧暴露出空当。对手出右拳时容易暴露右侧身体,当前手与后手出拳时则几乎完全暴露其上半身的目标。
2. 要避开对手的先发攻击,必须先决定用单手还是双手来反击。阻挡、防卫、阻截、格挡均可容许另一只手做反击。以下的动作如滑步、侧移步、迅速俯身、晃身及摇摆、虚招、诱敌、转移等则可用双手来反击。
3. 反击取决于避开对手先发攻击的方法以及先发攻击招式本身。

第一步:让对手入局和使他手忙脚乱。

第二步:让自己的动作和谐地配合,形成一个单一的功能整体。

第三步:协调所有力量攻击对手的弱点。

以右前手反击先发攻击的右直拳

运用阻截或拦截

在踏步把身体移向右侧时,以左手抓拿对方前手的攻击,然后以右前手直拳攻击对手下颌。

运用格挡

1. 向外围防御位置格挡,并以右勾拳攻击对手太阳神经丛。
2. 向外围位置格挡,并以右勾拳攻击对手下颌。
3. 向外围位置格挡,并以右铲勾拳攻击对手下颌。
4. 向内围位置格挡,并以右前手直拳攻击对手下颌。
5. 向内围位置格挡,并以右勾拳攻击对手太阳神经丛。
6. 向内围位置格挡,并以右铲勾拳攻击对手太阳神经丛。

运用滑步

1. 向外围防御位置滑步,并以右勾拳攻击对手下颌。
2. 向外围位置滑步,并以右勾拳攻击对手太阳神经丛。
3. 向外围位置滑步,并以右上击拳攻击对手太阳神经丛。
4. 向外围位置滑步,并以右直拳攻击对手下颌。

运用侧移步

1. 向外围防御位置侧移步,并以右勾拳攻击对手下颌。
2. 向外围位置侧移步,并以右勾拳攻击对手太阳神经丛。

> 条件反射是一个过程,当中特定刺激会产生特定反应。

3. 向外围位置侧移步，并以右上击拳攻击对手下颌。

4. 向外围位置侧移步，并以前手右直拳攻击对手下颌。

以左后手反击先发攻击的右直拳

运用格挡

1. 以左手向内围防御位置格挡，并以左拳攻击对手下颌。

2. 以右手向内围位置越线格挡，并以左直拳攻击对手身体侧面。

运用滑步

1. 向内围防御位置滑步，并以左勾拳攻击对手身体。

2. 向内围位置滑步，并以左直拳攻击对手身体。

3. 向内围位置滑步，并以左直拳攻击对手下颌。

4. 向内围位置滑步，并以左勾拳攻击对手下颌。

5. 向内围位置滑步，并以左直拳攻击对手太阳神经丛。

协调所有力量攻击对手的弱点。

运用侧移步

1. 向外围防御位置侧移步，并以左直拳攻击对手下颌。

2. 向外围位置侧移步，并以左拳攻击对手身体。

3. 向内围位置侧移步，并以左上击拳攻击对手下颌。

4. 向内围位置侧移步，并以左铲勾拳攻击对手下颌。

5. 向内围位置侧移步，并以左上击拳攻击对手太阳神经丛。

以右前手反击先发攻击的左后直拳

运用格挡

1. 以左手向内围防御位置越线格挡，并以右勾拳攻击对手下颌。

2. 以左手向内围位置越线格挡，并以右勾拳攻击对手腹部。

运用滑步

1. 向内围防御位置滑步，并以右勾拳攻击对手太阳神经丛。

2. 向内围位置滑步，并以右勾拳攻击对手下颌。

3. 向外围位置滑步，并以右直拳攻击对手下颌或身体。

运用侧移步

1. 向内围防御位置侧移步,并以右直拳攻击对手下颌。

以左后手反击先发攻击的左后直拳

运用格挡

1. 以右手向内围防御位置格挡,并以左直拳攻击对手下颌或身体。
2. 以右手向内围位置格挡,并以左勾拳攻击对手下颌或身体。
3. 以右手向内围位置格挡,并以左上击拳攻击对手下颌或太阳神经丛。
4. 以右手向外围位置格挡,并以左勾拳攻击对手下颌或太阳神经丛。
5. 以右手向外围位置格挡,并以左上击拳攻击对手下颌或太阳神经丛。

运用滑步

1. 向外围防御位置滑步,并以左勾拳攻击对手下颌或身体。
2. 向外围位置滑步,并以左上击拳攻击对手下颌或身体。
3. 向外围位置滑步,并以左直拳攻击对手脸部或身体。
4. 向内围位置滑步,并以左铲勾拳攻击对手太阳神经丛。

运用侧移步

1. 向外围防御位置侧移步,并以左勾拳攻击对手下颌或身体。
2. 向外围位置侧移步,并以左上击拳攻击对手太阳神经丛。

> 让自己的动作和谐地配合,形成一个单一的功能整体。

- 内围格挡与右刺拳,是一种把握时机趁对手发出刺拳留下空当时作出反击之方法。它也是一种几乎所有拳手在有意或无意间都会运用的基本反击法。这种方法不但可避开对手的刺拳,同时也可刺痛或撞痛对手。它更可以为其他反击创造破绽。用它来对付速度较慢的刺拳最有效。

- 外围格挡与右刺拳是一种在滑步闪身之后,使对手的拳由你的右肩掠过后所打出的刺拳。这是用来避开右手直击而同时发出痛击的安全方法。由于这种方法增加了右臂的攻击距离,用来对付手臂长的对手最有效。对手的右刺拳先被格挡,然后瞬间地在右肩处受困。对手打出刺拳时踏得越近,则他所受的反击会越猛烈。这种反击法应与刺拳的组合由内围位置打出。

- 内围格挡与右勾拳攻击身体是一种用来撞伤对手及令其震惊,并减慢对手速度的反击法。运用时因为身体会被引到对手左拳的攻击范围内，故甚具危险性。一旦右手与右肩垂下时，你的身体右侧顿时成了对手的攻击目标。因此，这种方法必须出其不意地运用，而且要成功得手，速度与欺敌动作缺一不可。

- 外围格挡与右勾拳是用来瓦解对手的防守，为左拳制造空当，并用来减缓对手的速度。这种方法既容易、安全又有效。它经常变成上击拳而非右勾拳。

- 内围阻挡与左勾拳是先阻挡对手攻势，然后再出拳。它应是用来对付速度较慢的刺拳或是出右拳时手部离肩过远的拳手。这种反击法甚具威力，但它比其他反击法需要更多的练习与更准确的时机把握。它要求你由内围阻挡对手的右前手直击，随后将重心移前，再以左勾拳攻击对手下颌。除非对手的破绽十分明显，否则不建议采用此法反击。

- 左后拳是西洋拳击中最多人谈论的拳击法，也是所有西洋拳手最常用的反击法。如适当出拳的话，其威力会十分惊人。它只是一记跨越对手伸延的右手直击，而以下颌为目标的左勾拳。当对手的刺拳由左肩上掠过，你再以左勾拳由外围向对手下颌打去。这是容易的招式，而且也确实是击倒之拳。

- 内围左直拳是一记时机准确的左直拳，以越过对方前手右拳下方及内围的攻击法。它用来对付在施展右手直击时踏得较近，而且同时配合外围格挡与右刺拳或右直拳的对手最为有效。这是一种能够打开或终结战斗的攻击法，容易把握时机而且威力极大。右手必须提高，以准备截挡与防御。

- 内围击向肋骨的左拳是一种容易令人上当的反击法，因为它利用了对手任何右手直击所自然暴露出的空当。这种攻击法难以防御。这是一记时机准确的左直拳，以在对手发出刺拳时从其右臂下方穿过，并用来减慢对手的速度，或用来"缩短对方手臂"的攻击距离。

为减少反击时的危险：

1. 以虚招扰乱对手的节奏，使对手的计划"瓦解"，并瞬间无法移动。
2. 在攻击时以左及右滑步闪身来改变身体的位置，并突然改变高度（迅速俯身）、摆动（晃动及摇摆）。
3. 经常改变攻击及防御的方式。

> 内围格挡与右勾拳攻击身体是一种用来撞伤对手及令其震惊，并减慢对手速度的反击法。

7.6 还　击

- 还击是在格挡后作出的攻击（或更准确来说是反击）。

- 还击的选择与攻击的选择相似，都是取决于一方认为对手可能采取的防守动作形式。要确定对手的反应，唯有从观察他在攻击落空后复原姿态时手部的惯常动作而得知。

- 直接还击的路线与格挡相同。它只包含一个直接动作（保护内围、辅助防御、移动身躯等）。是否运用还击取决于对手的反应与习惯——观察、推断并运用正确的攻击。

- 间接还击（运用漏手、反漏手、切换）的路线与格挡相反，是通过把手从对方的手部下方、上方及四周通过来完成。这种手法是用来对付攻击被格挡后便作出掩护的对手。以流畅、经济而有保护的动作来做间接回击。

还击的种类

1. 简单还击
   （a）直接
   （b）间接

2. 混合还击
   （a）包含一个或以上的虚招

3. 在下盘结束的简单或混合还击

- 任何一种还击均可在格挡后，即时出招或延缓发招。此外，还击可以在借助或不借助弓步的情况下发招。是否运用弓步，主要视乎对方由攻击到回复的速度。

- 一般来说，即时的还击最有效，因为它迫使对手处于守势。为了确保还击的成效，格挡与还击的动作需在对手攻击动作刚完成，而又来不及转攻为守之时发出。这种招式称为"在强弩之末作出格挡及还击"，并意味着防守者很可能知道攻击路线会在哪里终止。在攻击最后一刻作出即时的还击，可以借清脆的动作形成直接组合，或借不清脆的动作以重创对手。

- 延缓还击是当一个人在格挡攻击后，在搜寻对手反应时，对还击选择举棋不定。习惯于直接还击的对手，或会自动地出手格挡，而在未能接触对方的桥手的情况之下，会容易因为韵律的改变而显得方寸大乱，因而失去一些防守的控制。延迟还击可以作为一种混合攻击，或与虚招配合。

> 还击是在格挡后作出的攻击（或更准确来说是反击）。

简单还击的应用：

1. 直接还击是用来对付弓步冲前的拳手，如果他在收回手臂时犯了弯曲手臂的错误，这一招就可以令他在格挡的路线上露出破绽。

2. 间接还击（运用漏手或切换）是用来对付期待着直接还击，并在格挡路线上有护手的对手。偶尔对手可能是有意识去做掩护的动作，但经常这只是本能的反应。不管什么原因，假如对方的掩护是成功的，则还击者必须作出预估并运用漏手来欺敌。

3. 以反漏手的还击，是用来应付当对手弓步进攻或回复时，由格挡路线转变交手的动作，换言之，也即是反击。反漏手的动作欺骗对手作出交手的变换。此种还击法以右前锋桩对付左前锋桩的对手尤为有效。

4. 下盘还击法是用来对付在攻击后正确掩护上半身，并在收手时伸延手臂的对手，此举令他唯有下路可予以攻击。

即时的还击最有效，因为它迫使对手处于守势。

• 混合还击是在一个或以上虚招组成的格挡后的反攻动作。

例如：在对六分位反击的格挡后，作出 1~2 连环攻击的混合还击——攻击者被反击带回六分位的防线，预期一记直接还击时，会在六分位作出掩护。之后，还击者保持手臂弯曲，作出一记漏手的虚招，诱使对手在四分位作出格挡，此时保持手臂弯曲，发出虚招欺骗对手，最后还击对手的六分位。

• 再次强调，对时间的掌握最为重要。在对手攻击动作完成的瞬间作出格挡及还击最有效。在这一点上，可供对手反攻为守的时间被减至最短。所以，在对手未及格挡时，还击便有更大机会得手。

• 通过有目的地用某一种确定的方法回应对手的试探动作，常有可能诱导对手采用某种攻击手法。当了解对手出招的性质后，则不难把握时机，把它转化为自己的优势。

• 反还击是一种成功格挡对手还击后，作出的攻击动作。它可由攻击者或防守者发出，动作可简单亦可混合；它在弓步进攻、回复途中、回复之后或没有弓步都可实行，视乎距离而定。

• 反还击可能是第二意图的结果。第二意图意味着原先的攻击已然发出，其目的并非真的要击中目标，而是诱使防守者作出格挡及还击，并借此还击他。此一系列由攻击者作出的攻防，通常是用来对付本身防御十分严密，并预期第二次攻击会令对手猝不及防。攻击者可以在初始虚击之后，只回复一半，或把重心转往后腿作格挡。如此，他把自己置于还击范围之外。之后，他只需半弓步或把身体前倾便可还击对手。

7.7 重新攻击

- 当对手只是后退而不去格挡时，则由原先攻击路线继续发动另一次攻击（在西洋拳中）或重刺（在击剑中）会十分有用。它是一种循着原先攻击或反击动作的相同路线所做出的重新攻击或更换武器的攻击。这种招式也可用来攻击对手较近的目标如膝部或胫骨，以及旨在惩罚无论是运用间接或混合还击，因为动作过大而暴露自己的对手。

- 重新攻击对于防守虽严密，但在还击时却犹豫不决，或动作过慢的拳手非常有效。很多时候，这是由于他们尝试格挡时失去平衡。

- 此外，许多拳手在防守时犯了把身体后倾，而不是向后踏一小步的错误。遇此情况时，可攻击其后腿重心脚。

- 成功的重新攻击，很大程度上建基于收手后向前移的速度（也是步法！）。绝不能让对手在遭受初次攻击后有任何重获（身体或心理上的）平衡或控制的机会。

一般来说，回复后向前移会配合着对双臂的攻击。其优点在于：

1. 弥补收手后向前移所引致的时间差。
2. 在那一刻占据对手的注意力，因而可减少对手延迟截击或还击的风险。
3. 回复时抓住对方的手臂，寻求某种程度上的支持。

- 虽然凭一时冲动重新进攻是可能的，但这样做却不能确保可赚取一段做动作的时间。在多数情况下，它作为攻击，预设成观察对手习性与战术的结果。

跟随回复后向前移，重新攻击本身可以包括以下的例子：

1. 直击。
2. 虚发一记直击，然后再使用间接简单攻击或混合攻击。
3. 手部的准备工作（拍击、抓拿），然后再使用简单或混合攻击。

当了解对手出招的性质后，则不难把握时机，把它转化为自己的优势。

7.8 战 术

Body Blows

The two basic body blows

The Combination of Low & High Right -- setting the timing with the opponent

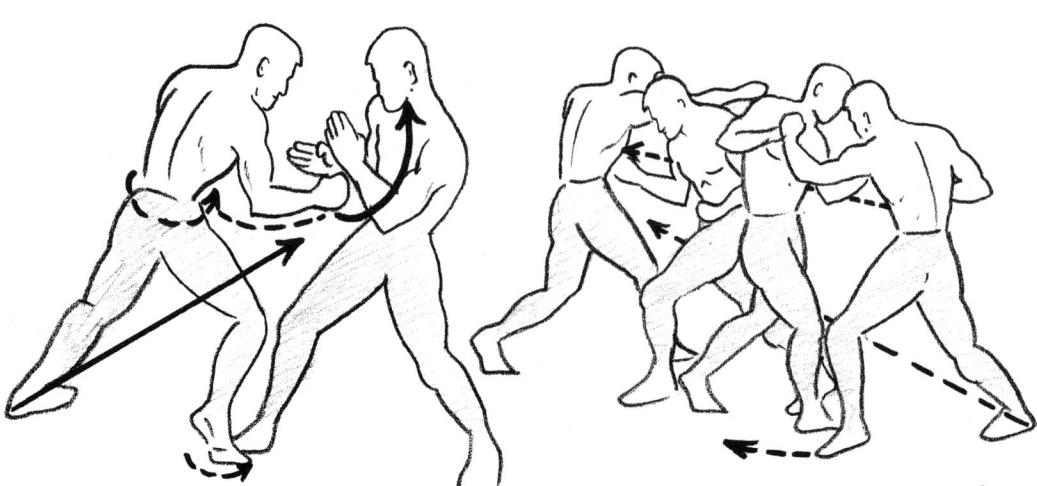

The body feint as a mean to increase the power of right to chin

The Shift--a technique to confuse the opponent as well as adding power to the punch

• 战术是善用大脑的搏击法。它们建基于对对手的观察与分析及明智地选择所需的回应行动。战术的取向包含三个部分：初步分析、准备与实行。

• 初步分析：初步分析的目的在于通过摸清对手的习惯、优点与缺点，以奠定好基础。拳手应了解对方是属于进攻型还是防守型、是否倾向及时做动作，以及他常用的攻击与格挡招式。密切地观察他，就算你认识他，但拳手的身心状态每日也会有变化。一位善用战术的拳手，需能缩减及延长移动距离，并运用具引导性的佯攻来诱使对手反应，从而得知对手之实力与反应速度。

• 准备：这是每位拳手在准备做动作时，寻找线索和尝试智取他的对手。其变化无穷，但也可指出一些例子。例如，拳手打算攻击奏效，则必须发动攻势并擅长控制大局。他偶尔试图通过虚招误导对手，然后跟进一记真正的攻击到不同或相同部位。攻击路线与位置应该经常改变，以免给予对手一种获取主动权的自由。

• 攻击的准备应谨慎，拳手必须随时准备好做格挡，以防对手尝试使用出其不意的截击或反击。

• 实行：实行真实的攻击动作必须配合正确时机，要快速，没有中断或迟疑。这必须有意识、速度、决心和果断的动作。出人意料是十分重要的，而拳手必须相信它能带来成功的效果。当对手发动攻击时，拳手必须经常以有威胁性的反击、突击或打击、以拍击对方防护之手，或运用其他能扰乱对手注意力的手段来挫败对手。

• 如果两名拳手的身体素质相当，智力优势的一方有可能取得胜利。两名拳手智慧相当，则决定性因素在于无意识及技巧方面的知识。

• 一名拳手要成功地应用战术，必先要达到某一标准的技巧水平。当动作能训练至可自动化运作时，心智方可专注于发现对手的反应、预测对手的意图，并设定策略与战术击败对手。

• 战术需要冷静判断、洞察力、机会主义、愚弄与反愚弄，以及能够思考下一步行动的能力。这些素质结合勇气与良好的肌肉控制以及四肢反应的控制，让拳手可以按任何情况需要做出简单或复杂的动作。

• 有人说，拳手的思考与动作必须像电光火石一般。身心合一肯定是搏击制胜的秘密所在。在搏击时缺乏思考的能力，则机械式的完美也是徒然，同样地，对对手作最有智慧的分析并不能确保成功，除非必需的搏击招式能以适当的方法设定及应用。

战术的取向包含三个部分：初步分析、准备与实行。

- 搏击战术中最基本的关键是，攻彼之短以获得优势。

- 你会否攻击一名妥善准备、平衡力极佳，时而处于神经质及狂野的节奏，时而又控制良好、有节奏的对手？你会否迎战一名暴怒而又鲁莽的对手？当然不会！一位伟大的武术家，首先会善用步法的调整来控制适当的距离，再以虚招、虚击及经济的啄击来牵引对手的节奏。

- 这是十分重要的，经常运用与对手惯于运用的战术刚好完全相反的战术（与搏击者比西洋拳，与西洋拳手搏击）。持续攻击一个依赖防御的拳手十分不智，反之，应该一鼓作气攻击那些攻击快而劲的对手。对爱用截击的人以反击时间应付，而截击用来对付常用大量虚招的拳手。

- 对于一位拥有较长攻击距离或不断作出重新攻击，或踏步向前攻击的拳手而言，一般来说要求较宽阔的范围。频频在攻击或准备时后退是不对的，因为这会帮对手取得做动作所需的空间。如果在对手攻击时向前踏一小步缩短范围，他或会因此感到不安和失去他的准确性。

一名拳手要成功地应用战术，必先要达到某一标准的技巧水平。

- 一名较矮小的拳手可运用对手部的攻击作为准备动作，或攻击较近的（接近的）目标，或可以进入贴身近战中，如果他较强壮的话。

- 以自己的韵律迷惑对手，然后突然爆发速度。最基本的战术是诱使对手踏步向前，而在他踏步时予以攻击。

- 一名拳手不可能运用相同的动作应付所有的对手。一位好手应能以简单及复杂的攻击和反击等，配合距离转换来改变他的游戏。

- 对付一名冷静、沉着的拳手，虚招的时间要长一些。对付一个神经质的对手，虚招的时间则应较短。对付冷静的拳手，自己需保持冷静；神经质的拳手则需要刺激他（而自己应尝试保持冷静）。高挑的拳手动作通常较慢，但其攻击距离较远，较具危险性，是故有必要保持与对手之间的安全距离（直至能进入内围位置）。

- 非传统的拳手，会采用较宽阔的，甚至出人意表的动作。对付这种拳手最好保持一定距离，也应在最后一刻才作出格挡。不正宗的拳手通常运用简单的动作，而且几乎都是以相同的拍子来执行。攻击会通过较宽阔的动作来完成，为捕捉时间或截击提供机会。如果面对这种对手时败北，原因通常与拳手本身欠缺弹性，而且又没能力按当时环境的要求改变招式有关。

- 对付一名习惯在攻击时先做手部准备动作，并能完美掌握时机的对手，应以避免接触并变换距离的方法来搏击，而不要伸出手或采用伸延的对敌戒备姿势，这样做常可令对手不安，而且大大限制他的表现。

- 对付一名有耐性、防守严密而又能保持在攻击距离之外，并避免做任何准备动作的对手，直接攻击他并不安全。这种对手一般能作出准确的截踢或截击。最明显的答案是先以具威胁性的虚招来引诱对手截击，然后作出二度意图的攻击，或抓住对方的手，或再施展擒拿。

- 攻击一名逃避接触的对手前，可用佯攻或明显的虚招以引诱他反应。假如对手作出截击，你可以进行反击，最好是擒住对方的手部。倘若他回敬一记格挡，你可以作出混合攻击或以反还击得手。另一方面，以上行动的结果可能令对手返回交战状态，让你能作出适当的攻击。

- 新手的节奏或许不规律，但却是难以估计的，因为他不太可能跟随给他的前手攻击，以至较长的攻击手法变得危险。他肯定会容易慌张，对微不足道的挑衅也会格挡。这些格挡开始得太早而且缺乏控制，常是以鞭抽形式无方向性地随意发出。这些格挡比较容易擒住攻击者的手臂。因此，必须小心谨慎，切勿运用混合动作来攻击新手，而是等待适当时机以简单、快捷而经济的技巧来攻击。

搏击战术中最基本的关键是，攻彼之短以获得优势。

- 新手常会在无意中作出一些不规则的攻击，此种攻击节奏会出乎资深拳手意料之外，让他们备受愚弄。因此，拳手必须非常小心范围的判断，这样可以迫使新手超出范围来攻击。

- 一则金科玉律是，你采用的手法绝对不要比所需的手法更复杂，这样才能达到预期效果。开始时先以简单的动作发招，无效时才采用混合手法。用复杂的动作来对付一位杰出的对手令人感到满足，并可显示一个人对技巧的掌握；但运用简单的动作即将同一位好手击败，则是伟大的标志。

- 当你知道对手正在做什么时，搏斗就已经赢了一半。假如，在正确选择对应的动作下攻击仍然失效，则必是由于技巧上出现问题。

- 重复一遍！一名优秀的拳手知悉所有的攻击。

- 你必须知道对手会不断尝试观察你的习性与弱点，所以你要有意识地改变攻击及防御的方法。(包括伪装你的某些习性及弱点。)

- 右撇子对抗左撇子：右勾拳是十分有效的攻击拳法，而且也可后跳一小步作为反击拳法。

- 谨记，一个左撇子的右拳能如其左拳一样运用得纯熟，是十分不容易对付的。

- 右撇子必须把右手稍微提高些，并以凌厉的左拳攻击左撇子，或以左手虚击一拳，向后跳，然后以一记凌厉的左拳反击，追击一记右勾拳。

- 另一个版本是保持向右移动，主要用右手来防御，并用左手攻击对手的头部及身体，尤其是后者。

- 以滑步移向左前锋桩的对方伸长手臂的外围，或是其左前手的外围，再以一记较远的左勾拳攻击其身体，是好的主意。

一位好手应能以简单及复杂的攻击和反击等，配合距离转换来改变他的游戏。

- 建议以下路侧撑攻击对手伸延的目标前，先滑步到交战状态的外围并抓拿其手。在侧撑时身体适当后倾以避开对方的前手攻击。经济和流畅的启动可减低对手前踢反击的威力，尤其是动作的时机能与对手重心前移准确配合。需注意对手重心前移并不是准备发出后脚弹踢。在这个情况下，你应在滑步时绕至右方。你可以在另一刻，补上一记挂搥或其他攻击。

- 在交手状态外围的拍击可用来作为虚踢胫骨／膝部的准备，之后可即时采用一拍半的节奏去越过对方的手部，以前手突击对方面部。采用对应的辅助性防御，以应付对方漏手向你使出的左勾拳或右直拳。

- 攻击前，在左撇子的交手状态内围做滑步及拍击时，必须注意对手的右腿与右直拳。你可以在做动作的最初三英寸位置运用经济的出招，以减轻对方后手或后腿突击的威力。之后，绕至右方，同时准备你的攻击。

- 当对手进入你上路的内围时，使用格挡和反格挡。

- 研究以滑步闪开左撇子的左刺拳，并同时打出右拳攻击对手露出的腋下部位。

- 先在上路内围与对方交手，然后漏手返回对手的上路或下路外围。这可使对手被迫运用较弱的格挡——上路外围格挡或较慢的弧形上路内围格挡。假如攻击是指向对手下路外围，他会采取下围格挡，并使其上路露出破绽。当你向对手下路的攻击是一记虚招时，这种攻击法会非常有效。

要成功地拳击，你必须能在搏斗过程中眼看四方，留意一切。搏击是一个时机、战术与愚弄的游戏。两种最有效的方法是：

1. **由静止状态发出简单的攻击。**这时常会使对手诧异，特别是在发出一系列佯攻及虚招之后。防守者潜意识地期待准备动作或更复杂的攻击，因此难以对突然而出其不意的简单攻击作出及时反应。

2. **在攻击前或攻击期间变换节奏或韵律。**这也可达至使对手出乎意料的效果。举例说，一连串审慎地减慢速度的佯攻或缓慢的踏前、打破僵局的动作可用来"使对手昏昏欲睡"。一记突然爆发高速的最后攻击，常常可以攻其不备。此外，一些快速的虚招之后配以有意识放慢或断续的最后攻击，可令强悍的对手感到不安。

- 有些拳手在对手攻击其手或脚时，会习惯缩手或撤脚。这种拳手极易受到即时重新发动的弓步冲刺所攻击。

- 偶尔，在上路的几招虚招，可为突然漏手以攻击膝部的动作铺路。

- 膝部的准备动作加上抓拿对方的手或脚，同时封截对方的腿，多数是用来减低动作的时间因素。反过说，向准备中的对手攻击特别有效。

- 一个断续的攻击，是在最后攻击前先停顿，它在欺骗对手和隐藏自己的攻击意图方面十分有效。

- 试探对手反应的其中一个方法，是刚在攻击距离以外向对手发出一记简单攻击，使对手仍需格挡。这时，等待对手还击，在挡开它后小心选择目标位置作出反格挡。

- 密切注视你的对手！在实战时切不可将视线移离对手。要成功地拳击，你必须能在搏斗过程中眼看四方，留意一切。在远距离搏击时，要注意的是对手的双眼。留意猛兽在搏斗时双眼注视的地方。在贴身近战时，则应注意对手的双脚或腰部。

- 让对手远离优势，并设法令对手处于守势，令对手不断猜测你的下一步行动。在可能的情况下切勿让对手有任何喘息机会。由不同的角度攻击他。当以右刺拳攻击时，要一连两拳。寻找对手的弱点。找出什么东西最困扰对手。集中攻击对手防守上的缺口，不要放松。使对手在发挥最差的情况下战斗。

一则金科玉律是，绝不采用比所需的更加复杂的手法，来达到预期效果。

- 保持移动以防止对手稳妥地拳击，让他的攻击落空。以绕步和侧移步避开对手的冲前攻击。当对手失去平衡之时，让他完蛋。把握优势。

- 别做多余动作。每一个欺敌、防守或攻击的动作均需有其目的。出拳时绝不泄露企图。
  → 有信心地攻击。
  → 准确地攻击。
  → 快速地攻击。

- 回想起来，所有攻击的手臂动作，无论是简单还是复杂，均是由以下三项中的一个或以上的基础产生：拍击对方前手或脚、准备动作、漏手、简单突击。

- 任何通过正确策略进行攻击或防守的元素，擂台大将可以在适当的条件下，用于最高阶的搏击类型中。

当你知道对手正在做什么，搏斗就已经赢了一半。

> **辅助训练**
>
> 课堂上，导师应有说服力地对每一个招式，不论是攻击、防守或反击，在战术上的应用作出解释。每一次他也会强调：
> 如何——完成此动作。
> 为何——完成此动作。
> 何时——完成此动作。

- 如果课堂上学习的内容也包括在不同情况下应采用哪一个招式，学员便不至于为不熟悉的动作感到惊讶了。

- 转换你的练习伙伴，使你不会固守特定的战术或韵律。

- 还有一点，谨记，成功拳手能从被教导的招式中，选择正确的来使用。最重要的其中一课是要学会掌握组合（双手、双脚，或两者等等）。然后，在决定使用何种组合击败对手之前，你必须先研究对手的风格。

7.9 攻击五法

• 编者注：攻击五法是李小龙过世前不久用来解释其动作的最后描述。与他给予其私人学生的详尽解释相比，他的笔记在这里显得十分不完整。

THE FIVE WAYS OF ATTACK

1. **SIMPLE ANGLE ATTACK (S.A.A.)**
   (CHECK THE EIGHT BASIC BLOCKING POSITIONS)
   1). LEADING WITH THE RIGHT, GUARDING WITH LEFT, WHILE MOVING TO THE RIGHT
   2). LEADING RIGHT STOP KICK — (GROIN, KNEE, SHIN)
   3). BROKEN TIMING ANGLE ATTACK (B.T.A.A.)

2. **HAND IMMOBILIZING ATTACK (H.I.A.)**
   (CLOSE OWN BOUNDARIES WHILE CLOSING DISTANCE —— WATCH OUT FOR STOP HIT OR KICK —— READY TO ANGLE STRIKE WHEN OPPONENT OPENS OR BACKS UP) —— USE FEINT BEFORE IMMOBILIZE
   1). 虚攻下门疾手封   2). 虚腿疾手封
   3). 变步封外门钩击   4). 标指问手封
   5). 捆擸掛搜封

3. **PROGRESSIVE INDIRECT ATTACK (P.I.A.)**
   (MOVING OUT OF LINE WHENEVER POSSIBLE —— BOUNDARIES CLOSE ACCORDINGLY)
   1). HIGH TO LOW
      a). R. STR. TO LOW R. THRUST
      b). R. STR. TO R. GROIN TOE KICK
      c). R. STR. TO L. STR. (OR KICK)
      d). L. STR. TO R GROIN TOE KICK
   2). LOW TO HIGH
      a). R. STR. TO HIGH R. STR. (OR HOOK)
      b). R. GROIN KICK TO HIGH R. STR.
      c). R. GROIN KICK TO HIGH HOOK KICK
      d). L. STR. TO R. HIGH STR.

要成功地拳击，你必须能在搏斗过程中眼看四方，留意一切。

任何通过正确策略进行攻击或防守的元素，擂台大将可以在适当的条件下，用于最高阶的搏击类型中。

3). LEFT/RIGHT OR RIGHT/LEFT
   a). R. STR. TO R. HOOK
   b). L. THR. TO R. STR.
   c). SNAP BACK & L CROSS'S OPPONENT'S R.
   d). OPPONENT CROSS HAND BLOCK (L. CROSS)

(四). ATTACK BY COMBINATION (A.B.C.)
(TIGHT BOUNDARIES — BROKEN RHYTHM — SURPRISE OPPONENT — SPEED)
1). THE ONE-TWO (O-N-E-TWO)
2). THE O-N-E-TWO-HOOK
3). R-BODY — R-JAW — L-JAW
4). R-JAW — HOOK-JAW — L-JAW
5). THE STRAIGHT HIGH/LOW

(五). ATTACK BY DRAWING (A.B.D.)
(AWARENESS — BALANCE TO ATTACK)
1). BY EXPOSING
2). BY FORCING
3). BY FEINTING

简单角度攻击

• 简单角度攻击（SAA）：这是一种由任何意想不到的角度作出的简单攻击，有时也会跟随虚招而发。这种攻击通常会运用步法以重新调整距离来做准备。研究难以捉摸的前手和简单攻击。

封位攻击

- 封位攻击（IA）：封位攻击是通过应用封固的准备（抓拿），向对方的头部（头发）、手部或脚部，突破对手防线而作出的交手。抓拿维持着对手移动中的身体部分，为你提供一个安全的区域来攻击。封位攻击可以其他四种攻击法的任何一种来作预备（设置），而抓拿可以与其他攻击法相配合或单独使用。同时研究截击。

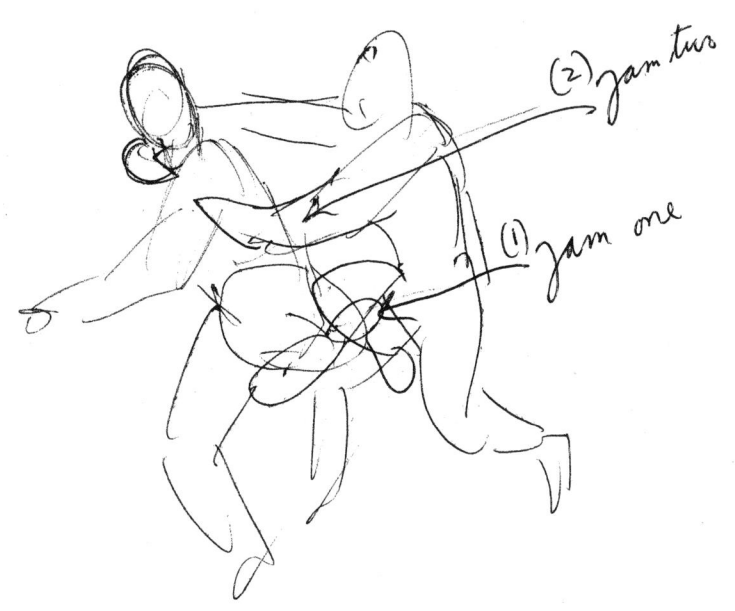

谨记，成功拳手能从被教导的招式中，选择正确的来使用。

- 当一只手作出攻击时，以另一只手封按对方之手作为预防措施。它也可成为滑步或反击时的一项预防措施。

- 在对方确实意图出拳攻击时，运用封手需能知道对方何时会发招，而封手也需速度与技巧的配合。

- 获得前臂的身体触觉，应用为具破坏力的武器。运用放松的抓扣或沿肘边如棍一样地攻击。

渐进间接攻击

- 渐进间接攻击（PIA）：这是先用虚招或佯攻来转移对手的动作或反应，以攻击对手的破绽，或赚得一段做动作的时间。渐进间接攻击是单一的向前的动作，途中绝不收手，相对于单一角度的攻击前有一个假动作，这实际上是两个动作。研究虚招与漏手。

- 渐进间接攻击的主要用途在于克服防守严密、动作快速而使简单攻击无效的对手。它也可以用来提供在攻击中模式的变化。

- 谨记，虽然渐进间接攻击运用了虚招与漏手，但每一次渐进间接攻击是以一个单独的、前进的动作实行的。它是以渐进的方式来缩短距离的。为了缩短距离，必须以首个虚招的大半来接近范围。尽量伸延你的虚招以让对手有时间作出反应。把余下的一半距离留给第二轮动作。完成攻击前切勿等待对手作出阻挡，保持领先位置。

- 当对方的手臂在过程中交叠、向下、向上等，你必须立即展开攻击。这是指在一瞬间，他的防守正朝着你攻击的相反方向移动。因此，你的攻击要配合漏手来完成。

- 除非特殊情况，所有的动作越小越好，手部的动作只偏离少许，仅足够令对手作出反应便可。同一道理，漏手应该在离对方的手非常近之处越过。

- 要使配合腿法的渐进间接攻击更有效，试试用一拍半的打法。一拍：第一个攻击要深入、出其不意、经济、防守严密，而最重要是保持平衡。判别一记强力的发招（如逆勾踢）及一记直接发招。半拍：下半部分的动作必须是快速且有劲的腿击，而腿击时不能让身体过分偏离对敌戒备姿势，因为可能会启动贴身近战。

- 要击中目标，攻击者必须诱使对方的平衡向前移，欺骗他稳固的平衡、他的防御和格挡，并必须在他的身体上或心理上攻其不备。

- 在发动渐进阶段与虚招组合时，轻松地转换至第二攻击意图。特别注意把两个动作有效地做得连贯以增加速度及劲力。

除非特殊情况，所有的动作越小越好。

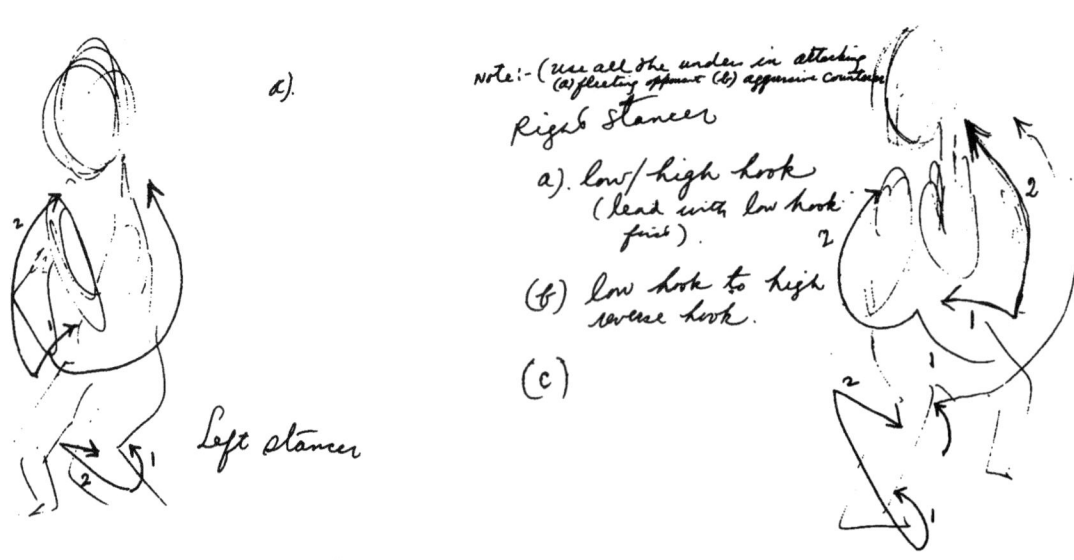

组合攻击

- 组合攻击（ABC）：组合攻击是一连串自然互相扣联的攻击，通常不止从一条路线攻击。研究混合攻击与组合拳击。

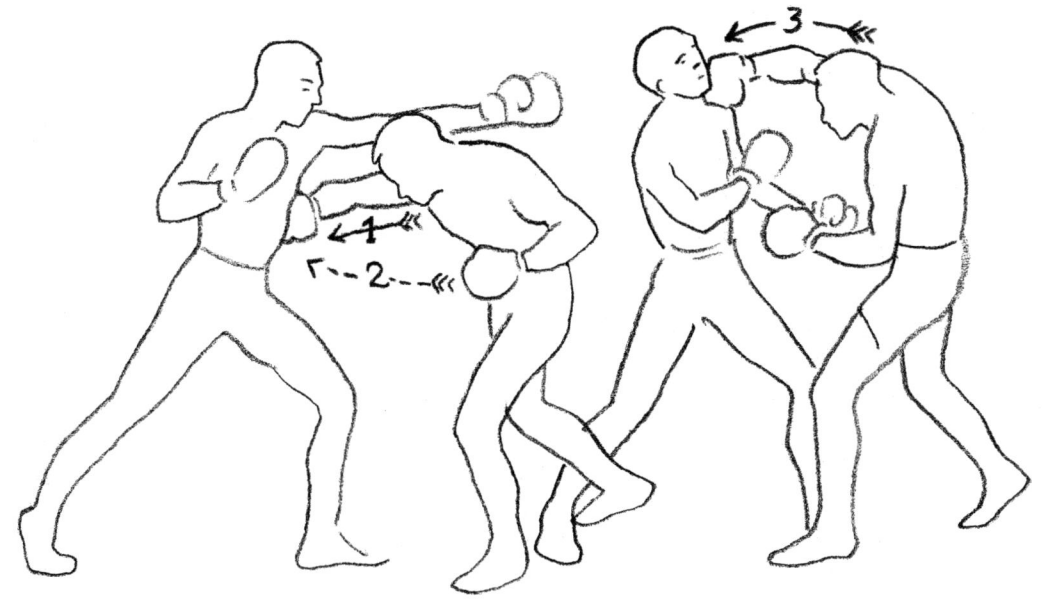

- 组合攻击通常包括很多安排。"安排"一词指一系列自然顺序下的拳或腿的攻击。其目的是迫使对手做出某个姿势而露出破绽，以使连环攻击中的最后一击可以落在对手最脆弱的位置。组合攻击是为了向对手作最后制胜的一击或腿击而铺路。

- 高手与新手之间的差别是，高手能善用每一个机会、追击每一个破绽。他能利用其敏锐性和支配性气场及其气势的节奏。他会精心策划一连串的拳击或腿击，创造接二连三的破绽，直至发出最后清脆的一击为止。

- 有些攻击似乎是"跟进打击"，它们是紧随某些攻击之后发招的。例如，左直拳是紧随右手刺拳的，而右勾拳是紧随左直拳的。

- 先发一记直拳再接勾拳似乎比较自然，同样地，先发拳攻击头部，再攻击身体也似乎比较自然。

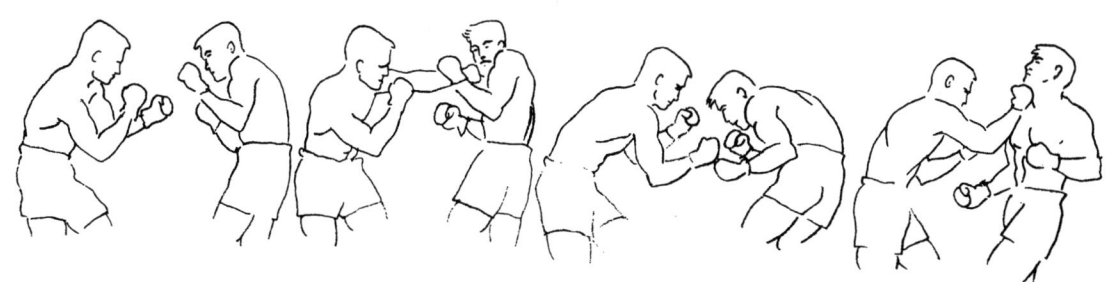

> 组合攻击是为了向对手作最后制胜的一击或腿击而铺路。

- 跟进打击或安排必须以节奏与感觉为基础。有节奏地拳击是西洋拳的重点。

- 连环三拳在组合攻击中十分常见。打法是先以滑步闪身至对手的外围或内围，然后向对手身体打出两拳，再跟进一拳攻击对手头部。首两拳将可瓦解对手的防御，令他露出破绽，让你作出最后一击。

高手与新手之间的差别是，高手能善用每一个机会、追击每一个破绽。

- 另一种连环三拳的打法称为"安全三重击"。安全三重击是以节奏为基础的一连串攻击，先攻打头部然后身体，反过来也可。主要谨记的是，最后一拳要与第一拳的攻击位置相同，例如第一拳打向对手下颚，最后一拳也打向下颚。

- 也需研究 1~2 连击的不同变化。

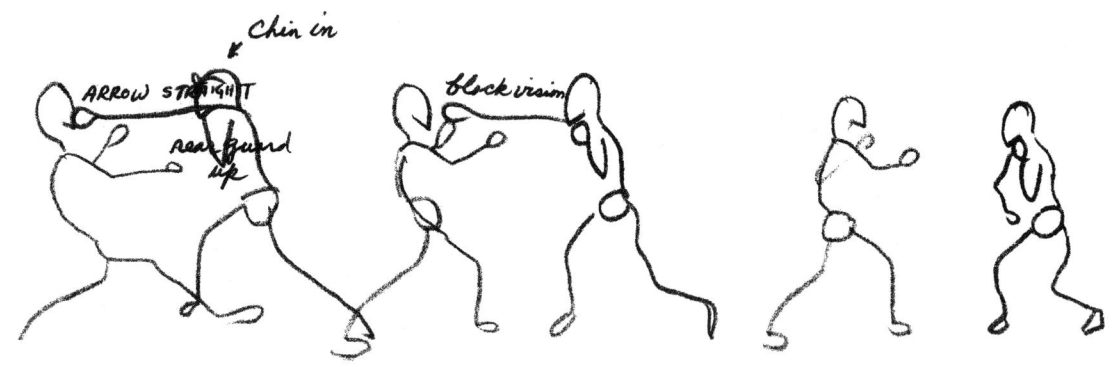

- 揭示组合攻击的不同路径，并能在实行时作出转换。

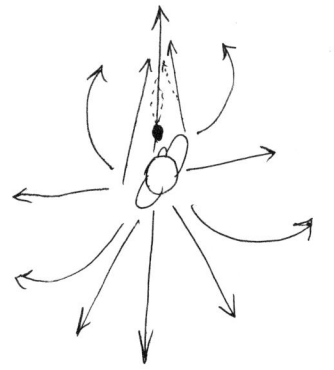

Be expose to the various paths of combinations and to change path during one path.

诱敌攻击

- 诱敌攻击（ABD）：诱敌攻击是一种攻击或反击方法，目的是通过明显露出自己破绽来诱骗对手，或做出一些动作，令对手尝试委身掌握时机并作出反击。诱敌攻击可以利用前述四种攻击方法。研究把握时机和八个基本防守姿势。

- 在可能的情况下，它通常是最好的诱使对方先于自己作出攻击的方法。通过强迫对手出招确认其下一步行动，你可以大概肯定他准备的动作为何。对手的出招会令他失去改变姿势的能力，也使他难以迅速调整防守来抵挡你作出的任何攻击。

- 在对手的猛烈攻击之下，你应该保护各式各样的破绽。你应能使对手向你展露与你对等的破绽供你攻击。

- 最重要的一点是，你会从对手的身上借力以增强你反击的威力。谨记，重击对手的所有秘密，在于准确的时间性、正确的位置与心理的运用。

- 不论通过向对手露出你的破绽、压迫对手（趋近配合封固动作与否，缓慢或快速），还是佯攻以引导对手来反击，之后，你也必须保持警觉性与身体平衡作出攻击。

> 谨记，重击对手的所有秘密，在于准确的时间性、正确的位置与心理的运用。

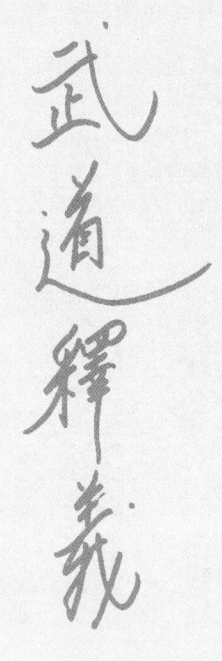

第八章

截拳道

以无法为有法，以无限为有限。

8.1 没有圆周的圆圈

- 归根结底，截拳道不是一些无关重要的招式，它是与个人身心的高度发展相关的。这不是关于我们已然得到什么，而是发现什么被遗漏的问题。这些东西一直与我们同在、并存，从来就没有失去或被扭曲，除非我们受到有关它们的误导。截拳道无关技术，而是心灵的洞见和训练。

- 这些工具位于一个既没有圆心，也没有圆周的圆圈，既动而又未动，紧张而又放松，正在发生的一切尽收眼底，但对其结果没有任何焦虑不安、没有在意、没有刻意考虑、没有预测、没有期盼——总之，仍然保持孩童的天真，而又具备全然的狡猾、诡诈和一颗敏锐智慧且完全成熟的心智。

- 脱离超凡而再次入世。理解彼岸之后，回归并活在此岸。经过没有修炼的修炼之后，一个人的观念能继续在现象的事物中抽离，而这人就算身处现象之中，仍然感觉虚空。

- 人和环境都被省略。到时，被省略的既非人也非环境。勇往直前！

- 一个人绝不可能成为他技术知识的主人，除非他所有的心理障碍都被移除，并保持他思想上的虚空（流动性）状态，甚至清除他已获得的任何技术。

> 与整体流动，没有招式，就是蕴含所有的招式。

- 不再顾虑任何的训练，心智完全不觉察自己的动作，自我消失得无影无踪，众所周知，那就达到了截拳道武艺的完美境界。

- 你越是觉醒，你越会舍弃日常所学到的，以让你的心智保持新鲜且不被昔日的制约所污染。学习招式要符合禅宗哲学的悟性慧根，在禅宗和截拳道两者中，高水平智力并不覆盖整个训练。两者都需要达到终极的真实，那就是虚空或绝对。后者超越了所有相对的模式。

- 在截拳道中，所有技术都要被遗忘，而只让无意识应付状况。技术会自动或自发地运作。与整体流动，没有招式，就是蕴含所有的招式。

- 你习得的知识和技能，注定要被"遗忘"，只有这样你才可以无障碍、舒适地在虚空中流动。学习虽重要，但不要成为它的奴隶。最重要的是，不要怀有外在和累赘的事情——心灵是首要的。任何技术，无论如何有价值和可取，当心灵被它占据时，就会成为一种弊病。

六大弊病：

1. 求胜的欲望。

2. 依赖狡诈技术的欲望。

3. 炫耀懂得的一切技术的欲望。

4. 吓倒敌人的欲望。

5. 当被动角色的欲望。

6. 摆脱某一影响自己弊病之欲望。

• "渴望"是一种依附。"渴望不去渴望"也是一种依附。要独立的话，意味着要立刻从这两个陈述中解脱，肯定和否定的。同时要"是"和"不是"，这在理智上是荒谬的。然而，禅宗并非如此。

• 涅槃是达到意识的无意识状态或无意识的意识状态。这就是它的秘密。该行动是如此直接和迅速，令理智没有介入和将行动分割得支离破碎的余地。

精神无疑是我们存在的控制媒介。

• 精神无疑是我们存在的控制媒介。这种不可见的中心，控制着对每个出现在外界情况的行动。因此，要极端地流动，在任何地方，任何一刻都永不"停止"。每当你摆出作战的姿势，保持这种精神自由和不依附的状态。做"自己的主人"。

• 这是自我固执地抵抗外界的影响，而正是这种"自我僵化"，使我们无法接受摆在我们眼前的一切。

• 艺术活在有绝对自由的地方，因为哪里没有绝对自由，就不可能有创造力。

• 不追求把聪明的心智培养成天真无邪的，但宁可有天真的状态，那里没有否定或接纳，而心灵只是如实地观视。

• 所有除去了手段的目标都是幻象，变成了对存在的否定。

• 经过世代相传重复的错误，真理会成为一个法则或者信念，变成通往知识的路途上的障碍。秩序，在非常实在的无知中，把真理封闭在一个恶性循环中。我们该打破这个循环，不是通过寻求知识，而是通过发现无知的原因。

• 记忆力和预测是意识的优秀特性，它们让人类的心智和低等动物区分开来。但是，当行动直接关系到生死存亡的问题，这些特性必须被抛诸脑后，为了思想的灵活性和电光火石间的行动。

- 行动是我们与一切的关系。行动非关对与错。只有当行动是片面的，才有对错之分。

- 不要让你的注意力受到妨碍！要超越对状况的二元式理解。

- 不予思考仿佛没有放弃思考。观察诸般技巧就像不在意。利用武术作为手段，借以促进对"道"的研究。

- 般若不能移并非指不可动或麻木。这是指心灵被赋予了无限的、瞬间的动作，而无所不知。

- 让工具理解。所有的动作皆来自虚空，而心灵是给虚空这种动态方面的名称。它是直接的，没有自我中心的动机。虚空是真诚、真实和直截了当的，在它本身和其动作之间空无一物。截拳道存在于你无视我、我无视你中，在那里阴柔与阳刚尚未分开它们本身。

- 截拳道厌恶片面和局部。全面性能够适合所有情况。

- 当心灵是流动的，河流里的月亮瞬间既能动又不能动。从来水都是处于流动，但月亮保持其恬静。心灵对以万计的状况作出反应，但仍一如既往。

- 在止息中的止息不是真正的止息，只有在运动中的止息才能让普遍的节奏清楚显现出来。与变共变是不变的状态。虚空不能被局限，至柔的东西不能被折断。

- 保持最初的纯粹。为了显示你最大限度的天赋活力，移除所有心理障碍。

- 我们能在双眼目睹的同时出击！由眼睛看见再到手臂，继而发拳，当中损失了多少时间！

- 锐化视觉的心灵力量，以配合你所看到的实时行动。看见发生于内在心灵中。

- 某人的关注范围中，过于明显地出现个人意识或者自我意识，会干扰他自由展现其已拥有或即将获得的技艺。他应该移除这种自我或自我意识，令他身在行动之中，一如没有什么特别的事发生一样。

- 达至无念意味着承担日常的思想。

行动是我们与一切的关系。

- 心灵必须为思想自由而敞开。一颗受限的心灵不能自由地思考。

- 一个集中的心灵不是一个专注的心灵，可是一个处于觉醒状态的心灵，却能够集中。觉醒是绝不排他的，它包括了一切。

- 不感到紧张但已妥善准备，没有思考也没有做梦，没有预设但灵活——它是完全而恬静地活着，敏锐而机警，对任何可能发生的一切都准备就绪。

- 截拳道武者应该有所警惕，以与对立面易地而处。一旦他的心智"停顿"在其中任何一方，它就失去了自己的流动性。一名截拳道武者应该永远保持心智虚空的状态，让他行动上的自由永不会被阻碍。

- 心灵犹疑去坚守永无止境的阶段。它把自己依附在一个客体，而停止流动。

- 被迷惑的心智是心灵情感的智力重担。因此，它不能在不停止和反省自身之下改变。这妨碍了其自然的流动性。

由眼睛看见再到手臂，继而发拳，当中损失了多少时间！

- 当车轮不是太紧地固定在轮轴上时，它才能旋转。当心灵被捆绑起来时，它每一个行动都有被抑制的感觉，没有什么能自发性地完成。它的工作质量将会是低劣的，也可能永远无法完成。

- 当心灵被拴在一个中心，它自然地是不自由的。它只能被限制在中心的范围移动。如果一个人的心灵被孤立，他已经死了。他是被禁锢在了自己的思想堡垒之内。

- 当你全然地觉醒，就没有容纳概念、方案、"对手与我"的余地；这些都被抛弃了。

- 在没有障碍物的时候，截拳道武者的动作会快如闪电，或像镜子反射的影像。

- 当非实质与实质未被固定和界定时，当行动中没有改变本来面目的痕迹时，那人就已经掌握了无形之形。如果紧抱形式、心灵依附，已经是误入歧途。当招式本身自然而然地出现，这就是方法。

- 截拳道并非建立在招式和教条上的武术。这只是成为你自己。

- 当没有圆心和圆周，真理才会出现。当你自由地表达，你就是所有的形式。

8.2 这只是一个名称

- 我们当中大多数人，都有一种强烈的渴望，将自己视为别人手中的工具，因此，会免除于由自己有问题的倾向和冲动所促成的行为责任。无论强者弱者，都会抓紧这样的借口。后者会以服从的美德隐藏恶意。强者，也通过宣称自己是更高力量的神、历史、命运、民族或人类所选择的手段而推卸责任。

- 同样，我们信任模仿多于我们的原创。我们不能从植根于我们当中的任何事情，获得绝对的确定感。最令人惋惜的不安感来自孤独，而当我们模仿时就不会孤单了。因此，我们多数的人，都是别人告诉我们是什么就是什么。我们主要通过道听途说来认识自己。

- 我们要变得有所不同，必须对我们的本来面目有所觉察。不论这人是以行动掩饰还是真正改变，这种完全的了解不可能欠缺自我觉醒。然而，值得注意的是，许多对自我不满、渴望一个新身份的人，拥有的自我觉醒最少。他们远离不想要的自我，因此从来没有好好正视它。结果是，许多对自我不满的人，既不能以行动掩饰，也难以真正改变。他们骗不了人，而他们不想要的特质，在所有自吹自擂和自我改造的企图下仍然继续存在。缺乏自我觉醒使我们变得视而不见。认识自身的灵魂是难以理解的。

> 当没有圆心和圆周，真理才会出现。

- 恐惧源于不确定性。当我们绝对地肯定，不管是肯定自己有价值或者无价值，我们几乎不受恐惧影响。因此，完全不名一文的感觉可以是勇气的源泉。当我们绝对无能为力或拥有绝对权力时，一切似乎都有可能——这两种状态让我们容易受骗。

- 骄傲是我们得到一些外在东西的价值感，而自尊则是从自我的潜力和成就获得的。当我们认同一个想象中的自我、一个领袖、一个神圣目标、一个集体组织或属地时，便会感到自豪。骄傲中有恐惧又不能容纳异己，它既敏感又不容妥协。在自我中承诺和潜力越少，对骄傲的需要越迫切。骄傲的核心是自我排斥。不过，千真万确，当骄傲释放能量，并成为获得成就的鞭策，会唤醒自我与对真正自尊的追求。

- 含蓄可以是骄傲的来源。这是一个悖论：含蓄扮演与吹嘘相同的角色——两者都从事伪装的创作。吹嘘尝试创建一个虚构的自我，而含蓄则赋予我们伪装成懦弱王子那种令人振奋的感觉。这两者之间，含蓄比较困难和有效。对于自我观察者来说，吹嘘会造成自我鄙视。然而，就像斯宾诺莎（Spinoza）所说："人类所管理的东西中，没有什么比管理他们的舌头更花力气，而缓和他们的欲望，远比他们的言语更容易。"然而，谦逊不是对骄傲的口头否认，而是自我觉醒和客观性催生的骄傲替代品。被迫谦卑是虚假的骄傲。

- 当个人以"自己的无能得到自由"而获释放,并仅以自己的努力来证明他的存在,一个决定性的进程已然启动。那个体依靠自己,努力实现和证明自己的价值,创造了一切伟大的文学、艺术、音乐、科学和科技。同时,这自主的个体当自己的努力既不能实现自己也不能证明他的存在,便会变成挫折的温床和震撼的种子,动摇我们世界的根基。

- 那自主的个体只有拥有自尊,才会变得稳定。自尊的维护是一个持续的任务,这会榨取个人所有的力量和内在的资源。我们每天必须重新证明我们的价值和我们的存在意义。当为了某些原因,自尊不可能实现,那自主的个体便会变成一个极具爆发性的实体。他离开没出息的自我并陷入骄傲的追求中,而骄傲是自尊的爆炸性替代品。所有的社会动乱和动荡,都是源于个人的自尊危机,而最容易将群众团结起来作出伟大事业的,基本上是对骄傲的追寻。

- 因此,我们获得价值感,是通过确认自己的才能、保持忙碌或区分出我们与众不同——可以是一个原因、一位领袖、一个群体、拥有的物品或诸如此类的东西。自我实现的路径是最困难的。只有获得价值感的其他途径都或多或少被阻塞时,它才会被采用。必须鼓励和激发有才能的人,从事创造性的工作。他们的呻吟和哀叹千秋回响。

行动是通向自信和自尊的大道。

- 行动是通向自信和自尊的大道。当它是敞开的,所有能量都朝向它流动。它已为大多数人准备就绪,而其回报是实实在在的。精神的培养既难以捉摸又困难,而其倾向很少是自发的,然而,行动的机会却多得是。

- 行动的习性是内在不均衡的表征。达至均衡是或多或少处于宁静的状态。行动通过它的基础——摆动和挥舞手臂,使一个人的平衡得以恢复并保持漂浮。如果这是真的,就像拿破仑给卡诺的信札写的那样:"管制的艺术是不让人变得陈腐。"那么,它就是一种不均衡的艺术。一个极权政权和自由社会秩序之间的主要分别,也许,是在于以不均衡的方法让他们的人民保持积极和努力。

- 我们被告知,天才创造自己的机会。然而,有时候强烈的欲望不仅创造了自己的机会,也造就了其自身的本领。

- 急剧变化的时代是激情的时代。我们对这完全新颖的时代,永远无法适应和妥善准备。我们必须调节自己,而每一个根本的调整都是自尊之内的危机:我们备受考验,我们必须证明自己。经受急剧变化的群众,因此,是不能适应环境的群众,这些不能适应环境的人在激情的气氛内生活和呼吸。

- 我们热切追求的东西，并不总是意味着我们真的希望得到它，或是对它有特殊的偏好。通常情况下，我们最热切追求的东西，只不过是我们真心希望得到，却未能偿愿的替代品而已。通常可安全地预测，满足愿望不太可能挥去困扰我们的焦虑。在每个热切的追求中，追求的过程比得到的更为重要。

- 我们的权力感，在挫败一个人的锐气时，比赢得他的心时更加强烈，因为我们一朝赢得人心他朝却可失去。可是，当我们挫败一名骄傲者的锐气时，我们得到了最彻底和最绝对的东西。

- 守护着我们以免向同胞作出不公义行为的是同情心而非公义原则。

- 是否有冲动或自然宽容这回事令人怀疑。宽容需要努力思考和自我控制。善良的行为，也很少没经过慎重考虑和"深思"的。因此，这些矫揉造作、装腔作势和虚伪，看来与限制欲望和自私的行为或态度是分不开的。我们应该提防那些不认同有必要假装良善和正直的人。缺乏伪善，意味着可容纳更无情的道德败坏。虚伪往往是追求真诚的不可或缺的步骤。它是一种真正倾向的流动和凝固的形式。

- 我们对存在的掌握，与一台保险箱的组合锁不无相似之处。旋扭一圈很少能够开启保险箱，而每一次的进退，都是迈向个人终极成就的一步。

- 截拳道不是为了伤害人，而是一条让我们揭开生命秘密的途径。当我们能够了解自己，才可以了解别人，而截拳道是迈向自我认识的一步。

- 自我认识是截拳道的基础，因为它不只对个人的武术，也对一个人的人生有裨益。

- 学习截拳道并非关于寻求知识，或积累派别模式的问题，而是要去发现无知的原因。

- 假如人们认为截拳道跟"这"或跟"那"不同，那就让截拳道的称谓消失好了，因为截拳道就是其本身，只是一个名称。请勿小题大做。

在每个热切的追求中，追求的过程比得到的更为重要。

参考资料

在增订版中，我们保留了原版《截拳道之道》中的版权引用声明：感激下述版权持有人允许我们重印或采用他们书中的一些文字与图片，其中的出处特注明如下：

《拳击》（*Boxing*），作者 Edwin L. Haislet，1940 年由 The Ronald Press 出版，引用第33—34、47、72、97—99、106、128、149—150、154—155、158—159、173、178—180 页。

《击剑术》（*Fencing*），作者 Hugo 及 James Castello，1962 年由 The Ronald Press 出版，引用第139-140、144 页。

《钝剑击剑术》（*Fencing with the Foil*），作者 Roger Crosnier，1951 年由 A.S.Barnes and Co. 出版，引用第132—135、137—139、168、170—171、182—184 页。

《击剑原理与实务》（*The Theory and Practice of Fencing*），作者 Julio Martinez Castello，1933 年由 Charles Scribner's Sons 出版，引用第43—44、62—63、125、127、133—136、139、145、168、191 页。

回顾《截拳道之道》

《截拳道之道》：人生看似武术

琳达·李·卡德韦尔

　　自从《截拳道之道》初版至今的几十年来，几代的读者发现，李小龙是一个知识渊博的人，他把热爱的武术转化成一种完善生活的方式。《截拳道之道》激发了不同范畴的业者质疑、研究和把实际原则应用到生活上。《截拳道之道》一个鼓舞人心的信息是"自我认识"，为的是让读者有效地成为武术家和一个人。

　　我丈夫李小龙的思想与身体一直在协调运作，反之亦然。假如他正在思考的是武术招式，他可以立即把这种身体上的动作，转换成高度的意识概念，聚焦于他期望有所成就的任何领域上。此外，李小龙不同路径的思考经常触及人类行为之面貌，并立即应用到他的武术中。例如，许多人对他们模仿的东西深具信心，却对自我创作的东西信心不足。因此，往往出现的情况是人们习武，只通过单一的死记硬背和重复练习一直流传下来的东西。截拳道的目标是自我认识，从未经验证的传统中解脱，瞬间就融入全然真理中，没有依附既定的程序。

　　因为李小龙是能够从一个状况流动到另一个状况，我也学会了如何从不同的角度应对情境，而不是只有一种反应方式而陷于"胶着"状态。他教导我，假如此路不通，另辟蹊径，我看到李小龙一次又一次办到这一点。他发现新方法，开辟新的路径，而不只是接受人赋予他的东西。例如，当好莱坞仍未为他打开大门，他跑到香港拍电影并向全世界证明，他拥有国际性的吸引力。

　　过去几十年来，很多人写信给我，表达他们最初拿起《截拳道之道》，是基于其中的教学资料。当他们阅读时，开始对李小龙如何思考略有头绪，他们开始明白到什么使他在芸芸武者中傲视同侪。他们还告诉我，作为一个人，通过《截拳道之道》的哲学，最终如何得到比武技更重要的发展。

　　有一些《截拳道之道》的词组，在我的生命中别具意义。现在我正思考《截拳道之道》所说关于"理解"一个情境或另一个人的论述。就好像"我不喜欢这个人的行为方式"的说法，最好不被制约到一个瞬间的感知中，而是让自己自由观察，并不是从一个结论出发。观察需要连续不断的觉察，一个持续探索而没有定论的状态。因此，通过这种方式观察，你可能会发现一个人之所以按某一种方式行事，其原因并非立时显而易见的，因此，需以"同情心"予以平衡。每当我身处挑战的情境，总是尽量保持这个想法。

　　《截拳道之道》强调，这个公式主要适用于理解自己，因为正如李小龙所说："自我认识是有效生活的基础"，而我必须补充一点——开心亦然。

　　每次翻开《截拳道之道》，我会在脑海中浮现李小龙卷曲书籍、手执笔杆的画面。回想他当时身处一片混沌，被孩子、爱犬、外界的噪音所包围时，是怎么陷入专注的沉思的。我对于他在人类身、心、灵方面的探索所下的工夫，再一次感到惊讶。他给我留下了可贵的思想宝库，帮助我面对难关。我从李小龙身上学到，迎难而上就好像与敌人格斗：你必须付出所有，而没有任何被击败的念头。

假如《截拳道之道》从未面世，或许李小龙的名字只会是一个武术记录及电影史册上的脚注。可是我不相信！我可以说《截拳道之道》对个人的成长和生命的丰盈作出了重要贡献，它增强了人们认识李小龙作为一个人的真义和深邃的思想。出版《截拳道之道》非常值得！

《截拳道之道》与你

李香凝

《截拳道之道》多年来已经成为我的"方向"之书。我在不同的位置都放有此书，并经常翻阅它作为灵感和指导的来源。我像一个截拳道弟子、也像一个人生学徒般使用它。正如你们看到，《截拳道之道》已经给许多家父的徒弟以及他们的学员在生活上产生了重大影响。可是，我要问本书影响力的最重要一位就是你。我希望你发现这本书引人入胜和鼓舞人心，就像其他许多人一样。我希望你能经常把它留在身边，经常翻阅它，在内页做笔记，还送一册给别人。但最重要的是，我诚邀阁下去找出《截拳道之道》给你怎么的涵义。在截拳道的精神……

为后世保护李氏遗产：保存《截拳道之道》笔记原稿

刘禄铨

"嗨，各位，"琳达·李·卡德韦尔（Linda Lee Cadwell）满不在乎地说："桌子上的这些东西，你们可能会感兴趣。"

这是20世纪90年代后期，我拜访琳达时她说的话。我趋近桌子，看到桌上有一个大盒子。当我打开盒子，看见几册黑色活页簿，每本有300到400页之多。第一册活页簿首页的标题是"武道释义"，第一卷。这七卷李小龙的个人笔记，就是《截拳道之道》的原始资料出处。这七卷笔记已经淬炼成为一本《截拳道之道》——李小龙呕心沥血的杰作。

经过多年来的训练，我理所当然已经阅读过并与师傅黄锦铭（Ted Wong）多次讨论过《截拳道之道》一书。每当我翻开活页簿，李氏的教诲就会活现眼前。这些手写的笔记原稿，对我产生了莫大的震撼。我感到，仿如能够亲身目睹李小龙对武术思考的整个过程，一览无遗。我们是多么的幸运，当李小龙承受背部伤痛时，他通过运用智慧，记录对武术的省思。如果他没有受伤的阻碍，我们可能永远不会认识到这位全面的天才，而他就是李小龙。

保存过程

多年以来，我受雇于地方政府，工作包括保存本县的官方记录。从一个人出生、结婚、置业或在县城内去世，在我的办公室都有详细记录。随着科技发展，现今许多文件都已电子化地记录下来，但我的部门还保留一些旧报纸记录。其中的一些记录已经被修复，例如加州是在十九世纪中叶由西班牙批地成立的。

2009年，当黄锦铭和我再次翻阅活页簿时，我们留意到页面已开始变暗。这证明它们已经开始变坏了。我知道我们必须为此采取行动。我向一所保养文件的公司——Brown's River Marotti Co. 查询，得悉我们必须延缓文件老化的过程。活页簿页面必须脱酸，意味着我们不得不移除随着时间令纸张又干又脆的酸性物质。触摸原稿纸张的次数还必须减到最低。如果要触碰它们，就必须戴上白手套，因为手上的油脂会加速纸张老化。为了作出进一步的保护，页面一定要被封装。我们还了解到，页面可以进行数字化扫描，使它们可以通过电子方式查阅。通过保存这七卷活页簿，我们会延长它们的寿命，少则五十年，多则三四百年。所有这些元素，都与李小龙基金会的目标——保护李小龙的遗产不谋而合。

当中最大的障碍是资金。脱酸和修复的成本所费不菲。幸运的是，Brown's River Marotti Co. 把修复第一卷的服务费用作为捐助。我将他们慷慨的提议告诉李香凝，而我们也竞相寻求赞助。我们评估了修复余下活页簿的预算，我的一位好朋友慷慨地表示愿意支付下一轮的修复费用。尽管我的朋友不是一个武术家，但他受到李小龙著作极大的影响，他希望以金钱回馈以表达谢意。我再向其他几个人筹募配对捐款，并在不知不觉间，筹得了足够的资金！为表谢意，李香凝将赞助者的名字印在一个名牌上，附加到每个新活页簿的封面内页。赞助者包括琳达·李·卡德韦尔（Linda Lee Cadwell）、她的丈夫布鲁斯·卡德韦尔（Bruce Cadwell）、李香凝（Shannon Lee）、黄锦铭（Ted Wong）、周裕明（Allen Joe）、格雷戈里·史密斯（Gregory B. Smith Sr.）、杰夫·皮肖塔（Jeff Pisciotta）、路易斯·奥尔巴克（Louis Awerbuck）和我本人。

保护计划大功告成

2009年11月，第一卷活页簿完成修复，并在李小龙基金会的活动期间展示，好评如潮。新封套适当地藏着已修复的卷册，令人印象深刻。在接下来的一年，其余各卷完成处理，整个项目于2010年大功告成。极度感激 Brown's River Marotti Co. 和多位赞助者，为后世保护李小龙这部分遗产所作出的贡献。完成这项计划，使《截拳道之道》的主要资料出处，将会得到永久的保护。

黄锦铭：早年与《截拳道之道》的岁月

林锦爱

　　从最初努力练武直到他生命的尽头，我的丈夫黄锦铭都在钻研《截拳道之道》。他经常和李小龙练习、试验，改进了很多的招式，后来都能在《截拳道之道》中找到。当李小龙在1973年去世时，黄锦铭因为失去了师傅和挚友而深受打击。从此，他不再学习截拳道以外的门派和其他武术。他忠于截拳道，因为李小龙常说："假如你是一个真正的截拳道武者，你不必再进一步寻找，这已经全然具足。"

　　李小龙死后，黄锦铭虔敬地研习《截拳道之道》。李小龙生前，黄锦铭已经明白李氏所言。他理解李小龙一直想做什么事。他理解李小龙打算为武术和社会做些什么。他说李小龙要让人们知道截拳道并不是一个容易的课题。由于这些缘故，《截拳道之道》并不容易阅读。以黄锦铭的话来说："李小龙是一个深邃的思想家。假如读者不稍停下来思考和尝试理解，根本不会明白他的文章。读者需要研究和注意细节。"因为李小龙的文章是透彻和复杂的，很容易让人忽视短语和单词的重要性。

　　从20世纪70年代、80年代至90年代，黄锦铭经常在晚饭后研读《截拳道之道》。他时常从书中有所发现而大叫："穿上你的鞋，然后到后院来。"而我就知道又是"实验"的时候了。他通常会对我说："站在原地不要动分毫。"我作为他的训练伙伴，难免会被他的脚接触到或被他的手擦过，但这是极少出现的事。截拳道的其中一项要求，就是练习者在练习时需要有绝对的自控力。通常情况下，黄锦铭在到达目标之前只有几毫米就缩回。一次又一次，黄锦铭尝试了许多在《截拳道之道》中发现的技巧。

　　黄锦铭认为，阅读《截拳道之道》几乎就好像他的师傅——李小龙私底下对他说话。没有太多的人理解李小龙试图传达的信息，而黄锦铭相信，去让世人知道这些信息几乎就是他的任务。他不断研究内文，而他会在书中的空白处写下笔记。有时候，他会写在面前可用的任何物料，如废纸、旧的记事本，甚至一些信封上。有一次，当我在打扫茶几，我收集了一些涂鸦纸张，并把它们放在鞋盒内打算隔天弃置。后来，黄锦铭一直在寻找这些纸张。他着急地问它们的去向。这些笔记是他从《截拳道之道》和读过的其他书籍中所得到的洞见，正是他的师傅想告诉整个武术界的一些见解。正如黄锦铭常说："有时我可以了解李小龙的想法，知道他想说什么。"他继续撰写和编纂这些笔记，并开始把它放进他的教学中。

　　我们有时会讨论李小龙使用的特定说话或短语，为什么他以特定方式或为这特别情况而说某些词语。讨论过后，黄锦铭通常没能得出任何结论，但后来当他试图跟着行动，情况就会变得清晰。黄锦铭通过他的科研成果使截拳道更加平易近人，让想要学习的人易于理解，已然变成了一个武术家。黄锦铭相信教育大众和保存师傅对他的教诲，是他的使命，就像他的师傅教导他们一样。他想去接触每一位对截拳道感兴趣的人。黄锦铭用李小龙的哲学观点，结合他的科学头脑，协助诠释并将这本书通过行动带进生活中。黄锦铭让截拳道容易理解并作出实践。

《截拳道之道》与截拳道弟子的困局

刘禄铨

猜猜李小龙对截拳道当前的发展状况会有何感想？他的弟子及传人，在传承他的教诲时表现如何？我们永远不会准确知道李小龙希望他的武术怎样演变或传承，但他在武术界的象征地位，以及他在世界上与日俱增的名气，将令截拳道继续以不同的形式存在。但究竟应该延续什么给后世？

我的师傅黄锦铭常说《截拳道之道》可以让一个人进入李小龙的内心世界，并观察他的思维过程：他在想什么？什么影响了他？什么对他重要？黄锦铭经常提到《截拳道之道》是李小龙留下的一幅路线图。虽然他无法完成自己的旅程，李小龙却向读者指出他正前往的方向。

假如李小龙完成了他的《截拳道之道》，他可能会有类似"从传统空手道解放自己"的前言。他不想读者盲从他所为，或同意他的想法，而是想读者研究他的行为，提问并得出自己的结论。李小龙最终希望武术家在实战中避免偏见，办事也不要墨守成规。

李小龙曾经有过一座墓碑模型，放置于其洛杉矶唐人街的武馆入口，碑上面刻了这样一句："纪念一个曾经很自然，可是被传统糟粕填塞得变了形的人。"它象征着那种由僵化的传统和正宗的形式强加在他们徒弟身上的压迫感。李小龙所指的"有组织的绝望"，促成个体"停止"质询，并窒碍一个武术家的完全发展。最后，李小龙断言，形式使武术家分裂，而不是让他们统一，从而限制了个人的成长。

随着哲学基础的流动性和适应性成为核心主题，李小龙坚决表示，他没有为截拳道发明一种新的形式。相反，他对武术的全面取向是通过聚焦于格斗的"本来面目"，从而省去了形式、传统和礼节这一套固有模式。由于他反对因循守旧，截拳道可以没有束缚地使用所有方法。哲学上来说，李小龙消除了"支持或反对"的二元对立性。

然而，这并不容易办到。虽然我们可以享有探索其他门派的自由，人类的天性却倾向在一个行之有效的系统内寻求安全感。我们也试图仿效、甚至崇拜大家羡慕的成功人士。我们爱英雄甚至比门派还要多，而这很容易使李小龙获得众人拥戴，因为他的长青和对武术的"颠覆"取向，将永远会被视作典范。然而，为了避免武术家堕入这些陷阱，李小龙指出，无论一种形式多么有效，它只是整体格斗的一部分："只要你有一个方法，就会潜藏了限制。"这就是李小龙称截拳道是"无法"之法的原因。

一个武者可能会问以下几个问题：

◎ 假如你只练习截拳道，你是否正为自己设限呢？
◎ 假如你继续自己的路，你还在实践截拳道吗？
◎ 那些答案，就其他许多事情，是否真的处于两个极端之间？

自李小龙于1973年去世后，他的一些徒弟开始以自己独特的方式教授截拳道，结果导致对截拳道存在不同的诠释。当传统武术门派秉承相同的技术和理论，一代传一代，可是截拳道的流动性和自由探索性，时常导致李氏徒弟之间存在观点分歧。当一组人被批评所教的东西不像李氏的武术时，另一组人又会被指责为"力求正宗"，把它变成一种固有的形式。

琳达·李·卡德韦尔和她的女儿李香凝成立的李小龙基金会，把李小龙留下的文化遗产保存和延续给后世。有关他的武术，他们希望找到一种途径，为李氏在促进武术发展方面给予一个清晰而准确的描述，以维持截拳道的完整性，并作为他毕生贡献的一个活的数据库。但当基金会使用李小龙的武术轶事，作为截拳道具体的案例研究时，它却继续激发追随者推进他们的个人成长，因为这些都是截拳道内在的本质——鼓励独立探究。

然而，当人们从李氏的教诲扩展开来作自我表达时，他们会被鼓励为自己正在做的事以个人化的方式来命名，与李小龙所做的划清界限，就像当初李小龙创立和命名截拳道时所做的一样。这种独立性是非常困难的，假如不是害怕一些什么，但如果一个人有勇气去寻找自己的路向，他应该从自己身上获得安全感，而不是依靠已经被丢弃的东西。

鉴于上述的问题，截拳道应该如何延续下去？完全的两半是二元性的融合：精确地延续李小龙的教导，同时亦鼓励追随者各自走他们的路向。然而，我们甚至连截拳道的标签也必须摆脱，以真正成为我们自己。正如李小龙承认他早期的成绩来自咏春拳的训练，后来他发现自己的方式，并把它称为截拳道。虽然你可能把让你开始走自己的路这件事归功于李小龙或截拳道，但到最后你可能会发现自己正走在成长的旅程上。《截拳道之道》仅是一个开端，可是要达到真正的自我实现，充分发挥自己的潜能，你甚至可能要摆脱你曾经依赖的东西，包括它的名称。

《截拳道之道》：阅读并不足够

贾里·尼曼（Jari Nyman）

> 我每次授武，都会反躬自问："李小龙会认同吗？"
>
> —— 黄锦铭

20年之前，在未学习截拳道时，我对李小龙是谁全无概念。现在却通过他的武术、结识他的家人和他的徒弟，特别是他在书中的笔记，我已经学会了喜欢、欣赏、尊敬，甚至爱他。

《截拳道之道》是李小龙留给我们遵循的其中一部分路线图。这是我第一本拥有的与截拳道相关的书，而且不容易阅读。正如李小龙所说，他的武学也许一万人中只有一位能够掌握它。从本质上来说，截拳道并非群众武术。有些内容我阅读后，得花上几天甚至几星期的时间解，才能得到启发。不过，我很幸运有黄锦铭作为师傅，回答我不断轰炸他的问题，并消除我的疑虑。对"移动性"一章中的步法，尤其接近黄锦铭的心意。今天读它，我可以听到师傅的话语、发言。他会说：

"步法就像你汽车的轮子。没有轮子，尽管你拥有一辆法拉利，你也不能到达任何目的地。"

"没有步法，你只有一个维度。"

"步法造成优劣的差异。任何人都可以步行，但拥有良好步法最困难。"

"有了良好的步法，你可以同时进攻和移动。"

"力量来自步法。"

"步法为你提供更多选择。"

"步法让你驰骋作战距离。"

"步法给你力量。"

"步法让你长寿——你会生活得更好。"

"步法让你在移动时保持平衡。"

"战斗的本质就是移动的艺术。"

"谁掌控了距离，谁就能控制大局。"

"步法能够化解任何拳击或腿击——任何攻击。"

"步法是最重要的技术。"

"步法组织攻防。"

"步法会把你置于理想的位置。"

"移动和攻击就是主旨。"

通过阅读《截拳道之道》，习武者能够理解李小龙的想法，进入他的思想世界，延续他的原创教诲。无论如何，最重要是切记阅读这本书并不足够。相反，它只是一只"指向月亮的手指"。许多《截拳道之道》的思想和概念，都可以应用在生活的其他方面。我发现《截拳道之道》在我的整个人生都非常有用。

通过《截拳道之道》，你可以明白截拳道的独特之处和深度是怎么回事——它不只是身体的活动。你知道得越多，理解越深，你就会懂得越多。《截拳道之道》除了是一本给认真练习截拳道的人看的参考书外，也是一本真真正正鼓励我们"屡败屡战"的励志读物。

回顾《截拳道之道》：吾友吉尔伯特·约翰逊

克理斯·肯特（Chris Kent）

《截拳道之道》是在李小龙英年早逝后两年左右出版的。大约 20 年前，当大多数习武的人只练习一种武术时，综合格斗技（Mixed Martial Arts, MMA）就在这个时间到来。偶尔，一个人会同时学习多于一种武术，但这毕竟是例外，而非常态。许多例子中，这会被认为是离经叛道，而那个人会因学习其他派别的武术而被逐出师门。自《截拳道之道》初版面世以来，它让人们明白到李小龙对武术研究的博大精深。这也使我们了解他研究和调查各种形式徒手格斗——不仅是实际招式与动作，也包括背后的哲学原则。此外，它为武术家指出了方向：迈向自由和自我解放。虽然有些人仍然选择为了"跟随大流"的安全感，而拒绝望该书一眼，但也有很多人留意到这本书，并开始阅读它。结果是，他们开始扩大自己的眼界，消除疆界，并且突破那些限制武术家成长的种种障碍。虽然李小龙已经不在人世，然而《截拳道之道》仍然把持他的目标和理想，就像那根"指向月亮的手指"。

可是，一个人如何能将活生生和动态的东西呈现于纸上，而又不破坏它的本质？吾友吉尔伯特·约翰逊（Gilbert Johnson）被委托把李小龙的笔记和绘图汇编成书，这就是《截拳道之道》。我相信他不仅将任务等身，更得到令人钦佩的成果。

我跟吉尔熟络，是通过丹·伊鲁山度（Dan Inosanto）把他介绍给菲律宾短棍学院内的资深截拳道学员，而我当时也是其中一员。伊鲁山度告诉我们，吉尔正在把李小龙的笔记结集成书，而因为这个原因，他获邀加入该小组，以帮助他更好地了解截拳道的全貌。吉尔除了是一位才华洋溢的作家外，也是拥有黑带段位的空手道家，然而我已经忘记他是哪一流派或道场了。吉尔加入了课堂，我对于他与好像李恺（Daniel Lee）和理查德·布斯蒂略（Richard Bustillo）等人的一些搏击训练永志难忘。不久，吉尔和我成了朋友。除了短棍学院内的训练，在他位于在好莱坞以西的寓所后院子，我们进行过无数次的练习。由于我当时正处于失业状况，我经常到《黑带》杂志位于圣费尔南多谷（San Fernando Valley）的办公室拜访正埋首于该书工作的吉尔。我常发现他将李小龙的手稿笔记和绘图散布在地板上，并试图将它们汇编在一起。我们会谈论这个项目的进度，而有时他会问我，认为某一页笔记是属于这堆还是那堆。

吉尔坚持想令这些原稿忠于他认为是李小龙的原意。李小龙的遗孀琳达，不想将《截拳道之道》沦为类似"如何练成"的书，而吉尔废寝忘食地竭尽所能，以确保不会产生这样的结果。我记得他为汇编本书时写给我的一张便条。虽然因时间久远便条已经遗失了，然而当中的字句仍然深烙我心：现在的截拳道如同一个人的遗骸，它会随该人而逝去，并对他的记忆渐渐淡忘。相反，要让它活着、常青和滋长。我会永远感激吉尔，不仅是因为与他的友谊，也是由于他为《截拳道之道》能传颂千秋所付出的努力。

反思《截拳道之道》

戴安娜·李·伊鲁山度（Diana Lee Inosanto）

当我被邀请为新版《截拳道之道》撰文时，我与父亲丹·伊鲁山度促膝详谈，二人回想这本独有的奇书隽永的文章和概念。命运的安排让我诞生在武术家代表人物的世界，其中一位是我的父亲。更震撼人心的是，在我的童年里一个熟悉的身影，竟是全世界都认识的李小龙，爸爸会因那个人把我命名为"戴安娜·李"，而我会称呼那人做"李小龙叔叔"。

我的成长阶段总是环绕着《截拳道之道》初版的编辑吉尔·约翰逊，也可说是另一个偶然。他被琳达·李·卡德韦尔委托谨慎地为其亡夫珍贵的哲思、想法和观察汇编成《截拳道之道》。就像种子被埋在土壤里，吉尔伯特明白截拳道需要成长和发展，否则它将会枯萎和死亡。有一次他写信给我父亲："让它成长，截拳道将会开花结果。"经过了30年，自《截拳道之道》出版以来，截拳道武术和哲学已经开枝散叶。

但于早年，在李小龙叔叔去世后，父亲为了使截拳道发扬光大，认为有必要周游列国，通过举办研讨会教育大众认识他最重要的师傅和朋友。他会告诉你这些年来看到的问题，是很多人以为李小龙"只是"一个电影明星，而不是真正的武术家。父亲总是向我和他的徒弟表示，通过阅读《截拳道之道》，人们会备受启发，接受李小龙是一个如假包换的武术家和深邃的哲学家。

李小龙的见地，对现今武术界所造成的影响和进步，可谓不能磨灭。从音乐到政治，许多人都被他鼓舞，在他们自己激情和独有感召的领域内行动起来。作为一个电影人，我已经学会了运用他的哲学，追寻自己的真理。另外，我认为他的想法反映他是一位伟大的人道主义思想家，总是渴望与世界不同的人类联结。

我最喜欢他在《截拳道之道》引用的句子是："守护着我们以免向同胞作出不公义行为的是同情心而非公义原则。"他的启发，让我得以鞭策自己专心编写和执导自己的电影《先师》(The Sensei)。这就是他的精神和教诲，帮助世界各地的人开始踏出一步了解自己。《截拳道之道》中的内容是李小龙灵魂的指纹，我深信它会继续流芳百世。

道：终极的实相

中村赖永

14岁那年，我看过电影《死亡游戏》后深受冲击，立即买下所有李小龙的书籍，并决定开始习武。最初我学习空手道、跆拳道、西洋拳和功夫。六年后，我开始学习于1984年2月首次向大众公开的日本第一种综合格斗技——修斗（由日本武术家佐山聪创立——译者）。1986年6月，我在东京举行的比赛中赢得了第一场胜利，过程中我运用了"修斗"的招式和截拳道的战术。截拳道的教诲是我制胜的关键。我现在可以告诉你，综合格斗技是一项激烈的格斗运动，而截拳道却是通往实战之路。

为了了解更多关于李小龙的武术，那年底我加入了伊鲁山度的学生小组。学习截拳道对我变得日益重要，以致几年后我干脆搬到美国，在伊鲁山度武术学院成为一名全职学生。师傅伊鲁山度知道我是修斗冠军，并要求我教他日本武术。我很惊讶，一位伟大的武术家如我师傅，竟愿意向一个年龄不到他一半的武术家——我，学习修斗！但师傅的训练取向真正体现了李小龙的话："清空你的杯子，方可再行注满。"在武术和人生中，我相信这是不可或缺的原则。

师傅伊鲁山度与李小龙练习时，做了数以百计有关招式和哲学的笔记。当我们练习时，师傅会向我展示笔记，然后我们会演练有关招式。20年之后，我仍然在学习当中。在武术的修炼中，必须有自由的感觉。当一个人不在自我表达，他就不自由了。截拳道的终极目标是无形之形。不过，从有形发展出"无形"，是个人表达的最高境界。因此，截拳道的训练有三个演化的阶段：

◎ 紧贴核心。
◎ 从核心解脱。
◎ 回到最初的自由。

截拳道的学员首先学习基本功夫。如果学员能够理解和吸收这些基础技术，他会从基础技术解放出来并迈向更高的层次——这些微调取决于每个人的能力。通过这个自我改进的过程，学员创造了自己的真理。这个真理可能会与另一个人的不同，因为不同的个体有他们各自的思维方式、身体状态、体型大小和能力。此外，他对真理的表达必须保持灵活和因时制宜，因为人类是在不断变化。这就是在截拳道中表达自己的方法。

李小龙写道："真理无途可至。真理是鲜活的，因而是不断改变的。要随着改变而变化是不变之境界。"人类应该保持成长。当一个人被一组预设的思想和行动限制时，他或她就会停止成长。换句话说，没有最终的目标，截拳道之路直至死也没有终点。截拳道像是一面镜子，因为它可以被视为认识和表达自己的一条路径。

宗师李小龙留下了许多截拳道的资料，懂得那些资料不比以智慧把它们应用来得重要。你学会多少固然重要，但更重要的是你能从学习中吸收到多少据为己用。

截拳道家必须顽强，永不忽略对任何制胜的努力。因为一场真正的街头实战变幻莫测，你的对手可能是任何门派的高手，你一定不能在实战中感到吃惊。因此，为了取胜必须研究和理解每一种打斗形式。正如《孙子》所说："知己知彼，百战不殆。"

这就是说，练习者必须警惕切勿过分在意学到的招式数量。按照截拳道的哲学，练习者必须吸收有效的，而扔掉任何不必要的知识以创造自己的真理。当他自我表达截拳道的时候，必须学会核心原则和理解其中的哲学。当他办到了，就可以摒弃那些学了而无用的元素，仅留下精粹。

截拳道的艺术仅仅是为了简化。例如，简单直接的攻击在实战中非常有效。然而，并不容易达到精简的动作。因此，有必要通过大量的训练来使动作精简。

截拳道家的动作都像瞬间一道闪电，反应就像镜子的反射。练习者一旦掌握了概念，正确的反应便会自动自发地出现。无招就是包涵了所有的招式，而无法则是包涵了所有的方法。为了应付和配合所有形式，截拳道偏向于无形无式。

截拳道发展成为一种有效、赤手空拳的街头实战。这是因为截拳道的真正目的超越了唯一目的是击败敌人的招式和战术。相反，通过武艺及持续训练，你把自己全部的潜能最大化。这趟旅程（道）本身就是目的。这是一趟追寻自己终极实相的旅程，它存在于阴与阳的协调，直到它们烟消云散——"空"。

武术的精神在于身、心、灵的训练，而这都变成了精神的训练。虽然丹·伊鲁山度从不谈论它，但师傅即使已年过七十，每天仍然持续训练，风雨无间。他的训练比任何弟子都多，就像宗师李小龙一样。每个导师都应该努力持续他们的自律性。

我们可以从截拳道的教导中学习"道"，因为截拳道的主要组成部分就是"道"。截拳道家应该完全真诚并忠于自己。截拳道的哲理和概念，可以帮助人们在各个领域发展，由武术家到音乐家、由演员到科学家、由插画家到商人都可以受惠。

让我们"勇往直前"！

《截拳道之道》：无价的资源

杰里·波提特（Jerry Poteet）

许多年前，当我与李小龙一起练习时，他提到正在撰写一本关于武术的著作。我这个讨厌的徒弟问道："师傅，什么时候才能看到它？"他只是笑着说："我为李国豪而保存起来。"我一点也不知道，我将在十分不一样的情况下，才能接触到师傅广博的文章。

我总是对李小龙文章的深度和博学识见赞叹不已。《截拳道之道》并非只是把笔记拼凑成书而已。这位年轻大师的文章涵盖了从知觉训练到无影动作以至体能。这些方法都非常先进，以致现在许多专业运动团队都开始应用他在《截拳道之道》中概述的许多原则。从某种意义来说，《截拳道之道》是武术和动力学运动的统一场理论。然而，它不只于此。

《截拳道之道》为我们提供了一种检查生活中任何情况、疑问或难题的方法或"道"。总之，这是李小龙高明地办任何事的最有效方法。《截拳道之道》为读者提供一种方法和永恒的取向，毫不费力而简单地直指生活的重要核心。你可以运用此方法来使对手束手无策、烹调一顿饭或甚至绘画，悉随尊便。

我感到非常骄傲，自己能在《截拳道之道》的制作过程中略尽个人绵薄之力，在三十多年前为编辑吉尔·约翰逊提供资料，并解答他对李小龙文章的一些疑问。《截拳道之道》实在是武术家和求道者无价的资源。

《截拳道之道》：动态的哲学

奥克塔维奥·金特罗（Octavio Quintero）

《截拳道之道》对超越日常世界的生活境界的潜力，使我大开眼界。

作为一个年轻人，我曾因自身的境况感到沮丧，极想寻找一条出路。武术是一个极好的选择。我能够释放紧张的情绪和消极的能量，可是我仍然渴望得到更多。我知道如果想要持续成长，自己必须与众不同，发展比实际招式还要多的事情。

就在那时，我遇到了李小龙的《截拳道之道》。乍看一眼，这似乎只是一本关于武术的书，不过，这是一本极棒的书啊！当然，《截拳道之道》是一本关于完善战略、改善格斗和体格的书。可是当我读得越多,就越意识到《截拳道之道》是认识自己真正潜能的模板。在截拳道的艺术中,你必须保持灵活性、适应性、精简性和控制力。

《截拳道之道》为你提供一把钥匙,你可以利用这些洞见来提高你生活的每一个领域。我曾尝试把这些知识运用到事业、家庭和社交上。令人惊奇的事情在生活中发生,是连做梦也想不到的。而我应用《截拳道之道》的原则越多,自己的截拳道实际技巧就表现得越好。有一天,我希望能像我的师傅杰里·波提特(Jerry Poteet)一样,体现出在《截拳道之道》这本无价的书中找到的基本元素。

《截拳道之道》驱使我从生活中觉醒,并影响我过积极的生活。我希望《截拳道之道》能一如过去几十年一样继续启发读者,使人们在身、心、灵方面变得更好。《截拳道之道》是真正的动态哲学。一旦你开始了阅读这本书的旅程,你将会对自己能达到的成就感到惊讶。

《截拳道之道》:原创性之路

理查德·布斯蒂略(Richard S. Bustillo)

能够成为其中一位为《截拳道之道》的出版作出贡献的人,我感到非常荣幸。已故主编吉尔·约翰逊,曾是我和丹·伊鲁山度合办的菲律宾短棍学院的学员。吉尔·约翰逊对截拳道做了大量的研究,以便使自己有足够的知识,准确地编辑该书。

许多人不知道,《截拳道之道》是由李小龙的个人武学笔记组成。李小龙的笔记和武学文章仍是有价值的资料来源和真正的宝藏。李小龙过身后,《黑带》杂志的出版人水户上原和李氏遗孀琳达,集合了李氏的笔记,并决定公之于世,与所有人分享李氏的武学历程。

《截拳道之道》对我来说就像是一部《圣经》。在我的截拳道训练和教学中,它是一个丰富的资料和参考来源。因为李小龙和他的武学之旅,我认为大多数武术学员都受到《截拳道之道》的影响。他们想了解他的内心世界和他的思考方法。学员想模仿李小龙的每个动作、习性和人格特质。世界各地的学员,仍然对《截拳道之道》中某些短语提出疑问。这些可能是关于他的阴阳术语的定义、一些格言的意思,或他演练和训练的方法。

以自然反应迅速回应威胁的概念,是《截拳道之道》给我的主要影响。在通常情况下,我们会忽略自己在武术上的创造性和原创性。《截拳道之道》则带领我们返回原创和个人创造的截拳道。

武术天才的精神

蒂姆·塔克特(Tim Tackett)

我在1973年李小龙去世时,曾在丹·伊鲁山度家后院学习截拳道。李小龙离世后,师傅伊鲁山度，递给我一些李小龙手稿笔记的副本。伊鲁山度告诉我，这些只是李小龙在美国时写的部分笔记和文章。记得当时我在想，如果这些笔记能够汇集成书会有多棒。大家可以想象到，当我知道许多这些资料，将会出现在一本后来被名为《截拳道之道》的单行本时，我是多么的兴奋。

虽然书中一些理念来自古老东方宗教如佛教和道教，但李小龙似乎更受克里希那穆提（J. Krishnamurti）的现代哲学所影响。克氏强调，试图了解真理时，必须舍弃固定模式。李氏的笔记也显示出西方的影响，比如他对西方哲学家笛卡尔（René Descartes）的科学方法感兴趣。李氏把这些哲学得到的启蒙，与他自己的想法相融合，作为截拳道的哲理基础。这些想法帮助李小龙创立一种不受任何旧有形式束缚的武术，从中能得到解放。

此外，这本书展示了李小龙感兴趣的实战工具，例如西方战斗术如西洋拳和击剑的价值。李小龙能够发现拳击可为他提供更多进攻角度和手法。这也有助他通过采用全接触的搏击训练，以使训练更接近实战。从击剑，他借来了截击（stop-hit）的概念，这是截拳道主要的防守手段。

尽管有上述各项，犹记得当我首次翻开《截拳道之道》，我很快就意识到《截拳道之道》不单是一本李小龙文章的结集，而是反映他人生旅程的一面镜子，以及他最有兴趣研究的格斗元素，以创造徒手格斗的终极形式。通过阅读《截拳道之道》，我们可以一窥这位武术天才的精神面貌。

《截拳道之道》如何表达一位求道者的探索

加斯·麦达（Cass Magda）

《截拳道之道》是精明武术家的工具包。这些工具本身并不能建立形式，而是用于创造个人的风格。对于那些有兴趣获得格斗技能基础，并希望了解如何使用自己的创造力来改善和扩展自身技能的武术家，《截拳道之道》是一本个人武术发展的笔记簿。

在《截拳道之道》中，李小龙博览不同领域如体能训练、武术技法、运动科学、心理学、哲学和灵性层面。这向我们表明，作为武术家，我们应该考虑许多"方法"，来促进我们的成长。这也显示，真理因人而异，是无路径之路径。《截拳道之道》展现了李小龙如何通过提出在往后用来探索的问题来做研究，并对他当时认为正确的想法写下笔记。我们必须要问自己："为什么他选择那些概念和那些问题？"那些笔记显示了目的、方向、反省、意见、各种有水平和未解答的疑问。本书没有提供固有的结论，也没有制定一个"一成不变"的规定，要求读者非要达成不可。相反，《截拳道之道》充当了练习者作为一个武术家可以为自己做什么的一种模式。

《截拳道之道》激发疑问，引导读者以不同的方法向内追寻和理解自己的武术经验。你要如何定义你的知识经验，才能实践自己的截拳道？自我（ego）必须靠边站。很多时候，武术家都非常武断，而且往往倾向过分执著于一个特定的形式，对其他的方法和流派变得思想封闭。要超越对形式的安全感并非易事，因为你永远不能肯定自己做的事情是否正确。这正是截拳道家想达到的境界：在不舒适中达到舒适。这正是成长发生的时候。当一位武术家持续训练时，这个持续的过程会变得更精炼和更直觉。个人的解放会是持续的，就像移动中的目标。它永不真正止息。它永远不会凝固。你永远不能说："好了！我找到了！这就是了！"当你认为已经捉住"它"，"它"又开始移动了。截拳道重要的一课，是包容这种不确定性、与时并进、与环境和个人的变化共舞，这也是《截拳道之道》表达的一个要点。个人发展是《截拳道之道》的终极信息。《截拳道之道》代表了为求自我实现的个人武术追求。这没有什么比人类发展和武术精进更强大的力量了。

《截拳道之道》是什么？

托马斯·卡罗瑟斯（Thomas Carruthers）

我从1974年开始学习截拳道，而《截拳道之道》是我其中一本早期购买的关于武术的书。自购买至今已经超过30年，我相信，我现在理解了很多李小龙在书中谈到的概念。我明白他想表达什么。

这就是我决定为这个新版本的《截拳道之道》撰写一些更哲学性质的东西的原因。毕竟，这书本身就具有一种武术哲学的取向，而它仅仅是阁下旅程的一个起点。不论从何开始，这本书都是一个路标。

我祝愿所有习武者在自己的武术之旅，都顺遂和身体健康。我祈望他们会满载而归。切记只要跟随路标，就会到达目的地。

道是什么？
路径是什么？
我如何得知它是真实的路径？
这是否我们所追寻的真理？
没有终点是否就没有旅程？
我们怎么知道自己身处正途？
我们一旦停止观看路标，
道仅指明了路径。
并追随这条路途
其中，作为路径的追随者，
这个"道"字的整全意义，

道是路径吗？
这能算是道吗？
到底有否所谓真实这回事？
这可作为终点吗？
所以，这趟旅程是道吗？
我们跟随路标确保自己身处正途。
那么我们就会迷途。
这是由我们取舍之旅程
迈向终点。
我们将会理解
截拳道之道。

原版后记　指向月亮的手指

李香凝

忆起我的师傅黄锦铭曾经对我说，关于《截拳道之道》，最多人问的问题是："这是什么？"《截拳道之道》是一本非常独特的书，因为它是传达李小龙截拳道武术精髓的文章的有机汇集。它不是一本关于"如何练成"的书。没有文章说明读者拿着书要怎样做。没有技巧的演式照片。此书是一个异数。

当读者第一次阅读《截拳道之道》，特别是如果这是他们首次接触截拳道，他们真的不知道内文是什么意思。但乍看之下，显而易见的是，这本书的确挺有意思。书中全部都是杰出的智慧和深刻的话语，但有时是言简意赅和开放式的。本书要求读者自己来理解。这是特别设计的。为了获得裨益，你必须是积极的参与者。

我向以这种方式整合本书的读者给予一个"荣誉"，因为这正是重点所在。你不会被告知该怎么做。你得自己弄清楚。你必须一遍又一遍地重新审视它，每次都会获得多一些洞见。偶尔，你会阅读那些非常令人陶醉却深奥难明的段落，对它们思前想后，思考它们可能对你意味着什么。你要尝试把描述的技巧转化为行动，并看看你身体对此所作出的反应。你需要整合、诠释、消化、测试、研究，并把它据为己有。

《截拳道之道》本身就是一趟旅程。这是汇集父亲所写的文章，就算是的话，也不一定打算以这种方式出版。父亲总是对分享他武术哲思的愿望充满挣扎。他总是在撰书，然后却"不"付梓出版，担心这样做会破坏他的武术之美和活泼性。于是，他提笔撰写，作出假设和探讨，但在可见的将来不一定会完成。无论如何，他没有放弃，他坚持下来，而且一直在试图表达自己，当然，后来他猝然离世。

出版与父亲有关截拳道的著作，可以完全出自他的手笔，这也许是十分理想的。他本人从未脱稿也许是最好的。毕竟，截拳道没有终点。《截拳道之道》的亮点在于它没有刻意设下任何牢不可破的疆界，没有提出任何的结论。这是一本了解父亲如何研究、思考的书。这本书是路标的汇集，或许很李小龙化，它是手指指向月亮的汇集。可是，月亮并不真的意味着截拳道，月亮的意思就是你。所以，不要把焦点放于手指上，否则你会错过所有从天上来的荣光——而这就是你！

全新增订版后记

李香凝

多年来,《截拳道之道》已成为武术界备受尊崇的文本,所以当它面临编辑和更新时,我们关注的是如何对其进行修订,同时又忠于原著。我们非常小心,避免修改得太多或太彻底。那我们做了些什么呢?

首先,《黑带》丛书的编辑们和"李小龙企业"(Bruce Lee Enterprises)的职员从头到尾阅毕整本书,可以说已经"去芜存菁"了。我们寻找那些在内文的思想,当中看起来可以通过改善文法和标点符号而变得更清晰的地方。然后,我们扫描和放大了许多原稿的绘图和手稿。在昔日的版本中,其中的一些原始资料的确印刷得太小了,难于阅读,所以我们从档案室取出全部原版手稿,为这个新版本复制出更有力和清晰度更高的图像。

每页侧的引述句都是从内文抽出的,为读者提供伟大的智慧箴言。全新增订版保留引述句,但也有少数已经更换了较长的版本。一如旧版,所有粗黑字体的引述句都会在内文出现,没有什么缺失。此外,由于我们加强和放大了许多插图,我们决定不把引述句放在任何一页该由原稿绘图或手稿为主导的页面中;在这里,我们让李小龙自己的雅致主导页面。

全新增订版的一项创新是,所有的辅助训练和练习均清晰地加了框线,以便读者能够快速地、轻易地找到它们。我们还组织了所有图表和列表,并使它们格式一致。为了保持一致性,我们新增了几个旧版本没有的小标题。此外,我们清晰简洁和趋时的设计使本书更易阅读。

最大的挑战在"工具"一章出现,因为它需要为一致性和清晰度作出最多的调整。其中一个较大的改变,是把"打击"一篇排在"腿击"之前。

在书中有一个细小的"参考资料"部分,不过效果总是差强人意。我们衷心感谢所有可能没有在这部分出现的作者,多谢他们曾付出的努力和贡献。

最后,新增了也许是最大的新猷,就是收录了最后一章,这些新资料放在原版内文之后,使《截拳道之道》既保持完整性而又不妨碍阅读。这个新部分包括一个"后记",翻译所有在初版中未被翻译的中文,及本书的简史。鉴于《截拳道之道》自出版至今已经几十年,所以在这个新版本中,收录了截拳道大家庭的代表人物的回顾与展望,许多第一代和第二代截拳道传人也为新版补充撰文,丰富了《截拳道之道》在历史上的视角。

我们希望您享受这本全新增订版的《截拳道之道》。无论你对我们所作出的选择同意与否,原稿的精神在这全新增订版本中保持不变。为着截拳道的精神——勇往直前!

译后记一

李小龙著作 Tao of Jeet Kune Do 之中文译本，于1978年在台湾首度由大众书局出版问世（书译名：《李小龙——截拳道》），其翻译内容广为其他武术书籍、文章，甚或论文所引用，影响华人武术界不可谓不深远。

时至今日近四十载，此期间中文译本陆续出现不同盗版版本，唯大家可曾发觉其不变的是——译者皆为"杜子心"，即便是近年中国大陆才发行的简体字盗版译者亦然。或许这间接验证了杜子心对此巨著翻译之功力获大家肯定，但恐怕鲜有人知道杜子心究竟为何人也？竟能与李小龙此举世巨星的伟大巨著一起绵延流传于世间而不坠？

杜子心正是家弟，本名李志雄，笔名"杜子心"三字实为原名前二字拆解重组而得。李志雄1954年出生于台湾南投的武术家庭，在家中排行老二，姊弟共五人。高中就读于台湾师大附中，最高学历为位于台南的成功大学研究所，因为成绩优异，毕业后即任专科学校科主任。

大家或许很难想象，杜子心翻译此书时其实尚为学子，仍就读于成功大学研究所。那又是何种力量或动机促使他能在求学期间完成此译本？应该就是源自他对武术的狂热。恰巧英文又是他一直以来最喜爱的另一兴趣，或许也正是这个原因，他才能将李小龙的著作得以用中文形式圆满地呈献于华人世界并广为流传。家弟不但本身习武，勤练父亲传授之拳术，且博览武术群籍；对其他别派之武术，甚或搏击、擒拿、空手道等，皆有深入钻研及独到见解。

若要谈及家弟对武术的热爱与造诣，就不能不提起家父。家父李鸿杰乃螳螂拳第六

本书译者之一杜子心生前风姿。

代宗师李昆山之传人，李昆山祖师共育三子，全在台湾，但家父却获传承祖师螳螂拳精华摘要六段、"拦截"、"梅花路"、"达摩易筋经"、"气功八段锦"及太极拳，尚如"铁门靠壁"、"小五手"、"练武掌"、"长拳"、"七十二把擒拿"、"二十四式枪"、"二十四式刀"、"六合棍"、"降龙棒"、"八卦拦门刀"、"达摩剑"等。李昆山师爷过世时，特将螳螂拳手抄拳谱及宝刀一把传授予家父，以示传承为第七代宗师。家父教拳沿袭师爷教法，每教一式，必讲解演练用法，真正学会才继续往下教。我二弟李志清，主学内家气功；年纪最小即开始习武的是三弟李志行。李志行自小聪慧、天性善良用功，他文武兼优，深得家父喜爱，家父对他自小教导严厉，故最得家父真传。家父在2001年八十大寿时在台北圆山饭店庆生会上已公布三弟李志行为螳螂拳第八代宗师，并将师爷留下的手抄拳谱及宝刀传授予他，希望他把所传的传承下去。么弟李志中天性活泼，也学了不少家父武功，后旅居美国，其子也对武功颇有心得。大弟李志雄却是年纪较长才开始习武，原因是他幼时资质聪颖，喜舞枪弄剑，好打不平，故家父俟其稍长才倾囊相授，主要亦是有感于他对武术的热爱和执著。大弟年轻时常开风气之先，凡事有独到见解，不随波逐流，勇于站在时代前端，引领风骚。

谨于此以家父常训诫我们的话语，亦即李昆山师爷于晚年手订的"练国术要切记十大要义"与所有读者共勉：

> 爱国家、爱同胞、重道义、守信用、救贫困、
> 助弱小、尊长辈、敬贤老、树正义、坚节操。

习武①者身践力行此十大要义，坚持武者节操，实和李小龙拍的电影互相吻合。

①"舞""武"相通。
——李玲注

李玲　国际（香港）舞蹈学会会长
2014年1月

译后记二

《截拳道之道》的出现，令世人对李小龙在影视形象以外，多了一重认识，也披露了他在芸芸武术家之中，傲视同侪的原因。

《截拳道之道》显示，李小龙绝非一介武夫，而是一名涉猎范围广泛、思想深邃的武术家，他对武术的精辟见解，对人性的细致观察，虽然都是四十多年前的文章，但现在重温也不过时、仍然适用，这亦是不朽作品的基本元素。

自1975年英文初版面世以来，对包括以英语为母语的西方读者来说，《截拳道之道》从来都不是一本容易阅读和理解的著作，因为它的内容包括禅宗、佛学、道家思想、克里希那穆提哲思、心理学、哲学、咏春拳、西洋拳击技法、法国腿击术、泰国拳、剑击技法、柔道、柔术、摔跤、运动科学、体能训练等。一本集合众多范畴和专门术语的《截拳道之道》，令读者难以理解是可想而知的。

《截拳道之道》是以古老的佛道智慧，配合近代科学理论，再糅合各种不同武艺，撰写而成的武学巨著。这也是我们的福祉，让大家理解比较完整的李小龙，对他所关心的事情有进一步的认识，而不会流于表面，停留在招式技术和表象层面。

最后，感激商务印书馆的毛永波先生和张宇程先生，让笔者参与翻译李小龙的心血力作——《截拳道之道》，成为其中一位翻译者，这不啻是一项艰巨而又富挑战性的任务，而由于李小龙博学多闻，根器超凡，兼智慧过人，字里行间都流露不朽的教诲，笔者限于识见，翻译时已经尽最大的努力，保留原文意思，如有不善之处，唯仍希望各界贤达多多包涵，并且不吝赐教。

罗振光　谨识
2014年3月

出版后记

李小龙是战无不胜的功夫之王，是万人景仰的武学宗师，他在武术上的成就震古烁今，堪为后世所有习武者之楷模。然而他却在32岁时猝然离世，留下了无数惋惜与悲叹，也让他独创的截拳道训练和技击体系在从此失传于世间。

2013年，我们引进出版了李小龙的经典截拳道专著《李小龙技击法》，该书一经出版，就在国内武术界引起了广泛的反响，也让李小龙精湛的武技和深邃的哲思在他的故土中华大地上重新闪耀光芒。此次我们又为大家带来了李小龙另一本重要的截拳道宝典《截拳道之道》，让读者有机会更深入的了解李小龙截拳道的博大精深。

这本书与市面上多数的武术类书籍相比，显得颇为独特。它并没有大量的真人示范照片和按部就班的清晰讲解。那它为什么能在业内享有盛誉，几十年以来长销不衰呢？因为它是根据李小龙亲笔记下的笔记和亲手绘制的草图整理而成，并没有经过大量的人为整理和加工，它天马行空，充满想象力和灵性，是最贴近李小龙思想和截拳道本真形态的书籍。

李小龙之女李香凝在本书后记中说道："《截拳道之道》是一本非常独特的书，因为它是传达李小龙截拳道武术精髓的文章的有机汇集。它不是一本关于"如何练成"的书。没有文章说明读者拿着书要怎样做。没有技巧的演式照片。此书是一个异数。"

而李小龙生前之所以没有将此书出版，也是担心这书会变成类似各式各样的"圣经"而被定型，成为刻在石板上的东西，甚至教条真理，最后束缚了而不是解放了读者们。

截拳道没有终点，这本书只是你截拳道旅程的开始。

未来我们还会陆续出版更多的李小龙武学名著，敬请广大读者期待。

服务热线：133-6631-2326　188-1142-1266

服务信箱：reader@hinabook.com

后浪出版公司
2014年7月

图书在版编目（CIP）数据

截拳道之道 / 李小龙著；杜子心，罗振光译. -- 北京：北京联合出版公司，2014.7
（2023.12重印）

ISBN 978-7-5502-3272-3

Ⅰ. ①截… Ⅱ. ①李… ②杜… ③罗… Ⅲ. ①截拳道—基本知识 Ⅳ. ①G886.9

中国版本图书馆CIP数据核字(2014)第152256号

TAO OF JEET KUNE DO by BRUCE LEE
Copyright © This edition arranged with INDEPENDENT PUBLISHERS GROUP (IPG)
Through Big Apple Agency , Inc.,Labuan,Malaysia.
Simplified Chinese edition copyright:
2014 POST WAVE PUBLISHING CONSULTING (Beijing) Ltd.
All rights reserved.

本书为美国Black Belt Books出版社授权后浪出版咨询(北京)有限责任公司在大陆地区出版发行简体字版本。

截拳道之道

著　　者：李小龙
译　　者：杜子心　罗振光
出 品 人：赵红仕
选题策划：后浪出版公司
出版统筹：吴兴元
特约编辑：王　頔
责任编辑：徐秀琴
封面设计：周伟伟
营销推广：ONEBOOK
装帧制造：墨白空间

北京联合出版公司出版
（北京市西城区德外大街83号楼9层　100088）
天津雅图印刷有限公司印刷　新华书店经销
字数320千字　889毫米×1094毫米　1/16　15印张　插页3
2014年9月第1版　2023年12月第14次印刷
ISBN 978-7-5502-3272-3
定价：68.00元（平装）

后浪出版咨询(北京)有限责任公司　版权所有，侵权必究
投诉信箱：editor@hinabook.com　fawu@hinabook.com
未经书面许可，不得以任何方式转载、复制、翻印本书部分或全部内容
本书若有印、装质量问题，请与本公司联系调换，电话010-64072833